活佛转世揭秘

周炜　著

中国藏学出版社

西藏拉萨大昭寺觉卧佛像

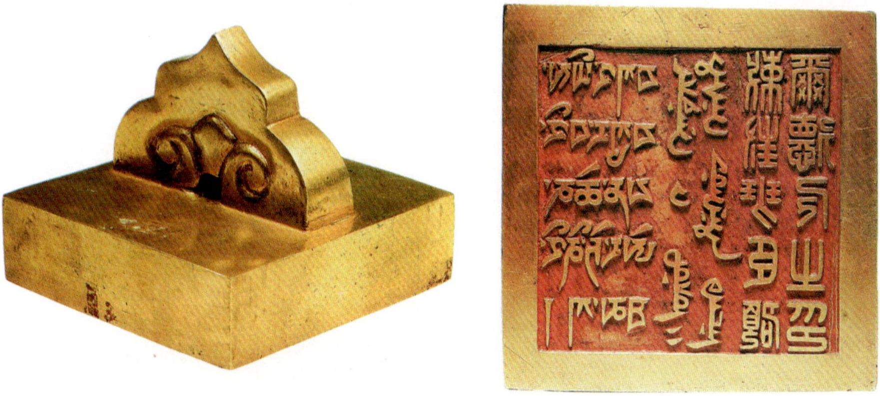

康熙皇帝颁给五世班禅额尔德尼的金印

镀金无量寿佛像

释迦牟尼铜像

北京雍和宫进行金瓶掣签的金瓶和象牙签

拉萨大昭寺进行金瓶掣签的金瓶和象牙签

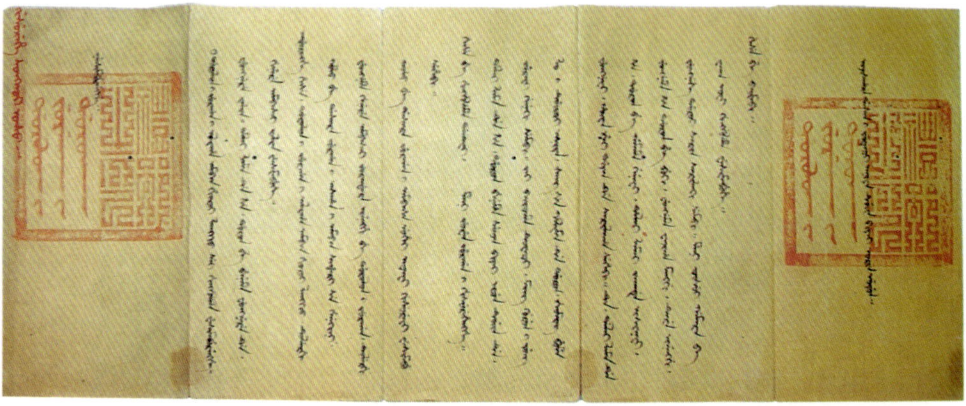

顺治十年礼部尚书郎球等为赍送敕封五世达赖喇嘛册印事体本（满文）

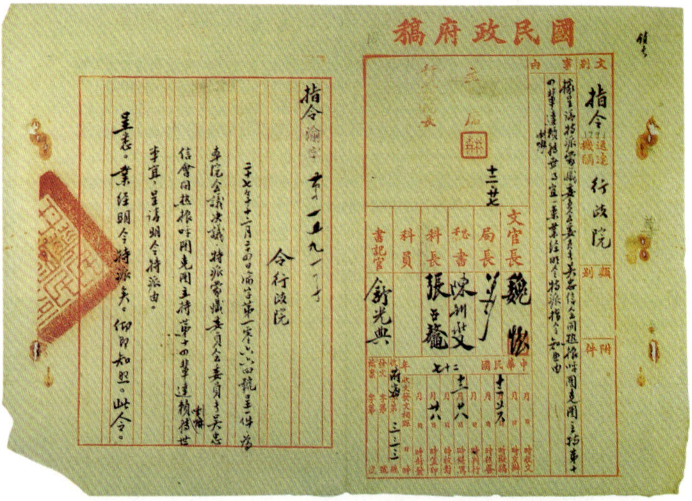

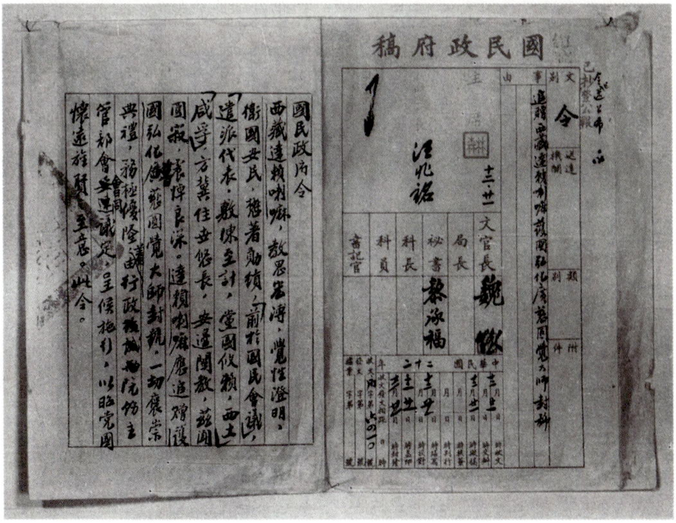

1933 年 12 月国民政府追赠十三世达赖喇嘛“护国弘化广慈圆觉大师”封号

十世班禅大师
敬献给毛泽东
主席的唐卡

光明照耀着西藏
（唐卡）

十三世达赖喇嘛转世灵童拉木登珠辨认遗物（罗布林卡壁画）

十三世达赖喇嘛觐见光绪皇帝（罗布林卡壁画）

罗刹魔女仰卧图（西藏博物馆藏）

西藏博物馆展出的
梵文贝叶经

萨迦寺经书墙

哲蚌寺晒佛

御制《喇嘛说》碑

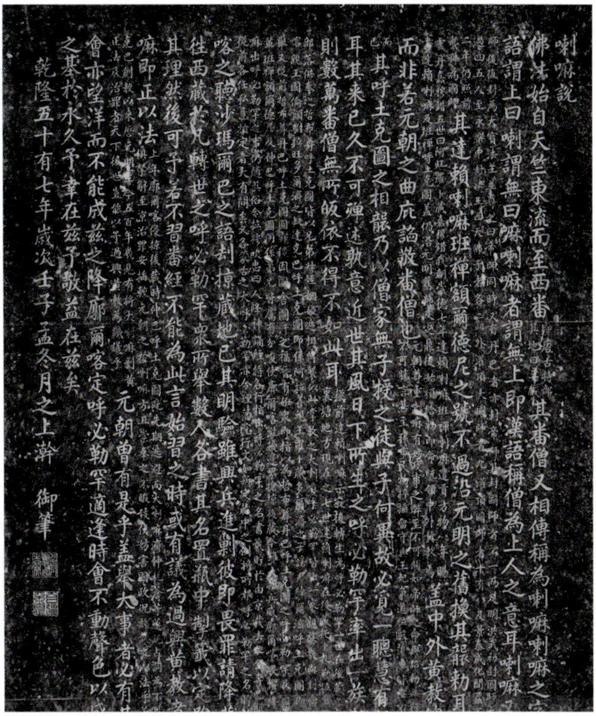

雍和宫御制《喇嘛说》碑碑文

布达拉宫

扎什伦布寺一年一度金刚法舞

拉姆拉错

甘丹寺

桑耶寺全景

藏王墓遗址景观

哲蚌寺建筑群

扎什伦布寺

吉隆查嘎寺米拉日巴修行地

古格遗址

冈仁波齐

拉姆拉错雪景

本书作者进行田野调查

本书作者在米拉日巴家乡考察

本书作者在萨迦寺考察

目录

序

今天摆在读者面前的这本《活佛转世揭秘》，除了想还原藏传佛教活佛转世制度中逐步形成的历史定制、宗教仪轨、金瓶掣签、法律依据外，更想给读者介绍的是这种独特的转世制度背后的人文精神或者说文化表现。因为在我看来这些才是真正支撑活佛转世制度出现、发展更深层的文化基因。所以我在叙述活佛前世今生的过程中，尽量从藏文文献中去梳理那些与活佛转世密切相关的有价值的东西，并将它们与要叙述主题联系起来。

我希望这种方法能够给读者展示一些更广阔、更深邃、更有文化价值和宗教学意义上的场景，并通过这些场景争取把藏族博大精深的文化符号连串成一幅清晰的活佛转世图。在这幅图中，藏传佛教那些深奥的活佛转世理论、复杂的宗教仪轨、神秘的宗教修持法门、古老的占卜卦术、扑朔迷离的寻访密档、灵童的灵异传奇、超越时空的预言等等，读者都会依循这幅图所展示的路径，被不同的传说、神话、历史记载和活佛传记所吸引，不同的符号就是一个不同的文化场景，就是一个不同的活佛世界。

比如"魂归九天的天梯"是对活佛转世形成基因的文化和宗教学阐释符号，有三个支撑点构成了活佛的世界：灵魂观念、佛教化身轮回理论、密宗修持实践。苯教的灵魂观念认为人都有命根，它就是人的灵魂，它可离开人体游荡，即使是人死后，还可在墓地或其他地方存在。藏族人除关心灵魂的存在和延续外，还关心灵魂的归属，认为吐蕃赞普死后其灵魂沿着木绳天梯回到了天上。藏传佛教认为，佛有法身佛、报身佛和应身佛三种，转世活佛为应身佛。一切众生皆有佛性，人人可以成佛。达到不同修行果位，即可成为不同等级的佛。“夺舍秘法”是活佛转世形成的另外一个理论基础，西藏的第一个转世活佛就是“夺舍秘法”的产儿。

再比如“四百年前的转世预言”“知晓达赖喇嘛转世何地的活佛”“圣的秘密”则是对灵童转世地点预测的文化学上另外一个重要的符号。一个活佛尤其是大活佛圆寂，他可能会转世在蒙藏地区任何一家信仰藏传佛教的农舍或牧民帐篷里，寻找他的转世灵童犹如大海捞针，为此，藏传佛教形成了一套预测灵童转世方位地点的神秘机制，从古老传统的占卜术到最简单易行的糌粑丸占卜，从高僧大德和各地护法神特点异同的预测，到乃琼护法神在降神仪轨上的神谕，从拉姆拉错神秘观湖仪轨，到对各种灵异现象的预判，目的都是想比较准确的对圆寂活佛转世的方位和地点有一个基本的把握。

本书的结构基本上是按照藏传佛教活佛转世宗教仪轨中从活佛圆寂开始到灵童坐床和培养结束涉及的各个宗教程序来设计排序的。前边四个部分“魂归九天的天梯”“黑帽法师的惊世之举”“护身符中的转世遗嘱”“谁选择了转世”是关于藏传佛教活佛转世制度产生的背景。最后两个部分“十世班禅寻访秘史”“扬天掘地的黄风”是关于大活佛寻访的个案介绍。

中间包括十个部分。首先是“圆寂是终点又是起点”，从活佛的圆寂写起，介绍了活佛圆寂后必须举行的第一个重要的宗教仪轨转世祈祷和活佛的葬礼，活佛的圆寂致祭和转世程序正式启动。“四百年前的预言”介绍寻访程序启动后首先要做的一件事情是如何确定下一世活佛转世的方向，一般的做法是根据各种预言来判断，另外一种是依据活佛圆寂前后出现的各种灵异现象来预判，比如法体移动等。“知晓达赖喇嘛转世何地的活佛”重点介绍三个问题，一个是达赖喇嘛转世真身对后世的影响，一个是预测达赖喇嘛转世方向背后的文化背景占卜，一个是降神神谕仪轨与乃琼护法神。“圣湖的秘密”重点介绍藏传佛教活佛转世制度中最神秘的拉姆拉错神湖观湖仪轨。“投胎转世”是藏传佛教活佛转世制度中最富有神话和传奇色彩的内容。这里涉及了活佛的前世和活佛圆寂后如何投胎转世两个重要的问题。“雪域神童”则是从各种有代表性的藏文文献中梳理出一些大活佛，比如达赖喇嘛、班禅等在出生前后到坐床以后所表现出的超凡脱俗的种种灵异故事。文章涉及了七世达赖喇嘛转灵童、六世班禅转世灵童、三世章嘉活佛转世灵童、三世嘉木样活佛转世灵童。

从“活佛与机缘”开始，后面的“走向神坛”和“佛学状元”三个部分是本书的另一重点。一个灵童虽然有满身的灵气，但是并不能说他就可以当然地成为一个活佛甚至是像达赖喇嘛和班禅那样的大活佛，他必须经过一些必不可少的环节之后，才能被藏传佛教界和广大信众传承和崇信。这就是宗教上的认定仪轨，政治上的金瓶掣签仪轨，国家层面上的中央批准。无论是大活佛还是普通的活佛，当他被正式认定为转世活佛后，迎接他的将是一个隆重的大典坐床仪轨。在大典之前，会有一位高僧大德或者是著名的活佛为他剃度，取一个吉祥如意的法名，受戒出家，然后才在僧俗大众的簇拥下，像众星捧月一样走向神坛，荣登法座。之后他的生活就相对的稳定下来，一直到他主持寺庙的事务或者是执掌一方教权之前，他们都会跟随一个或几个佛学造诣高深的经师学习藏传佛教教义和经典，最终成为一个智者、一个学贯显密的佛学大师、一个拥有藏传佛教最高学位的格西。

在很多人看来，藏传佛教充满了神秘色彩，而活佛转世更是神秘中的神秘。要完成《活佛转世揭秘》的研究和写作，首先遇到的一个问题就是如何把客观的叙述和神秘色彩的渲染区分开来。因此，在处理那些涉及这些问题的内容时，本书的做法一是客观地去理解和表达藏文文献所记载描述的事件和细节，作者不做过度明显带有主观色彩的表述和判断，完全尊重文献本意。二是不过多的关注神秘现象、神秘事件和神秘仪轨本身，而是去挖掘它们本质的东西，并放在文化人类学、民族学、历史学、社会学、民俗学和宗教学的理论框架和知识体系中去观察，去解读。比如在解读和介绍藏族古老的灵魂观念、藏族人的生死观、投胎转世、转世方向的预判等神秘内容时，都是在这些理论框架下进行的。读者所读到的是藏传佛教活佛转世制度背后文化的衍生和知识的延深，也是对藏传佛教和藏族深层的古老文化的新认识。

所以，《活佛转世揭秘》的每一个章节，都会给你打开一扇门，带你走进一个新的世界，都会让你深深地感到，在 56 个民族当中，有一个藏族，这是中华民族多么幸运的事情。一个会让你急切地想拿起行囊，在西藏和藏地来一次说走就走的旅行，因为在蓝天和经幡舞动的情歌中，你会隐隐看见布达拉宫金顶六世达赖喇嘛仓央嘉措眼前南飞的大雁；因为在白雪和雍则绿错湖①宁静的湖面，你会隐隐看见在绵绵的涟漪中小小的转世灵童正朝你一路走来。这就是本书要为你编织的一个世界，一个关于活佛前世今生的世界。

---

① 雍则绿错湖位于西藏日喀则市仁布县德吉林乡，距仁布县城约 35 公里。相传此湖能显示今生来世的祸福。因此，雍则绿错被藏传佛教信众视为可以“观相的神湖”。雍则绿错湖海拔 5400 米，它还是扎什伦布寺护法神的居住之地，寻找班禅转世灵童以及后藏各大寺庙寻找转世灵童，必须到此湖祈求神灵显影。1989 年 6 月，首批由高僧组成的观湖人员，来到神湖湖畔，煨桑、献哈达、长时间念经，静观湖面，以求得神灵暗示十世班禅的转世灵童将转世在什么地方。

导言

活佛转世是藏传佛教综合佛教的基本教义、仪轨和西藏的政治、经济和社会等因素而形成的一种宗教首领和部分高僧大德传承的特有的方式之一。

自 13 世纪以后，中央政府对西藏地方的行政管辖进入到更为有效的历史阶段。西藏地方作为中国的一个行政辖区，从元代到民国再到中华人民共和国，历代中央政权都将其社会的各个方面纳入自己的行政管理中，而管理的重点之一就是藏传佛教活佛转世，著名的高僧活佛等宗教上层则是管理的主要对象。这种管理在清代臻于完善，到民国进一步发展，在中华人民共和国更加法制化制度化，形成了一整套规范的藏传佛教活佛转世制度，并成为包括达赖喇嘛、班禅额尔德尼等大活佛转世必须照章执行的历史定制和宗教仪轨，藏传佛教各教派和信众都须遵循。

藏传佛教习惯把上师、高僧大德以及宗教领袖作为“佛或者是菩萨的化身”来朝拜。活佛藏语叫“朱古”（སྤྲུལ་སྐུ）或者是央斯（ཡང་སྲིད）。“朱古”是“朱白古”（སྤྲུལ་པའི་སྐུ）的简称。是梵文 nirmāṇakāya 的译语，意思是幻化或者是化身。在 9 世纪初叶的《唐蕃会盟碑》上，就可以发现幻化的赞普（འཕྲུལ་གྱི་ལྷ་བཙན་པོ）与神圣赞普（ལྷ་བཙན་པོ）是相对应的。可见“朱古”一词最初的意思与将吐蕃赞普称为幻化或者是化身的赞普有关系。元朝以后，“朱古”一词开始特指活佛。藏传佛教传入蒙古地区以后，“朱古”一词在蒙古语中被称为“呼毕勒罕”。据考证，汉语中活佛一词出现在元代。是汉族对藏族和蒙古地区“朱古”或“央斯”的习惯性尊称，取义于活着的佛。

从西藏佛教史看，虽然西藏的第一位转世活佛出现在13世纪末，但活佛转世的观念并不是此时才形成的，追根溯源，它的形成有六个思想来源。

藏族古老的灵魂不灭理念　西藏原始苯教认为，人死后灵魂在墓中或其他地方可以继续生存。藏文史著《朗氏家族史》中就有这种观念的反映：有一个人死后，他的灵魂会见了他那尚在阳间的女友。在古代吐蕃，一种与灵魂不死相联系的情况常常在战场上出现，这就是活着的武士经常向死去的武士提问题，而由另一个人代死者回答。在古代藏族人的观念里，除了关心灵魂的存在和延续外，同样也关心灵魂的归宿。从《西藏王臣记》《拔协》《汉藏史籍》等藏文史籍记载的神话传说看，吐蕃的首批赞普都是从天上下凡到人间的神子。他们下凡时，有时是通过攀天光绳，有时又是通过木神之梯来进行的，还有的神话传说说这一天梯是烟柱、光柱或者是高耸入云的圣山。当他们下凡成为赞普以后，那根天绳再也不会离开这些赞普，并一直停留在他们的头上，天绳成为联结天、人、地的媒介。在他们生命的末日，其灵魂化为一道光，融化在木神之绳中回到了天上。

藏族史诗中的化身转世观念　《格萨尔》史诗中《诞生》篇中关于格萨尔出生的故事，与活佛转世的思想内涵完全一致。一是从莲花生到格萨尔的前世推吧尕娃的转世，二是推吧尕娃的投胎转世到格萨尔的出生。

佛教经典中化身、轮回和住世理论　在活佛转世制度形成的过程中，佛教的化身理论与西藏原始苯教的灵魂不灭观念起了同样的作用。按照佛教教义，佛有三身：法身，报身和应身。其中的应身，又称为化身。通常所说的“活佛”指的就是应身佛。

它的实际含义是指佛在人世间的化身，其使命是继承、传播和弘扬佛法，消除人间的苦难，帮助众生行善积德脱离轮回之苦。这些在藏汉经典，诸如《六度集经》《华严经》《宝性论》《解深密经》《央掘魔罗经》中都有论述。

如《华严经》所说："居住于法云的菩萨，尽管只有一世的时间，但是，从他在兜率天居住以后，就开始迁居，然后投入母胎、出生、出家、觉悟、发愿、转法轮，最后涅槃……他所做的教经之事，恰如如来佛之子……"

再如《宝性论》也说："以大慈悲遍知世间，以智悲看视全世间……以化身等神通，降生于尘世，在诸不净之下界，指明世间的道理。"藏传佛教依据上述"化身理论"，把藏族的政教首领松赞干布、八思巴、达赖喇嘛、班禅额尔德尼等视为佛和菩萨的化身，即应身佛。可见，正是因为藏族民间宗教的灵魂不灭观念和藏传佛教哲学观念中的化身理论相结合，才使得藏传佛教活佛转世制度的产生成为可能。

修习果位　藏传佛教认为一切众生皆有佛性，人人可以成佛。但有个首要的条件就是要经过艰苦的修习，达到必要的果位，才可以成佛。藏传佛教的果位分为上、中、下三级：自觉果位、觉他果位、觉行果位。这三者的统一构成藏传佛教修习的最高果位：觉。

达到自觉果位者已经消除了一切烦恼，得到了天的供养，永远进入了涅槃，再也不受轮回之苦。获得这种果位的佛成为自觉佛。其佛的地位属于第三层次。

达到自觉佛果位后只是自我成佛，还不具备自己转生人世和帮助别人转生的本领和资格。因为佛以普度众生为己任，不能只顾自己涅槃和解脱，还要普度众生而入世，以种种化身普度众生，以达到觉他佛的果位，这是第二层次的佛，高于前者，可以转世。

阿弥陀佛在藏传佛教中被认为是第一层次的佛，即觉行圆满佛，能够指导念佛之人往生佛国净土，因此，藏族人一般称阿弥陀佛为无量光佛，即最高层次的佛。藏传佛教一般把班禅视为阿弥陀佛的化身或转世，而把达赖喇嘛视为觉他佛观世音。觉他佛的果位低于觉行圆满佛，只达到了转世觉他的中果位，从这个意义上说，班禅的果位要高于达赖喇嘛。

当然藏传佛教的观念里特别推崇观世音菩萨，认为他是为了拯救众生，放弃了递进觉行圆满佛果位的机会，应机以种种化身普度众生，所以观世音菩萨的化身很多，名号很多，塑像的变化也比较大。

往生夺舍法和《中阴度亡经》 《中阴度亡经》是噶举派玛尔巴所传那若六法中的一种，是藏密中的高级修持。该密法的修息内容与《中阴度亡经》相同。按照藏传佛教化身观念，修习该密法并获得证悟者，已经超越了六道轮回，具备了转世的资格。

往生夺舍法也是噶举派玛尔巴所传那若六法中的一种。往生夺舍法藏文叫“破瓦重觉”。玛尔巴对此有独到的修炼体会，米拉日巴也是。往生夺舍法的修炼可得五种成就，如法生成就、化身成就等。

活佛转世制度是产生于西藏封建农奴制社会的一种宗教和社会现象，它的出现、演变和发展经历了一个漫长的过程。7 世纪中叶佛教从印度和中原传入藏族地区，藏传佛教历经吐蕃王朝 400 多年包括前弘期和后弘期的发展，到 13 世纪末（1283 年）第一位转世活佛在噶举派出现。

据藏文文献记载，最早认选转世活佛，是由噶玛噶举派的黑帽系开始的。噶举派分为红、黑两大派。其中黑帽派以都松钦巴为代表。噶玛拔希是都松钦巴的再传弟子。元世祖至元二十年（1283 年）噶玛拔希圆寂。据《土观宗派源流》记载：“拔希圆寂时，传位弟子朱妥·邬坚巴并为他授记说：‘远方拉堆方面，必出一名继承黑帽法统的人，在他未来之前，汝当作为佛的代理’，遂把金缘黑帽戴在邬坚巴头上，旋即示寂。不久他转生在拉堆地方，这里是米拉日巴降生的故乡。此人就是活佛攘迥多吉（自然金刚）。”这是藏传佛教史上第一次确认一个幼童为前辈的转世。

黑帽派之所以要采用活佛转世这一独特的教权传承方式，是由诸多原因促成的。10世纪以后，西藏社会逐步向政教合一的封建农奴制社会过渡。在新兴的封建领主的大力扶植下，佛教在藏族地区再次复兴，各教派及新的寺院纷纷建立，教派与地方世俗封建贵族紧密结合，教派依政而行，政依教派而定。随着西藏各寺院的建立和宗教势力的扩张，开始形成独立的寺院经济，它拥有土地、牲畜、牧场和属民。这一情况的出现，最终导致各教派之间在政治和经济上的激烈竞争和相互吞并。为了在竞争中站稳脚跟，并使教派兴旺发达，必须要有一个有号召力的、相对稳定的教派首领。但是，这样的教派首领一旦圆寂，就会面临继承人选择的问题。如果选择不当，教派在政治和经济的激烈斗争中就会处于不利的位置。有鉴于此，各教派便利用信徒对佛的崇高信仰，赋予教派首领或高僧以佛的化身地位。噶举派黑帽系正是在这样的社会历史背景下，为解决宗教权力的传承和延续问题，开创了教派首领转世的先例。

西藏第一位藏传佛教活佛出现以后，其他教派并没有接受这种教派领袖的传承方式。此后，西藏历史经历了元代的萨迦派和明代的帕竹噶举派执政时期，活佛转世依然没有规模性出现。

15世纪初，宗喀巴创立格鲁派，并很快成为藏族地区最大的教派。新兴的格鲁派为巩固自己的宗教地位，采取了活佛转世这一独特的制度，藏传佛教最大的两个转世系统达赖喇嘛系统和班禅系统形成。

格鲁派创始人宗喀巴于明永乐十七年（1419年）藏历十月二十五日圆寂后，他的最大门徒贾曹杰、克珠杰相继承袭了宗喀巴的宗教传统。宗喀巴的最小弟子根敦珠巴于正统十二年

(1447 年）在日喀则兴建了扎什伦布寺，并成为该寺的寺主。

西藏历史上，在格鲁派和噶举派之前居于统治地位的宗教势力是萨迦派。由于该教派的喇嘛可以结婚，所以他们是靠父子或叔侄相传来延续萨迦派的统治的。但格鲁派不允许喇嘛结婚，那么怎样才能保持教派的统治和宗教、经济权力呢？格鲁派采用了噶玛噶举黑帽派的做法，用活佛转世制度来继续本教派的传承。

提出并完成格鲁派教权传承和延续的关键人物，一位是扎什伦布寺铁桑林扎仓的高僧公钦群觉，另一位则是一世达赖喇嘛根敦珠巴的亲戚比丘卓玛。

他们商定用活佛转世的方式来保持根敦珠巴已经获得的权力。在根敦珠巴示寂后的第四年，他们宣称后藏达纳地方出生的一名男孩是根敦珠巴的转世，他就是二世达赖喇嘛根敦嘉措，由此传出达赖喇嘛活佛转世系统。明嘉靖二十一年（1542 年），根敦嘉措圆寂，哲蚌寺正式开始寻访他的转世灵童。

嘉靖二十五年（1546 年），堆龙地方的一位贵族子弟被认定为根敦嘉措的转世灵童。这个灵童就是三世达赖喇嘛索南嘉措，从二世达赖喇嘛到三世达赖喇嘛，格鲁派所采用的活佛转世制度进一步完善，并以此巩固了格鲁派已经得到的宗教特权、政治势力和经济利益。

清顺治十年（1653 年），顺治帝册封五世达赖喇嘛为“西天大善自在佛所领天下释教普通瓦赤喇怛喇达赖喇嘛”，这就使达赖喇嘛的宗教地位和权力得以提高和稳定。在宗教上则根据“化身理论”把达赖喇嘛说成是观世音菩萨的化身。

在达赖喇嘛转世系统出现的同时，格鲁派的另一转世系统，即班禅转世系统也逐渐形成。一世班禅是宗喀巴的大弟子克珠杰。一至四世班禅是向转世系统过渡的阶段，从五世班禅开始转世系统才正式形成。清康熙元年（1662 年），四世班禅罗桑曲结圆寂后，后藏托布加谿卡的一名幼童被认定为他的转世灵童。康熙七年（1668 年）正月初三日，五世班禅坐床。康熙五十二年

（1713 年），康熙帝册封五世班禅为“班禅额尔德尼”，并赐金册金印。这才是历代班禅正式称为“班禅额尔德尼”的开始，它标志着班禅额尔德尼活佛转世系统在宗教上和政治、法律上取得了与达赖喇嘛转世世系平等的地位。在宗教上则根据“化身理论”把班禅额尔德尼说成是无量光佛的化身。

17 世纪上半叶，五世达赖喇嘛和四世班禅额尔德尼两位格鲁派领袖，与蒙古和硕特部联合掌握了西藏地方政权。清朝中央政府采取扶持格鲁派的政策，格鲁派顺势将自己的寺庙和转世活佛普及蒙藏各地和部分中原地区。清代中央政权对达赖和班禅的册封，使这两个转世系统进一步得到了中央政府的确认，在宗教、政治和法律上取得了合法地位。自此，这两大活佛必须由中央政权册封认可成为历史定制。

自达赖和班禅转世系统出现之后，各个教派相继采用活佛转世制度来寻找教派领袖的局面蔚然成风。著名的转世活佛世系包括噶举派的黑帽系、红帽系，以及贾曹活佛、司徒活佛等转世系统，宁玛派的多吉扎活佛、敏珠林活佛系统，格鲁派的达赖喇嘛、班禅额尔德尼、帕巴拉、济咙、热振、章嘉、第穆、阿嘉、嘉木样、哲布尊丹巴等。

由于转世活佛的宗教、经济、社会和政治地位涉及教派和寺院乃至一些家族的利益，从第一个转世活佛开始，在几百年的历史过程中，能不能掌握活佛转世的寻访认定权也成为引发各种社会冲突和斗争的一个重要因素。尤其是像达赖喇嘛和班禅额尔德尼这样拥有西藏政教大权、政教地位显赫的转世活佛的寻访和认定权，西藏的各大家族更是明争暗斗，有关的藏文史料记载也是屡见不鲜。

一般来说，每当达赖喇嘛或班禅额尔德尼其中的一位活佛圆寂，围绕争夺其转世灵童寻访认定大权的政治和宗教斗争也随即拉开序幕。而由西藏乃琼寺护法拉穆吹忠降神，假托神谕，指认转世灵童的做法，则为一些上层贵族和大喇嘛提供了贿赂吹忠、任意妄指的机会，大活佛转世灵童总出自一家的情况累累发生，严重干扰了达赖和班禅转世灵童真身的寻访。1792 年，乾隆皇帝鉴于拉穆吹忠降神妄指的严重弊端，在钦定颁布的《钦定藏内善后章程二十九条》第一条中，专门规定了以御赐金瓶掣签来决定大活佛转世的基本原则：“大皇帝特赐一金瓶，今后遇到寻认灵童时用满、汉、藏三种文字写于签牌上，放进瓶内，由呼图克图和驻藏大臣在大昭寺释迦佛像前正式掣签认定。”将达赖和班禅等大活佛转世灵童的寻访认定大权由拉穆吹忠的降神妄指收归中央政府直接掌管。自此，活佛转世的寻访认定制度才最后定型，金瓶掣签成为活佛转世制度的历史定制，也成为西藏和其他四省涉藏州县，以及蒙古族地区藏传佛教各大教派各大活佛转世灵童寻访认定的通用方式，并沿袭至今。

包括达赖喇嘛、班禅额尔德尼等西藏政教首领以及广大僧俗信众，对清朝中央设立金瓶掣签表示了诚心的拥护和欢迎。从乾隆设立实施金瓶掣签制度到清朝结束的 100 多年间，除九世、十三世达赖喇嘛作为特例经中央政府批准免于掣签外，十世、十一世、十二世达赖喇嘛和八世、九世班禅额尔德尼都是经过金瓶掣签认定的。金瓶掣签制度也历经一个世纪，形成了固定的内容和程序。一是达赖和班禅的转世事宜由中央主持，驻藏大臣会同西藏地方实施；二是西藏上报三名按照宗教仪轨寻访遴选的灵童，中央批准后委派驻藏大臣或专员主持金瓶掣签仪式；三是中央批准中签灵童继任达赖或班禅后，启用前世金册，派专员主持坐床典礼。

1912 年，民国中央政府根据当时藏传佛教的现状，颁布《管理喇嘛寺庙条例》，其中第二条规定活佛的转世必须由中央政府核许；第七条规定活佛的转世、任用和登记等办法，由蒙藏委员会拟定，行政院核定。1936 年又颁布了《喇嘛转世办法》，1938 年修正后再次颁布。该办法沿袭和发展了清代成功制定实施的金瓶掣签历史定制，其中第三条规定，达赖和班禅等圆寂后，由当地最高行政机关报蒙藏委员会备案批准后，由其高级徒众按宗教仪轨寻访两名灵童，报蒙藏委员会查核批准后进行掣签。第四条规定，在西藏，大活佛圆寂，由蒙藏委员会指派驻藏办事长官，在大昭寺依照历史惯例进行掣签。第六条规定，达赖和班禅等转世灵童掣定后，经中央批准后特派大员前往照料坐床。民国时期，中央政府完成了对十三世达赖喇嘛和九世班禅的转世事宜。1940 年 2 月 22 日，国民政府专使吴忠信主持十四世达赖喇嘛坐床典礼。1949 年 8 月 10 日，国民政府专使关吉玉主持十世班禅坐床典礼。

1989 年，十世班禅圆寂。1995 年 4 月，严格按照宗教仪轨遴选三名转世灵童的事宜完成。1995 年 11 月 29 日，国务院代表罗干和特派专员江村罗布在大昭寺主持十世班禅转世灵童金瓶掣签仪式，1995 年 12 月 8 日，国务院代表国务委员李铁映和中央特派专员江村罗布、叶小文主持举行十一世班禅坐床典礼。中华人民共和国中央政府按照历史定制和宗教仪轨完成了十一世班禅的转世工作。

2007 年 7 月 18 日，国家宗教事务局颁布《藏传佛教活佛转世管理办法》作为中华人民共和国第一部管理活佛转世的法规，以法规的形式贯彻了宗教信仰自由的政策，继承了活佛转世的历史定制和宗教仪轨，规范了活佛转世事务，尊重了藏传佛教的信仰特点，使清朝中央制定的金瓶掣签历史定制历经民国到今天，得到了全面的发展。

藏传佛教活佛转世事务中首先引起人们重视和关注的焦点，是大活佛转世灵童的寻访和认定问题。关于活佛转世的寻访认定以及查验的记载，从元明两朝开始就已经出现在藏文和汉文的史籍中。到清代以后，从皇帝的诏敕到实录、公文档案，都有许多关于活佛转世事务的记载。在大量高僧大德的藏文传记中，也有许多活佛转世过程的记载，以及各个转世活佛系统的谱系。

研究这些历史文献，我们发现，从 13 世纪末藏传佛教噶举派首创活佛转世，到达赖和班禅等大活佛转世系统的出现，历经清、民国到中华人民共和国，活佛转世制度经过 700 多年的发展，已形成一套成熟、规范的宗教仪轨，并为藏传佛教寻访认定转世活佛所遵循。达赖和班禅等大活佛转世灵童的寻访认定是一项复杂的宗教工作。从活佛圆寂到灵童的寻访遴选仪轨结束，在这个漫长的时间里包含了很多宗教仪轨，但其中的祈祷转世、问卜和观看圣湖显影、密访遴选等三个仪轨最为重要。

祈祷转世是活佛转世过程中第一个重要的宗教仪轨。据史籍记载，凡达赖、班禅等大活佛圆寂，等报经中央政府批准后，西藏地方就会启动祈祷转世仪轨，同时向各地发布文告，收集灵异儿童信息。1875 年十二世达赖喇嘛圆寂，噶厦政府经驻藏大臣报光绪皇帝批准后，根据僧俗希望尽快寻访转世灵童的要求，在拉萨三大寺等寺院广做佛事祈祷灵童早日转世。1989 年十世班禅圆寂，经国务院批准，转世领导小组在西藏和其他四省涉藏州县举行了多次祈祷转世仪轨，念诵多部经典，给多座寺庙的释迦牟尼佛像等重刷金身。

问卜和观看圣湖显影是活佛转世最重要的宗教仪轨之一。凡达赖喇嘛、班禅圆寂，噶厦政府都会向桑耶护法神、乃琼护法神等问卜，初步确定转世方向。如果是达赖喇嘛圆寂，还会请班禅打卦明示转世方向，当然还会通过其他迹象来判断转世方向。之后，在山南加查的拉姆拉错神湖观看圣湖显影的仪轨开始秘密进行，观湖者均为噶厦指定的著名高僧。仪式包括举行十万诵经佛事、煨桑和观看显影等。如果是班禅圆寂，则会到日喀则仁布县德吉镇艾玛乡的雍杂绿错观看圣湖显影。历史上能主持这项仪轨的都是著名高僧，十二世达赖喇嘛圆寂，是哲蚌寺的勘苏洛桑达杰；十三世达赖喇嘛圆寂，是时任西藏摄政的热振活佛；十世班禅圆寂，是扎什伦布寺的琼布·洛桑顿月活佛等。

秘密遴选是转世仪轨中最重要最艰苦的一个环节。观看圣湖显影仪式后，噶厦政府按照护法神确定的方向以及观看圣湖显影仪轨的结果，列出多个地名，并密派多路人马装扮成香客或朝佛僧人开始秘密寻访。七世、十二世和十三世达赖喇嘛转世灵童的寻访分别由章嘉活佛、哲蚌寺勘苏洛桑达杰和热振活佛完成。九世、十世班禅转世灵童的寻访则是民国中央委员扎萨喇嘛罗桑坚赞和扎什伦布寺的琼布·洛桑顿月活佛等完成的。一般来说，在密访的同时灵童的甄别遴选也在秘密进行。甄别遴选的手段较多，最常用的有三种：一是由护法神或高僧再次打卦确认最灵异儿童；二是由密访的高僧对选定的灵童进行反复观察甄别；三是寻访的高僧让灵童辨认前世常用的法器或其他用品。十世班禅圆寂后，寻访小组于 1994 年 2 月派出三个密访组进行密访。同年 9 月再次派出两个小组。1995 年第三次派寻访小组考察。经过近一年的密访找到了 28 名男童，最后甄别遴选出了三名最具吉兆的灵童。1995 年 11 月 29 日，经金瓶掣签，西藏嘉黎县灵童坚赞诺布中签，经国务院批准继任第十一世班禅额尔德尼。

活佛转世制度的形成和发展经历了近 700 年时间，活佛转世的历史定制从来没有改变过，各教派对活佛转世宗教仪轨的遵循从来没有动摇过，这是西藏社会的历史选择，也是藏传佛教的历史选择，更是广大僧俗信众的历史选择，从古至今，在藏传佛教活佛转世制度的问题上，各教派不会越界一步，各转世系统更不会越界一步，任何一个大活佛也同样不会越界一步。

1. 魂归九天的天梯

古老的灵魂观

西藏第一位转世活佛虽然出现在1284年，但活佛转世的观念并不是此时才形成的，追溯根源，它与古代藏族的灵魂观念有直接的联系。

公元7世纪，佛教从印度和中原地区传到了西藏，在此以前，藏族人所信奉的宗教是由辛绕米沃创立的原始苯教。该宗教在吐蕃时期虽是一种原始宗教，但影响却非常大。从很多文献和古老的神话传说中，都可以发现苯教的哲学观念带有明显的万物有灵色彩，古代藏族对自然和人的认识，是以万物有灵为基础的。

正如汉族和远东其他地方的民族一样，古代藏族也认为灵魂可以离开身体到处游荡（丧魂或落魄），如一个人受惊之后便会出现抱病卧床等情况，为了使其痊愈，则必须由苯教巫师举行一种“招魂”仪式，藏族人坚信这种巫术行为可以强行把敌人（对立面）的灵魂召去。在古代的青海和甘肃藏族地区，也流传着一段反映灵魂观念的神话传说：

一位女神，管辖着娘地的黑林；镇压和驯服着妖魔，镇压和驯服着娘妖拉吉库……一个妖魔从远方来了，娘妖拉吉库从远处来了。他乘娘地女神打盹时，偷去了她的灵魂，拿走了七块灵魂湖底的松蕊石。于是娘地女神心不能想，神志不清；嘴不会说，口齿不清；眼看不见，模糊不清……

有娘地的苯教巫师廷纳和江拉觉，来到火不热水不湿的妖地，在娘妖拉吉库前面丢去一个替身。每天晚上供养神灵，供养娘地女神，于是娘地女神复活了，比从前更漂亮了……①

苯教的灵魂观念认为，不同的人有不同的命根，这就是人的灵魂，它寄托在不同的自然物之上。上面所说的娘地女神，她的灵魂寄托物就是松蕊石，而藏族英雄史诗《格萨尔》中霍尔人的“生命”（灵魂）则是一块铁或一块白石，为了战胜这些霍尔人，格萨尔必须打碎这些铁或白石。灵魂除了寄藏于树、岩石、湖泊、山川之外，有些古书上记载，某些系统地掌握了这种观念的喇嘛们还认为，灵魂居住在人体内，每月还有规律性的变化。令人奇怪的是，西藏的《时轮》一书还认为，灵魂于每月的三十和初一（新月）居于脚掌的中央，一般是男左女右。然后每天都上升，最后于每月十五或十六日（满月）升到头顶，接着再回到原来固有的位置上去。如此循环往复，直至寿终。

原始苯教还认为，人在死亡的时候，灵魂在墓中或其他的地方继续生存。在藏族古老的《朗氏家族史》中记载有一个奇妙的传说：有一人死后，他的灵魂还可以去会见他在阳间的女友。在古代吐蕃，一些与灵魂不死相联系的事情常常在战场上出现，这就是活着的武士经常向死去的武士提问题，而由另一个人代死者回答。

---

① ［英］F. W. 托马斯著，李有义、王青山译：《东北藏古代民间文学》，四川民族出版社，1986 年。

木神与天梯

在古代藏族人的传统观念里，除了关心灵魂的存在和延续外，同样也关心灵魂的归属，这一点与活佛圆寂后，灵魂升入兜率天，然后寻找投胎转世的对象是很相似的。

从藏族的神话传说看，吐蕃的首批赞普（君王）都是从天上下凡到人间的天子。他们下凡时，有时是通过攀天光绳，有时又是通过木神之梯来完成的，还有的神话说这个梯子像烟柱、光柱或者是高耸入云的圣山。当他们下凡成为赞普以后，那根天绳再也不会离开这些赞普，并一直停留在他们的头上，天绳成为联结天、人、地的媒介。在他们生命的最后日子，身躯就化为一道光，融化在木神之绳中，到了天上。这里所说的身躯实际上就是赞普死后的灵魂。

有一天突然发生了一件意想不到的事情，那根犹如彩虹一样的攀天光绳被人斩断了。原来吐蕃第八代赞普止贡赞普与他的臣下进行决斗时，一时疏忽，挥动刀剑斩断了自己头上的木神之绳，从他以后，赞普的灵魂就再也回不到天上了，只能留在地上的王陵中或其他地方。尽管如此，藏族人并不认为人类从此以后就永远失去了类似于上天的木绳，而一些苯教大师和传说中善于咒术的外道君王，以及圣人都保留了通过木神之绳而攀天的本领，至于普通凡胎俗人，也并不排除这种可能性。

在古老的藏族史诗《格萨尔》中，有一段神话正是上述观念的文学反映，神话说：

南部门巴族的新墀国王在某种程度上可能是喜马拉雅山的苯教外道，他对拴在其宫殿中的“魔鬼之木神之绳”具有控制权。一天，当他受到格萨尔王的威胁，兵困城堡时，便使出绝招企图溜之大吉。他尽力向神祈诗，于是新堀国王的木神之梯开始竖向天际。他令人转动了自己身上的“三转”（传说中的精神中枢），这样他就变得满面春风、精神焕发了。他蹬着梯子上了天。但是，格萨尔王也乘自己的由一彩虹般天篷所围绕的千里驹紧追不放。新堀天王从木神之梯的第十三层台阶频频向他射箭。

对于像格萨尔王和新堀王这样的神话传说中的君王来说，他们拥有像天梯这样的攀天工具是很正常的，可是对于一个普通的藏族人，渴望死后灵魂上天的欲望也是非常强烈的，它表现在诸多方面。

在藏族地区，一些民居的结构是很有意思的，这里最主要的特点就是在房顶上留一个洞，据一些古老的传说讲，这是以备灵魂化作五色线的彩虹飞去。噶举派大师米拉日巴的传记在解释这一现象时说，灵魂如同一只鸟从开口的屋顶上飞出去；而另外的一些藏族宗教著作则认为，光明之灵魂通过天上的“房顶之洞”，像离弦之箭一样飞向长空。可以想象，房顶上没有这个洞，人死后灵魂怎能上升天际化成彩虹呢？

西藏的林芝有一座神山，当地人叫它“苯”①，很多虔诚的信徒都要去那转山朝圣。一路上，信徒们怀着虔诚的心，去做每一件必须做的事情。他们走走停停，把一根一根小木棒放在路上。木棒上刻有一道一道的格痕，信徒们认为这代表阶梯。人死后灵魂可以走捷径进入天堂，那些木棒就是上天的梯子。实际上每一个细心的人只要顺着山径朝上看，路旁的小木棒弯弯扭扭地铺向山腰，同登天的云梯是很像的。

朝圣者就这样在感觉中踏着“上天”的云梯，爬到山腰，

---

① 位于西藏林芝八一镇的“苯”神山又叫“苯日”神山或比日神山，可以徒步上山。据传当年佛苯相争时，最先出来反对佛教的苯教徒阿穷杰博曾与莲花生比试法力，而“苯日”神山就是他们斗法的地方。

这时有一棵参天大树出现在了面前。树干上挂着许多箱子，高高地悬在空中。来到大树下，朝山的信徒都显得格外虔诚，有的在树上挂经幡，有的在树上涂酥油，还有的在树下烧香磕头。大树下充满了神秘的宗教气氛。原来这是一棵神树，在人们的传统观念里，这棵树和天相连。树上挂的木箱，是林芝地区特有的小孩悬棺，据说把悬挂在通天的神树上，小孩的灵魂就容易上天了。林芝人大多数生活在密林当中，他们往往把高大的古树看成有灵性的天梯，只要把死者安葬在树上，他的灵魂就能以树为天梯升入天际。据说生活在林芝的珞巴族人也有这种风俗，但不是用木箱做悬棺，而是用藤条编成的藤箱。

我们讲了灵魂与天梯神话的藏族民间习俗，那么，死者的灵魂是怎样注入天神之绳升腾上天的呢？据苯教的一些著作说，最早期的吐蕃赞普，其头上（具体地说是前额）有根木神的光绳，这是一根很长伸开的绳子，为淡黄色。赞普逝世时，便自足部开始逐渐消失，融合在前额的木神之绳中。此时，发光的木神之绳也随之融化在长空当中。

这个类似于前面已谈到的木神之绳神话，其年代是很久远的。但直到近代，有些传说依然还是保持着原样。蒙古族自从13世纪与藏族发生联系后，其宗教和文化都深受其影响，蒙古族信奉藏传佛教，在谈到灵魂一类的问题时，他们也认为：当转世的时辰到来时，他们（死者的身躯）便自足部起而消失在长空，而且是通过出自他们头顶的一条被称作圣绳的光路而消失的，他们变作万里长空中的一道彩虹离去。

著名藏学家、法国人石泰安通过他的研究坚持认为，古代藏族赞普和圣人们的升天方式，同藏传佛教中那些高僧圣者不在人间留下凡胎尸体或化入彩虹体高升天者的做法是极为相似的，这个做法就是藏传佛教密宗中那些类似于瑜伽修习的方法。由此可见，藏族人古老的灵魂观念与后世的活佛转世理论有多么紧密的联系。

轮　回

西藏民间宗教中的灵魂观念同藏传佛教中的生死轮回说在活佛转世的理论和实践上是相辅相成的，甚至可以说浑然一体。藏传佛教主张善恶报应，三世轮回，认为众生都是处在生死轮回过程的三界六道之中，其轮回的规律就是以生前善恶行为的总和来确定自身的六种轮回转世趋向。众生就是这样生生死死，死死生生，如车轮回转，循环往复，永不终止。这本是古印度婆罗门教的主要教义，藏传佛教只是沿袭而加以发展，注入自己的教义之中。所不同的是，婆罗门教认为人之高低贵贱在轮回中永不改变，而藏传佛教则主张在善恶报应的前提下，轮回一律平等，来世的命运或处境完全取决于今世行为的善恶。众生今世中的贫富或寿夭、高低或贵贱，是由前世行为的善恶决定的，而今世行为的善恶又要决定来世的命运，在封建农奴制度的藏族社会里，这种观点对于大多数生活在艰难困苦之中的人来说，无疑点燃了新的希望之火。

一旦众生了解了善业有乐果，而恶业则有恶果的因果关系后，就要修习善业、坚信佛法、严守戒律、生起正见，这样就可以获得善果，来世即可转生天界、人间，反之就变成畜生，下地狱，这种轮回规律是任何人都摆脱不了的。从藏传佛教的轮回转世和因果报应的理论内涵看，它具有极强的功利性，这就是驱使人们从善祛恶，修行成佛。

藏传佛教中的活佛转世思想，竭力宣传转世是喇嘛积极认真进行修行的结果。只有积极修行、入定、证觉的喇嘛才具备转世的条件，一般的俗人，甚至修行功力不到家的普通僧人（扎巴）也不可能有转世的能力。

按照藏传佛教的理论，佛可以分为三个层次，或者说三种佛：

1. 法身佛，是对佛法的人格化。它象征无所不在的佛法的绝对真理性，也包含人的先天佛，这就是人能成就佛身的内在原因和根据。

2. 报生佛，是指经过艰苦修习而获得佛果之身的无漏功德者。

3. 应身佛，也称化身佛，主要指佛为利乐世间众生，根据六道轮回中的不同情况和需要显现化身。像松赞干布、八思巴和达赖喇嘛都被藏族人称为观世音的化身，即应身佛。一般说来，凡是为救度世间的众生而转世人间，并从事教化的佛，都可视为应身佛或化身佛。

藏传佛教反复宣称，要普度众生，满足众生的一切愿望，根除众生的一切痛苦，把众生从苦难中解脱出来，并把他们引向最终从根本上得以解脱的极乐世界。众生究竟能否成佛到极乐世界去呢？这是佛教所要解决的一个很大的理论问题。为此，藏传佛教认为，一切众生皆有佛性，在这个前提下，人人成佛是可能的，但首要的条件是要经过认真反复的艰苦修行，达到必要的修行果位（或者说阶段），就可成佛了。

藏传佛教修习的果位①为上下三级：

自觉果位

觉他果位

觉行果位

这三者的统一则构成藏传佛教修习的最高果位觉。

凡达到自觉果位者，一般被认为已经消除了一切烦恼，得到了天界的供养，永远进入涅槃，再也不受生死轮回之苦。这种果位的佛称为自觉佛，其佛的地位属第一层次，即最初的层次；达到自觉佛之果位后，只是自我成佛，还不具备转生入世，教化众

① “果位”为佛教用语，在小乘佛教和大乘佛教中的内容有所差别，但有一点是相同的，都是指修佛所达到的境界。也指修行者得道已证正果之位。

生的本领和资格。因为佛教以普度众生为己任，不能只顾自身的涅槃和解脱，还要为救度众生而入世，以种种化身普度众生苦难，以达到觉他佛的果位，这是第二层次的佛，高于前者，并可以转世；阿弥陀佛被藏传佛教认为是第三层次的佛，即觉行圆满佛，他是极乐世界的怙主，能够指导念佛人往生佛国净土，因此藏族人一般称阿弥陀佛为无量光佛，也即最高层次的佛。

藏传佛教一般都把班禅大师（活佛）视为阿弥陀佛之化身加以崇敬，而把达赖喇嘛（活佛）推崇为觉他佛观世音的化身。觉他佛的果位低于觉行圆满佛，只达到了转世觉他（使众生觉悟）的中级果位。从这个意义上看，班禅大师的果位高于达赖喇嘛。

但是在藏民族的信仰中，特别推崇观世音菩萨。他是佛教所说的普陀山洲的怙主，以大慈大悲为根本德性，对众生独具慈悲之心，犹如牧童对畜群、艄公对船客那样护卫和怜悯。为了拯救众生，他放弃递进觉行圆满果位的机会，佛教徒称他为观世音，其内涵就是指他观众生的音声，应机以种种化生普救众生，所以观世音菩萨的化身是很多的，自然他的名号也非常之多，真可谓不计其数。

玛尔巴与“夺舍秘法”

说到西藏的密宗，首先必须提到噶举派所独有的重要教法——“那饶六法”，而该密法中的“夺舍大法”更是玄妙莫测，内涵丰富深刻，以致对噶举派和整个藏传佛教的发展都产生过重要的影响，至今还流行于藏传佛教各教派的活佛转世制度，其理论基础的另一个重要组成部分就与“夺舍大法”有关。

从噶举派高僧噶玛拔希运用“夺舍大法”转世，出现第一位活佛至今，“夺舍大法”在西藏密宗中的地位一直非常高，所以深受各派推崇，而有关传说故事在一些藏族高僧传中也屡见不鲜。

“夺舍大法”是在什么样的情况下产生的呢？藏学界著名学者刘立千[1]有一段话说得既通俗又很有说服力：

“不管科学怎样进步，对于‘死’这一件事，仍属神秘，尚无人能研究而了解它。不过世上活的，都要死，这是我们可以用常识去测定的。至于我们何日会死？由何致死？死后又到什么地方去？……这些，便都是我们不能知道的事了。因此人们对于死，便起恐怖，便生苦恼。然而从世上别的途径，我们对于死是永无办法的，是听其自然的。可是在宗教上就不然，因为无论任何宗教，都是想求解脱的——换言之，都是要想解决生死——当然对于这个问题，是有办法。不过谈到解脱一事，殊非容易。假设修行人，他们在修道未得成就的当中，万一死神到来，即他们毕生所学，岂不白废？况且死时，模模糊糊，全不自主，这种苦恼，是何等的大？对于死后灵魂之存在，未来之有无，我们暂置不论。当前的苦恼，又将如何解救呢？因此在西藏的密法中，有一种‘破瓦法’，为适应这种要求而产生了。”[2]

刘立千先生所说的“破瓦法”就是我们所说的“夺舍大法”。“夺舍大法”藏文为“破瓦重觉”（vpho-ba-grong-vjug），所以有的人又把“夺舍大法”称之为“破瓦法”。“破瓦”（vpho-ba）意为“转移”“迁移”，藏传佛教中习惯译为“往生”；“重觉”按藏传佛教习惯的译法为“夺舍”。因此，“破瓦重觉”可解释为：往生夺舍，即灵魂入于尸体而行走，或者说是指灵魂移入尸体而复活。按我们的理解，“重觉”（grong-vjug）是“夺舍大法”中的一个重要的手段，它具有“灵魂”的意思，“夺舍大

---

① 刘立千（1910—2008），著名藏学家，汉族，四川德阳人。1936 年出任根桑泽臣活佛随行助手和翻译，开始涉足藏学。1944 年出任成都华西协和大学边疆研究所副研究员，正式从事藏学研究。

② 刘立千：《藏传佛教各教派教义及密宗漫谈》，民族出版社，2000 年，详见该著作中之《西藏密宗漫谈——破瓦法》。

法”的主要内容就是将“重觉”移入任何一个动物或人的尸体内，虽然其身躯仍然属于这个动物或尸体，而灵魂却是别人的。该秘诀按汉族人的眼光看，有些类似于借尸还魂。

据《玛尔巴译师传》记载，“夺舍大法”是通过噶举派的祖师玛尔巴由印度和尼泊尔传入西藏的。他曾多次去印度和尼泊尔留学，时间长达21年之久，他的主要上师有13位，但最主要的上师是那饶巴和弥勒巴两人。他跟随弥勒巴学习了“大手印”秘法，又从那饶巴学习了“那饶”六法（历时16年），其中的“夺舍大法”就是在第三次去印度留学时学到的。玛尔巴返回西藏后，定居在山南洛札，精修教诫，终于获得了证悟。在他的传记中有几段讲他修证“夺舍大法”，得到证验的传说：

> “有一次，以降若祥敦为首的许多弟子来呈献供品时，正好在大师静室的附近有一鸽子窝，小鸽子跟随母鸽在空中飞翔，突然鹞子飞来追赶母鸽，母鸽逃回窝后就吓死了。于是玛尔巴大师便说：‘今天我给你们表演夺舍法的仪轨吧’。说完他拿出一根长绳拴在死鸽的脚上，将它扔得远远的，然后就修炼起夺舍法来。忽然那只死鸽站起来，扑扑地拍着翅膀要飞，那只小鸽子也飞来围着母鸽转，情景十分感人。这时，降若祥敦回头一看师父，他已现出死尸般的样子。降若祥敦感到惊恐，哭着跑到师父尊前祈求道：‘上师活佛呀，请勿这样做’。但毫无反映，越发害怕，又跑到鸽子跟前祈请。这时鸽子一倒，玛尔巴马上活了过来。”
>
> “又有一次，玛尔巴和弟子们散步经过河边时，正好碰到一条猎犬在追赶一只鹿，那鹿被赶入河中就被淹死了，玛尔巴就说：‘我给它施夺舍法，你们一些人到死鹿的后面拦住猎狗，剩下的在这里看。’言毕，就作起夺舍法来。一会儿那只死鹿果然跃出水面，直奔玛尔

巴的静室，但当跑到静室外的平坝上时就摔倒了。玛尔巴也醒了过来，同众人一起观看死鹿。这时猎手们赶到了。玛尔巴笑着说，‘我施法从水中找来了死鹿，你们别想夺去！’在旁的弟子就把大师作夺舍法的经过告诉了猎人。猎人不信，为此，玛尔巴又给那只死鹿作了夺舍法，于是死鹿又复活，走到静室内院倒了下去。”

从《玛尔巴译师传》的记载来看，湛深玄妙的“夺舍大法”秘诀是单独传授，最初他只把秘诀传给了他的儿子达玛多德。不幸的是这位传人在骑马旅行中，头盖骨被摔成了八块。所幸他临死前用“夺舍大法”使自己的灵魂迁入了一只死鸽的体内，从而获得了永生，达到了不经观修即生成佛的境地。以后玛尔巴又将这一秘法传给了弟子促敦旺额。从此“夺舍大法”开始在藏族地区广为传播。

许多研究藏传佛教史的学者都认为，西藏佛教之所以兴盛不衰，很大程度上同它独有的活佛转世制度是分不开的，而活佛转世的一些观念恰恰又依赖于“夺舍大法”的存在，由此可见，玛尔巴及其噶举派对整个藏传佛教的发展是有过重大贡献的。

随着“夺舍大法”在西藏和其他藏族地区的传播，再加之活佛转世制度的确立，与“夺舍大法”相关的各种宗教活动和仪式也开始出现，如当人刚死时，要举行“破瓦得巴”（也即“夺舍大法”）仪式，目的就是要让死者的灵魂往生净土。

藏密的“夺舍大法”有多种修法，而各宗各派又有所不同。就其应用来讲，大体有五种成就：一为得法身成就；二为得报生成就；三为得化身成就；四为三种想；五为由别的有修持的人来帮助死者，以大悲心及法力，钩摄亡者灵魂，而得迁移往生。“破瓦得巴”仪式就属此类。

前三者在无上密部中都有教授，而最后一种为他人所作，只有第四种“三种想”才是真正的“夺舍大法”。它的要点是需要主宰自己的灵魂，随意投生。从理论上看，“夺舍大法”的修习与藏密对人身观念的认识有内在的联系。藏密认为：人身的结构是二元的组合，即灵与肉的组合，换成藏密的说法即为识与蕴的组合。它们两者互为因缘，相互作用。当人作为俗人（凡夫）时，则由蕴（肉体）来主宰心灵（识），修“夺舍大法”就是要打破这种常规，通过训练心灵，使它成为人的主宰，随时以心来统帅身，以心来御制身。

另一方面，藏密又认为，作为物质的蕴身是由“四大”组成，即地、火、水、气四种元素组成，而气又是“四大”的统摄者。藏密认为，应用内观法可以见到“气”的作用，气使人活着，此气一断人便死亡。依藏密的说法，人死时，周身气息渐渐收摄，所以手脚先冷，继而心中的暖气一断，全身僵冷，人便死了。在气息收摄时，地、水、火、气随之分解，因此，心中的那点暖气就是人生存的风息所在，修“夺舍大法”就是握住这口气，把心连同气一起搬走。

“夺舍大法”认为，心为无常多变之物，为了能够把握它，需要用“明点”的内观法来将心摄于一点。藏密认为，人体内由气、脉、明点（即心）三者构成，而明点是大乐的精髓或者说种子，它存于体内的脉道之中，与此同时，气又是通过脉道来运行的，于是，气、脉、心三者就构成了相互依赖和制约的关系。这种特殊的关系正好成了“夺舍大法”三种想的精要所在，用最通俗的话来说，“夺舍大法”所要迁移的东西是心与气，靠的是体内的脉道，心与气要迁移到各个修习者所发愿往生（转世）之处。

由于“夺舍大法”的终结是发愿往生（转世）处，也即气和心迁移的归宿有一个明确的目的，因此，修“夺舍大法”需要在心中树立一个本尊，即某个特定的人格化了的神或者是佛，以观世音菩萨为本尊进行修习，其脉道就将心和气迁移转世到普陀山洲；以阿弥陀佛为本尊的，就迁移往生到极乐刹土。由此我们知道达赖喇嘛以观世音为本尊，他圆寂后往生（转世）普陀山洲，成为观世音菩萨的化身；而班禅最初是以阿弥陀佛为本尊，所以他圆寂后往生（转世）极乐刹土，成为阿弥陀佛的化身。

据《玛尔巴译师传》记载，玛尔巴可以以不同的几个本尊为对象来修习“夺舍大法”，并获得了极好的证悟。据称：

> “米拉日巴离开上师之时，玛尔巴问道：‘上师我的身可显现各种佛身，或者现四大种，或者什么也不现，或者如彩虹相，或者如光明相，显示种种神通变化，你看见了没有？相信吗？’
>
> 米拉日巴回答道：‘看见了，不得不相信。我自己也想经过修习能够达到如此境界。’
>
> ……此后，玛巴敦勒等一些弟子，也见到了上师显现出欢喜金刚、胜乐金刚、密集、金刚亥母等佛相。
>
> 一些人在玛尔巴大师的卧室及其他住处，没有见其真身，只见亮铮铮一条金条；有些人看到清水在盘旋；有些人看到烈火在燃烧；有些人看到彩虹；有些人什么也没看到……人们都来问道：‘这是何故？’玛尔巴说：‘你们在梦中出现此情景，将问何人？’弟子们回答说：‘当然要请教上师您本人，请上师解说！’‘此乃是我身体之脉、风、心转为精华，仍归原处，与你们同时所出现的境界之缘故’。遂即唱道：‘依止的脉与挪动之风，还有庄严菩提心之力，平等一味之鞭去抽打，光音无往无复而奔驰，有缘能见种种境界相。’”

玛尔巴不愧为藏传佛教密宗的一代大师，最终他以“夺舍大法”中的瑜伽母为本尊，往生（转世）于空行净土。

据说，修习“夺舍大法”以后，中间有一过程，叫做“开顶”，就是头顶稍许裂开，并且可以插入一根小草，这不过是表示暖识已经有了去路，并不奇特，但再进而修习，就可以使灵魂自由自在，听凭引导，这样就可以不受六道轮回之苦，自由投生。所以藏族的许多高僧往往在未死时，便预言后世，乃至投生处所，又能说出前世的因缘。

另外从《玛尔巴译师传》中看，在修习“夺舍大法”期间，还必须修炼生起次第，它是藏密中修习本尊三身的瑜伽密法之一，其目的在于追求净治恶习，解脱凡庸见、闻的束缚，显现本尊、真言、智慧之本性。

“夺舍大法”的另一个特点是必须在人寿刚尽时才可使用，而在圆寂前又要修生起次第，等到修完圆满次第后，才可施行“夺舍大法”投胎转世。玛尔巴的儿子达玛多德在死前，就是先修生起次第，等结束了圆满次第后，才用“夺舍大法”转世到死鸽的身上。

2. 护身符中的转世遗嘱

护身符

藏历铁马年（1990）的一天，夏玛活佛、蒋贡活佛、杰曹活佛突然得到八蚌·司徒活佛的通知，要他们在锡金绒定寺的一间殿堂聚会，不得有误。很快，十六世噶玛巴活佛的四大弟子聚在一起。

八蚌·司徒活佛没有说话，只是默默地取下自己佩戴的护身符放在三位师兄弟的面前，然后面带微笑神秘地望着他们。这是一个四方形黄色锦缎包着的护身吉祥物，从表面上看，没有任何值得惊奇的地方。三位活佛都很清楚，护身符对每一个藏族人来说，是极为寻常的避邪物，多数藏族人的身上都佩戴有类似的东西。

八蚌·司徒活佛示意他们打开护身符，三位活佛感到更奇怪了。按藏族人的传统，吉祥护身符是不能随便打开的，另外他们也知道里面除了写有或印有祈愿文和咒语的纸片外，不会有别的什么东西。但八蚌·司徒活佛脸上的神秘表情使他们想起一件事来，那就是师尊十六世噶玛巴活佛的遗嘱，差不多 10 年了，此事一直记挂在他们四大弟子的心上，因为找不到遗嘱，师尊的转世灵童至今还没法寻访。难道遗嘱就藏在这个护身符里？

护身符被打开了，里面有一张纸，上面有红色笔写成的诗句，三位活佛知道那不是咒文，他们急切地读起来：

> 奥妙智慧的极乐中，无内无外的法界里，自此到雪山之北（西藏）的东边，在拉多的地方，一个十六世噶玛巴攘迥若必多杰，白光之游牧民族地，遍布翠绿的青草，在称为巴果宝地，于享乐年出世，善巧父亲是顿珠，智慧母亲是洛嘎，闻名奥妙的法螺乐音，宣布大宝法王（噶玛巴）将跟随圣者顿月珠巴（司徒活佛），无分制派系，遍满四处，不分远近，是众生的护佑者，如太阳般不断利乐众生。

在文字的右下角是十六世噶玛巴活佛的签名和一大方印。

对师尊的字体、签名和教派祖传的大印，三位活佛实在是太熟悉了，果真是十六世噶玛巴的手迹。

原来 12 年前，在印度的加尔各答，一天就寝前，十六世噶玛巴活佛亲自把这个护身符交给了八蚌·司徒活佛，并嘱咐他要时常携带在身上，到铁马年时，这个护身符会有用处。两年后，也就是 1981 年 11 月 6 日，十六世噶玛巴在美国传经时圆寂，这块护身符就成了司徒活佛身边最珍贵的师尊遗物。

十六世噶玛巴活佛若必多杰[①] 1924 年出生于后藏的江孜，经金瓶掣签被认定为十五世噶玛巴卡巧多杰的转世灵童，袭大宝法王位。曾任西藏自治区筹备委员会委员。1959 年他前往锡金创建了著名的噶举派寺院绒定寺，并在欧美和东南亚地区产生了相当的影响。十六世噶玛巴在美国圆寂后，法体被运回绒定寺。火葬仪式那天，袅袅云烟缓缓地飘向喜马拉雅山北部——十六世噶玛巴的故乡西藏。这时，三只雄鹰在大宝法王法体的上空转了

---

① 第十六世噶玛巴若必多杰（又写作让琼利佩多杰），1924 年出生于后藏一个贵族家庭。1954 年中央政府邀请第十四世达赖喇嘛及西藏佛教界各教派领袖前往北京拜见毛泽东和周恩来等领导时，若必多杰也受邀同行。

三圈，然后追着烟云飞去。在场的上万名噶玛巴信徒都看到了这一奇特景象，无不惊奇万分。而学识渊博的高僧们则一下明白了其中的神秘喻义，因为六世达赖喇嘛仓央嘉措曾写过一首著名的情歌：

请求白色大雁，
借我凌空双翼。
并不远走高飞，
理塘一转就回。[①]

后来人们根据这首诗中提供的方向，果然在理塘寻访到了六世达赖喇嘛的转世灵童，所以高僧们说，这是一个吉祥征兆，它预示十六世噶玛巴活佛将在西藏转世，而他在世时也曾对弟子们说过：西藏是个好地方，我们还是应该回去。

然而，按照噶玛噶举派的传承传统，只有依据前世活佛的遗嘱，才能寻访到真正的转世灵童。所以用遗嘱寻找转世灵童，成了噶举派有别于藏传佛教其他教派转世制度的主要特征。可是整整10年了，十六世噶玛巴的弟子们还没有找到师尊的遗嘱，尽管这期间有不少信徒从西藏各地捎来口信或信件，声称自己或某人的孩子如何聪慧伶俐，出生时出现过种种吉兆，但十六世噶玛巴的四大弟子都不敢贸然行动，教派的门规，谁能违背呢？

一天，八蚌·司徒活佛注视着胸前佩戴的护身符，突然闪过一个奇妙的念头，他想起了师尊赠送此物时的嘱咐，今年不正是铁马年吗！他一下感觉到十六世噶玛巴的遗言是在暗示什么，也

① 第六世达赖喇嘛仓央嘉措（1683—1706），门巴族。公元1683年出生于西藏南部。家中世代信仰宁玛派。仓央嘉措是一位才华出众的诗人，写有很多情诗，并在藏地广为流传。最为经典的为拉萨木刻版《仓央嘉措情歌》，集有60多首情诗，已被译为20多种文字。这首诗见《仓央嘉措及其情歌研究》，黄颢、吴碧云编，西藏人民出版社，1982年。

许是机缘已到，司徒活佛打开了护身符，他终于发现了师尊的遗嘱。

1992 年 3 月，西藏楚布寺突然接到锡金绒定寺的信函，邀请他们派两名管事喇嘛前往绒定寺参加商讨寻访十六世噶玛巴转世灵童的秘密会议。楚布寺特派管事脱姆和喇嘛扎桑前去，但他们在尼泊尔办理去锡金的签证时，耽误了很长时间，等他们匆匆赶到锡金后，寻访会议已经结束。在绒定寺的一间经堂里，十六世噶玛巴的四大弟子会见了来自噶玛噶举派主寺的两位贵客。四位活佛告诉他们，按遗嘱所示，十七世噶玛巴将在西藏转世，5 月份，将特派蒋贡活佛前往西藏协助楚布寺寻访灵童。可是蒋贡活佛却因车祸死于途中。过了很久，一份遗嘱的抄件才辗转被带到了楚布寺，可是上面没有噶玛巴活佛的签名和本教派传下的印章。楚布寺将信将疑。抄件送走以后，绒定寺的司徒活佛和杰曹活佛也感到不妥，又派管事嘎吉亲带噶玛巴遗嘱赶到了楚布寺。经全寺活佛和高僧鉴定，确为真迹。

秘密使命

鉴定遗嘱真伪后，楚布寺很快将此事报告了西藏自治区有关部门。1992 年 5 月，楚布寺成立了十六世噶玛巴转世灵童寻访组，成员包括楚布寺秘书洛珠、管事脱姆、迪迪喇嘛，大昭寺喇嘛顿珠等，中共西藏自治区党委统战部部长次仁巴珠协同寻访组进行寻访工作。

1992 年 5 月 10 日，灵童寻访组一行从拉萨启程，沿黑昌公路（黑河—昌都）前往昌都，8 天以后，抵达西藏东部重镇昌都。

根据十六世噶玛巴活佛的遗嘱，这次寻访转世灵童主要有四条线索：

1. 转世方向，西藏东部“拉”字（lha）打头的地方。

2. 具体转世的地理环境是美丽的草原牧场。

3. 转世灵童的父亲名叫顿珠，母亲名叫洛嘎。

4. 转世灵童的属相为猪、鼠、牛三者之一。

临行前，楚布寺有关高僧和灵童寻访组根据现有的西藏地名、地图资料，对遗嘱所提示的西藏东部，即林芝和昌都地区所有的县、区、乡的名称、河流的名称、山地的名称进行了查证，果然在昌都县发现了一个叫拉多乡的地方。所以寻访组此行的目标很明确，密访拉多乡，寻找遗嘱中提示的灵童。

5 月 17 日，寻访人员装扮成朝佛的喇嘛和了解寺庙情况的官员骑马踏上了去拉多乡的山道。昌都 5 月的狂风暴雪和豆大的冰雹使这些外乡人吃尽了苦头，直到很晚，他们才在漆黑、神秘、充满恐惧的广阔草原上见到一座小寺。冰雹和鹅毛大雪更加猛烈，寻访人员又饿又冷，拉多乡还要走多远呢?!

第二天，冰雹和雪还没有停下来。草原上一片迷茫。寻访人员没有犹豫，又走进了风雪之中。天黑时，他们终于到了拉多乡。牧民热情地接待了这些远道而来的“朝佛者”。寻访人员早已将十六世噶玛巴的遗嘱背熟，他们都知道遗嘱中提到这里有个叫“巴果”的地方，它可能是山名、河名、村名，还可能是一座寺院。他们都急于想证实这一点。他们像拉家常似的问这里有没有叫“巴果”的地方，还说有封信要交给一位住在巴果的妇女，她叫洛嘎。乡里人回答说这里确有一条宽阔的巴果山沟，是一个很美丽的牧场，他们也知道洛嘎这位妇女。寻访人员又问洛嘎的丈夫是不是叫顿珠，回答也很肯定。

楚布寺的喇嘛们再没有多问，他们会意地互相看了一眼，开始谈起这里的恶劣天气来。其实此时他们都急于想赶到巴果山沟，但他们又怕此行的目的被人察觉。十六世噶玛巴活佛的遗嘱提供的线索大都得到了证实，四位楚布寺的喇嘛对噶玛巴活佛充满了无限的崇敬。

第二天，寻访人员按牧民的指点又翻过了一座山，展现在他们面前的正是美丽的巴果沟牧场，那青青的牧草完全与遗嘱的描绘一样。这里仅住有 70 多户牧民，寻访人员很快就找到了一顶褐黑色的牦牛帐篷，主人顿珠和洛嘎夫妇将远道而来的朝佛者迎进了帐篷内。

交谈中，寻访人员得知，顿珠、洛嘎共有 9 个孩子，加上一位老奶奶共 13 口人。他们的第八个儿子正好是藏历第十六饶迥木牛年出生的，属相与遗嘱完全相符。

提到第八个孩子阿波嘎嘎，两位牧民的话一下多了起来，寻访人员听得出，这孩子无疑是他们的骄傲。

1985 年 6 月 26 日，阿波嘎嘎在这顶帐篷里降生了。当时正好是清晨，顿珠首先听到周围法螺、法号长鸣，接着大儿子益西热塞和几个小孩都被这吉祥的法音惊醒，出来观看，可是帐篷内外根本找不见一个人，唯有数道彩虹横跨在帐篷上空。孩子们被这种奇观惊呆了。过了好一会儿他们才回到帐篷内，法音依然不断，就连碗、杯子、茶壶也都附和着发出有节奏的声音。很快巴果沟牧场的许多牧民都跑到了顿珠家，因为他们也听到了帐篷里传出的法号声，看到了帐篷顶上无数的七色彩虹，牧民们注视着洛嘎刚生的孩子又惊又奇，他们坚信这是一个吉兆，这孩子一定是哪位活佛的转世。

果然，没过多久，拉多乡嘎来寺的堪布阿多·次旺巴登亲临巴果，认定阿波嘎嘎为该寺的活佛。4 岁时，阿波嘎嘎被接到嘎来寺学经。小活佛聪慧过人，活泼可爱，勤于学习经文。1990 年，他随父母前往八蚌寺时，衮读活佛为其取名为伍金卓堆·赤列多吉，简称伍金赤列。

听完顿珠夫妇的讲述，寻访人员认为伍金赤列与十六世噶玛巴的遗嘱完全相符，于是公开了他们的身份，将此行的来意告诉了主人，并让他们暂时保守秘密。

1992 年 5 月 22 日上午，全体寻访人员在顿珠的牛毛帐篷里，正式拜见噶玛噶举派的最高活佛、十六世噶玛巴的转世灵童伍金赤列。仪式很简单，小活佛坐在稍高一些的垫子上，接受楚布寺四位喇嘛的叩拜，小活佛摸顶还礼，中共西藏自治区党委统战部部长次仁巴珠也向灵童献了哈达。随后，小活佛被迎至嘎来寺，由大昭寺的喇嘛顿珠和楚布寺的迪迪喇嘛照顾，其他寻访人员日夜兼程返回拉萨，向西藏自治区人民政府汇报了寻访结果。自治区人民政府当即作出指示，立即将灵童迎回楚布寺，与此同时，楚布寺据情向中国佛协西藏分会作了汇报，佛协西藏分会会同活佛、高僧以噶举派的仪轨教法审核无误后，向中国佛教协会报告请求认定，中国佛协根据佛协西藏分会的报告和寻访经过、灵童灵异等情况，确认伍金赤列为十六世噶玛巴的转世灵童，并按照历史定制报请国务院宗教事务局批准。

这时巴果沟牧场早已是一片欢腾景象，节日般的欢歌笑语和虔诚的祝福祈祷声充满了灵童家那顶褐黑色的牛毛帐篷。很快消息不胫而走，拉多乡、昌都县、昌都地区的人们都知道了十七世噶玛巴活佛在拉多转世的消息，人们从四面八方像潮水般汇聚在拉多这片偏僻的草原，朝拜转世灵童，敬献珠宝、钱、佛像、唐卡、金表和牛羊。

楚布河谷

1992 年 6 月 10 日，十七世噶玛巴活佛在几十名楚布寺喇嘛的簇拥之下，离开他所熟悉的草原，踏上了前往拉萨楚布寺之路。藏历四月十五日，是佛祖释迦牟尼诞生、成道、圆寂的纪念日，[①] 这是一个吉祥的日子，一大早，迎请转世灵童的车队缓缓驶进了楚布河谷，楚布寺迎来了最辉煌的清晨。

---

① 藏历四月十五日是释迦牟尼诞生、成道、圆寂的纪念日，也是藏族传统的节日萨嘎达娃节。这个节日又称为穷人节，每年藏历的四月一日至十五日是萨嘎达娃节的时间。另外，藏传佛教信众把此月视作有造化和吉祥的月份。期间，广大信众通过转经朝佛、布施、放生、吃素等形式为众生祈福。尤其在藏历四月十五日这天，各种活动都将进入高潮。

小活佛在楚布寺的下林卡首先接受大小活佛、喇嘛和信徒们的朝拜，一顶绘有八吉祥图的白色大帐篷搭在古树参天的林卡草坪上。小活佛走进帐篷大门，法号、法螺齐鸣，欢呼声震荡着河谷。朝拜仪式后，身穿红边大黄袍的转世灵童伍金赤列在他的7名侍从和几百名喇嘛的簇拥下，骑着白色骏马，迎着纷飞的哈达，在桑烟和人海中走进楚布寺大殿，登上了大宝法王①的宝座。一盏盏幽幽跳动的酥油灯将大殿照得金碧辉煌，一排排坐立的老少喇嘛，伴随着法鼓的节奏，齐声诵念赞美噶玛巴和吉祥如意的经文。

迎请仪式结束后没几天，这位8岁的小活佛就在楚布寺住持卓本·德千活佛和众多高僧喇嘛的引导下，巡视了楚布寺。

楚布寺是藏传佛教噶玛噶举黑帽派的主寺，位于拉萨市堆龙德庆县古荣乡，距拉萨70公里。1187年由该派始祖都松钦巴修建。因为该地属于楚布氏家族的辖区，所以得此寺名。楚布寺初创时规模并不大，后来由元朝中央拨专款，由本派第二世活佛噶玛拔希进行了扩建，可是在1410年的一次地震中，楚布寺几乎全部被毁。1414年，在明成祖的资助下，噶玛噶举派第五世活佛德银协巴重新修建，始具现在的规模。

从巴沃山口远望楚布寺，背面是乌热神山的皑皑白雪，寺前是哗哗而过的楚布河。以五层高楼降白央大殿为中心，四面环绕四大学院（扎仓），并以经堂、神殿、僧舍及活佛拉章（活佛私邸）、静室等建筑群，组成一座雄伟壮观、幽静威严的古老佛刹。据楚布寺志记载，鼎盛时期寺僧多达5000人。楚布寺最著名的文物是南赡部洲庄严大佛释迦牟尼塑像；寺内除有历世噶玛巴活佛的灵塔外，还有噶玛巴朝佛的影像石、金鱼朝圣的石纹自然图案等；在寺院后面的土吉青布神山上，有一世噶玛巴修道的

---

① 大宝法王封号起源于第五世噶玛巴德银协巴，由明成祖永乐皇帝赐封，成为藏传佛教噶举派的专有称号，一直沿袭至今，是该派的最大活佛。

岩洞，信徒们常去朝拜，到该处静修的僧俗也非常之多。在信徒们的心目中，楚布寺被视为“真正的上乐金刚坛城”。一首藏文诗是这样赞美楚布寺的：

位于楚布河谷上的楚布寺啊
在此南赡部洲世界中
　是无与伦比的
任何看过或朝拜过的人
甚至只观想过一次的人
则其无始劫来罪业与无明
　必可净除

历史上，二世噶玛巴活佛噶玛拔希曾被元宪宗蒙哥大汗册封为国师，五世噶玛巴活佛德银协巴被明永乐皇帝册封为大宝法王，在明朝所封法王中，大宝法王地位最高，自此这一封号成为该派历代转世活佛的世袭封号。

“文革”期间，楚布寺被毁。1981年后，在政府的关怀和帮助下，楚布寺在原址开始重建。1984年，国家又拨专款修建了四大学院中的一个，使噶玛噶举所崇信的主寺具备了一定的规模。1986年，原闭关静修的禅房重建工程全部完成。历史上楚布寺有僧人400多人。

佛　门

1992年6月27日，在楚布寺民管会主任洛追主持的十七世噶玛巴活佛认定仪式上，西藏自治区人民政府民族宗教事务委员会主任尤嘎代表中央政府宣读了中央政府的认定书：

中国佛教协会：

《关于西藏楚布寺第十六世噶玛巴转世灵童认定的报告》收悉。同意认定西藏自治区昌都县拉多乡巴果牧民顿珠与洛嘎夫妇之子伍金赤列为第十六世噶玛巴转世灵童，特准继为第十七世噶玛巴，并在适当时举行坐床典礼。

望楚布寺做好灵童的护卫工作，选配好经师及近侍人员，学好佛学及文化等方面的知识，将灵童培养成有佛学造诣的，热爱社会主义祖国的第十七世噶玛巴。

国务院宗教局

1992. 6. 25

中共西藏自治区党委统战部、宣传部、西藏自治区民宗委、拉萨市、佛协西藏分会等部门的有关领导参加了隆重的认定仪式。

与此同时，国内外的新闻媒介也对十七世噶玛巴灵童转世作了大量报导。分布在世界 25 个国家的 86 个噶举派协会也撰文或发电报，祝贺灵童转世。

认定仪式后，连续几天，国内外僧俗信教群众云集在海拔 4300 米的古荣楚布山麓，欢庆噶玛巴活佛的转世。

1992 年 8 月 2 日（藏历第十七饶迥水猴年六月初四），在大昭寺为第十七世噶玛巴伍金赤列活佛举行剃度仪式。

凌晨 3 点 40 分，小活佛在楚布寺高僧和随从喇嘛的陪同下走进大昭寺。顿时，唢呐、法号齐鸣，手持法旗和香的喇嘛们高诵吉祥经。几千盏酥油灯把大昭寺照得通明辉煌。

小活佛首先向释迦牟尼佛像叩拜三次，按顺时针方向绕佛像一周，然后高居法台。在喇嘛们齐诵赞美噶玛巴功德的经文声中，小活佛庄重地走下法台，再次向佛祖磕头。专程从锡金绒定寺赶来的八蚌·司徒活佛从一个红布铺盖的金盘里拿起一把剪刀，把留在小活佛头顶的一撮象征性的长发剪去，这标志他从此进入了佛门。最后，小活佛又一次磕拜在佛祖脚下，虔诚地绕佛像一圈，倒退步，注视着佛像的慈容慢慢离开。随后司徒活佛和同来的杰曹活佛为灵童正式取法名为“百恰达让琼伍金杰瓦牛古卓堆赤列多杰则恰列郎巴尔杰瓦德”，意为“吉祥遍主自然莲花生大师之子嗣调伏众生功业金刚胜世一切之尊”。据司徒活佛介绍，这一法名是根据莲花生大师所著《修行言教精义》的预示来起的。

剃度仪式后，楚布寺和大昭寺的僧众向小活佛敬献了哈达，小活佛也为在场的僧俗信徒摸顶加持。

走向圣坛

根据楚布寺占卜择定的吉日，第十七世噶玛巴活佛的坐床仪式定于藏历八月一日，即公历 9 月 27 日在楚布寺举行。

上午 11 时，仪式开始前，在喇嘛仪仗队的引导和法号声中，专程前来主持十七世噶玛巴坐床大典的中央代表团团长、国务院宗教局局长任务之，中国佛教协会副会长、佛协西藏分会名誉会长帕巴拉·格列朗杰，西藏自治区政协主席热地，西藏自治区人民政府主席江村罗布等领导同志看望了小活佛伍金赤列。然后同司徒活佛、杰曹活佛一起走进楚布寺大殿，坐床大典将在这里举行。

中央代表团团长任务之首先代表中央政府向十六世噶玛巴的转世灵童伍金赤列颁发国务院的《认定批准书》，正式认定他为十七世噶玛巴活佛。在坐床仪式上，任务之还代表国务院宗教局宣读了贺词。随后，到会的各级负责人向小活佛敬献哈达，祝贺他继任十七世噶玛巴。

国务院办公厅、西藏自治区人民政府、阿沛·阿旺晋美副委员长，以及国内外的一些宗教团体和机构也发来贺电、贺信，并向活佛本人和楚布寺赠送了各种珍贵礼品。

据有关方面统计，大约有3万名信徒有幸参加了坐床大典。广场上能站人的地方都挤满了信徒，楚布寺大殿内更是密密麻麻难以立脚。这些从甘肃、青海、四川、云南、西藏各地赶来的信徒，以及远道而来的美国、瑞士、英国、法国、意大利、德国、荷兰、印度、锡金、尼泊尔等国家的噶玛噶举派代表和信徒，为的就是要一睹本派最大活佛的风采。

在人海当中，许多幸运者挤进大殿长跪不起、泪流满面，而更多的僧俗信徒则双手合十翘首凝视楚布寺大殿，满目荣光，因为他们看见，在金黄色的法王宝座上，8岁的噶玛巴活佛正用他那双智慧的佛眼看着前方，看着他们。

人神之间

小活佛剃度的前一天住在西藏宾馆，在这里小活佛头一次看到了电视，那晚正好有一部关于狗的节目，直到电视片结束，小活佛还睁大着眼睛，脸上充满稚气的笑。回到楚布寺，他好几次悄悄地告诉近侍迪迪喇嘛说，他还想去拉萨，因为他忘不了宾馆里的大电视和那部有狗的电视剧。也许是爱看电视，小活佛对电视摄像机特别着迷，他不光跟着采访他的摄影记者学会了摄像机的推、拉、摇、移，有时还模仿导演指挥身边的近侍和喇嘛站这站那，当他看见自己的形象出现在电视机里时，他双手托着下巴，一双机灵的大眼盯着电视，一声不吭。

不知是什么时候，小活佛对照相机也发生了兴趣，每当外出或有佛事活动时，他总爱拿出信徒送的那部傻瓜相机按个不停。一次去楚布寺后面的土吉青布神山转经，当小活佛和几十名随从在上山的路口小憩时，远处山腰上一大群吃草的牦牛突然向小活佛冲过来，喇嘛们吃惊得大叫，可是小活佛却仍然平静地坐在原地，等牛群离他还有三四米时，举起相机对准牦牛“喳、喳”

拍了几张，然后起身追赶牦牛，侍从们还没有来得及拉住他，牦牛群猛然急停，慢慢转过身，甩着尾巴爬上山坡。事后楚布寺的喇嘛们都说：那些牦牛是来朝拜小活佛的。

坐床大典以后，十七世噶玛巴活佛的生活和学习就稳定下来。早上 7 点钟，时差比北京要晚两个多小时的楚布河谷，天还没有完全亮，近侍迪迪喇嘛就开始照顾小活佛起床了。

小活佛的卧室在楚布寺大殿东侧，铺有纯毛地毯，一张不大的黄色丝绒床显得非常醒目，房间的北墙放有一排佛龛，布置简洁、华贵。在小活佛卧室门口，是近侍贡嘎和普布睡觉的地方，他们负责活佛的安全。离开卧室，小活佛和侍从们来到二楼的西侧房。这时厨师阿夏昌姆早已把两瓶温水放在洗脸架旁，迪迪喇嘛把水倒入盆中，用手背试试水温，然后再倒入少量圣水（圣水中有藏红花、珍珠粉和其他名贵藏药，并经过高僧加持）。一切准备就绪，迪迪喇嘛开始给小活佛洗脸、洗头。

洗漱完毕，小活佛坐到窗下向东的一张金黄色大床前。这时一个托着香炉的小僧人进来跪在地毯上，轻轻将淡淡的香烟吹向小活佛，迪迪喇嘛则取出灵童的猩红色袈裟在香炉上熏一熏，然后给小活佛穿上。

8 点 15 分左右，厨师阿夏昌姆用金质托盘送来了灵童的早餐。托盘嵌有松耳石、珊瑚和红宝石，盘中盛有早点、酥油茶和糌粑。

用过早餐小憩一会儿，经师土登桑布开始教小活佛学习藏文、背诵经书。小活佛聪慧过人，记忆力也很好，所以进步惊人。

12 点左右是小活佛的午餐时间，有土豆炖牛肉、米饭、酸奶、糌粑等，但是这位来自草原的小活佛更喜欢吃风干的牛羊肉。一位见过他用餐的记者描绘说，他先熟练地用刀在干肉上割出一个个口子，用手轻轻一撕，大小适中，极快地放进嘴里，感觉不到咬嚼，肉已吞了下去。

比起达赖、班禅、噶玛巴的历代转世灵童来，十七世噶玛巴活佛的童年生活也许是最赋有情趣的。尽管一个上午他都要跟随经师学习，但到了下午，他就不用学习了，而是由一大群侍从陪着，尽情地玩弄那些信徒们送给他的各种玩具。一箱形状各异、色彩鲜艳的塑料积木，在小活佛的手中，很快就可以变成一座工厂、一幢大楼。小活佛喜欢狗，所以一只香港生产的电动仿生狗陪着他度过了许多难忘的时光。黑色的皮毛，光亮柔软，只要装上电池，打开开关，它就会“汪、汪”叫几声，翻几个跟头，每当见到这种情景，小活佛都会开心地大笑。像所有的孩童一样，小活佛偶尔也会恶作剧。一天他撕开了仿生狗的嘴巴，又把狗的黑绒皮褪下来，可是小狗还是同以前一样“汪、汪”叫着，小活佛很不甘心地把狗拿起，拍一拍放在桌上，这一次小狗不叫了，小活佛好不开心。

每天中午两点钟，小活佛照例要上二楼的中央殿给远道而来的朝佛信徒摸顶，有时他的父母和家人也同普通信徒一样，在寺外排队，等候赐福。小活佛的家人都很想他，可现在他是噶玛噶举派的领袖、最大的活佛了，每个星期他们只能单独见他一面，而且时间很短。现在他们都回到了昌都的拉多乡，不知是否有一天，小活佛突然想阿爸、阿妈的时候，他们会搬到离楚布寺近一些的地方居住，这样，小活佛就可以离家人近一点。

3. 黑帽法师的惊世之举

戴黑帽[①]的法师

藏传佛教各教派对色彩各有自己的偏好。13 世纪称雄于藏地的萨迦派，喜欢红、白、黑三种颜色，所以坐落在后藏日喀则萨迦县仲曲河畔的萨迦寺，其宫墙就是红、白、黑三色，所以又称萨迦派为花教，其原因可能就在于它的色彩太花哨。噶举派在色彩的选择上则专一得多，主要是崇尚白色，其原因是噶举派的祖师玛尔巴大师曾三次去印度、四次去尼泊尔学习密法，这就是后来闻名全藏的密宗“那饶六法”。要修得此法必须清净心境，避世精修，因此，玛尔巴和他的高足米拉日巴等人在修法时都要穿白布僧裙，据传，凡是修炼这种法的人，都要依照印度习惯穿着白僧裙，还有一些噶举派僧人为追求密法的最高境界，还要孤身在雪山洞穴中面对一片白色苦修，借以亲证所谓“万有一味”“怨亲平等”“染净无别”“空乐无别”的“大手印”境界。像米拉日巴大师就曾在喜马拉雅山上苦修，传说他当年住过的洞穴至今依然留存。由于噶举派僧人亲近白色，因此，民间送给了该派一个雅称——白教。

---

① 历史上噶举派分为黑帽系和红帽系。而噶玛噶举派的创立者都松钦巴就是“黑帽”系的大活佛，也是历代楚布寺的寺主。而噶玛噶举派的黑帽则是由蒙古大汗蒙哥赐给第二世噶玛拔希的。

可是，当玛尔巴于1097年圆寂后，才过了几十年的时间，他的门派中就出了一个人物，一改噶举派崇尚白色的习惯，对黑色产生了兴趣，他就是都松钦巴。相传他能知过去、现在和未来的事情，而三世藏语称为“都松”，知者称为“钦巴”，所以号称都松钦巴。

都松钦巴于1110年出生在今天的四川藏族地区，父母都是修密法的人，所以他自幼跟随父亲学修密法。1125年16岁时出家为僧，19岁只身来到拉萨一带，30岁时成为玛尔巴的再传弟子塔波拉结的弟子。都松钦巴一生修炼密法，对祖师玛尔巴口传的“那饶六法”有独到领悟。据著名藏传佛教史名著《青史》记载，1139年，都松钦巴在修炼“那饶六法”① 和有名的“拙火定”② 大法时，只9日，全身就开始发热，便改穿单棉衣继续苦修了9个月，双手经常大汗淋漓，仍坚持不懈，所以他在当时800多个修行者（都是塔波拉结的徒弟）当中以能坚忍修持而著名。由于功力渐进，这9个月当中，即使是在他的手上撒以尘土，多日以后，尘土仍旧不落分毫，而其他的修行者虽打坐入定后也难以做到，可见都松钦巴入定后的定力之稳，是众人无法相比的，因此传称他是800大修士中的最大修士。

都松钦巴除了在苦修中有一股坚忍劲外，对色彩的爱好也与众不同，据土观大师的《土观宗派源流》记载，他曾对黑帽有一种特殊的喜好，常戴一顶黑帽。从藏族传统习惯看，黑色也是藏族喜欢的色彩。这一点只要从藏族古老的图腾崇拜中就能找到根据，因为在一些古老的神话中，青藏高原独有的黑色牦牛就是该民族的图腾之一；另外藏族民居窗户边的黑框以及雅鲁藏布江

---

① 那饶六法是古印度著名的佛学家那饶巴在四大教授的基础上总结出来的，指脐火、幻身、梦境、光明、中有、往生。那饶六法摄集了无上瑜伽部密法的修行精华。那饶六法由噶举派大师玛尔巴（1012—1097）传于西藏。

② 拙火定是藏传佛教密宗所修炼的密法之一。“拙火”又译为忿怒母、丹田火、灵热，指入定时脐下四指之处所生的暖热之气。观修拙火生起而入定，称为拙火定。

南岸的山南一带，老百姓身穿的黑色氆氇藏袍，也都能说明这一点。尽管如此，在都松钦巴以前，戴黑帽的僧人是很少见的。都松钦巴出生在康区，而在属于康区的嘉绒地方，至今还有戴黑帽的习惯，也许他是受了康区这一传统的影响。

都松钦巴一生修习过各种教派的密法，如萨迦派的“道果教授”和宁玛派的“大圆满密法”等，但他自己的感受是本派的“掘火定”和“大手印”两密法学得最精深。相传他到后来竟能示现穿行岩石而无阻的本领，以至于被后人五体投地称为“喇嘛乍巴（岩上师）”。1147 年，都松钦巴返回故乡西康，并兴建了著名的噶玛丹萨寺，领有众徒 7000 人。1187 年，都松钦巴年事已高，仍在今拉萨西北的堆龙兴建了楚布寺，从此，以噶玛丹萨寺和楚布寺为上下两主寺，形成了西藏著名的噶玛噶举派。由于都松钦巴曾戴黑帽传法，后人依其喜好黑色的特点，将这一派又称为黑帽派。

就是这个黑帽派，尽管在西藏从未掌握过地方政权，但是它的名声和地位却是每个教派都承认的。原来正是这个黑帽派开藏传佛教活佛转世之先河，从此在藏族地区才形成了活佛转世制度，并一直延续到今天。

噶玛拔希[①]和他的传说

都松钦巴逝世 10 年之后，1204 年噶玛拔希在西康出生。他聪慧过人，相传 5 岁左右即已精通诵读，10 岁前后，对所有佛经，仅一念诵，即能领会于心中。从辈分上算，噶玛拔希是都松钦巴的再传弟子，当他第一次见着自己的上师崩札巴时，师傅便慧眼识智士，对他另眼相看。崩札巴对他说：“今天虚空中云集

---

① 噶玛拔希（1204—1283）是藏传佛教噶玛噶举派第二世活佛。出生于康区哲垄丹却秋。10 岁时被认定为噶举派创立者都松钦巴的转世。

了众多的勇士和空行母，看来你是一位空行如来加持的人。”当晚给他灌顶后说：“你是一位有福缘者，都松钦巴等噶举派诸大师都特来观示，现在我传授给你教法，你去修吧。”

从此，噶玛拔希10年无间断地修炼，密法功力日渐高深。相传他在专修时能亲眼见到天神和世间的许多鬼神精灵前来为他服役。10年后，噶玛拔希回到四川藏族地区，不久身边就云集了僧徒500人。一次，他在众徒面前示现威猛密法，法力所到之处，犹如一道铜墙铁壁封住路径，谁也难以通过，因此，藏僧中都纷纷传说他能显现“神通”。

1247年，噶玛拔希回到拉萨噶举派的主寺楚布寺，在这里一住就是6年。据《青史》说，由于噶玛拔希的功力和声望，就连贡噶玛和特拉等藏族传说中的大神，也都成为他的奴仆任他驱使。1253年，忽必烈南征云南大理，得知以噶玛拔希为首的噶玛噶举派法力不俗，势力又较大，就派人召他到川西北的绒区色都地方相见。忽必烈见面前的藏僧确非凡人，执意要他长期随侍左右，但噶玛拔希执意不肯，前往甘肃、宁夏和内蒙古一带传授密法。

1256年，噶玛拔希接到元宪宗蒙哥召他前往会见的诏书，便随使臣到达和林，受到蒙哥以及阿里不哥的崇信，噶玛拔希对蒙哥及其侍眷传授了一些密法，蒙哥也赐给他金印、白银等。也许是噶玛噶举派被藏人称为黑帽派，蒙哥为尊敬噶玛拔希本人的习惯，还赐给他一顶金边黑色僧帽，从此噶玛噶举黑帽派的名声就更响亮了。3年后，蒙哥去世，忽必烈于1260年即大汗位，后来又战胜了与他争位的阿里不哥。忽必烈想起以前噶玛拔希不愿留侍身边的旧事，又因噶玛拔希有帮助阿里不哥的嫌疑，就下令逮捕了噶玛拔希，并对他施以火烧、喂毒、头上钉铁钉等刑罚，然后将他关入一所坚固的城堡中，7天不准进食，但他仍示现出安然无恙的神通，据说这是有金刚亥母和四部智慧空行母等神灵的救护，所以没有对他造成伤害。后来，忽必烈考虑到噶玛噶举派在蒙藏地区的影响，才没有杀他。出狱以后，忽必烈要他去江浙一带，他请求回西藏，得到忽必烈的同意。

回到西藏后，噶玛拔希一直住在楚布寺。1283 年，在该寺圆寂，享寿 80 岁。相传噶玛拔希被火化后，心脏、舌、眼都未损坏，其舍利以白色为多，这些圣物一直被奉安在楚布寺和噶玛寺的灵塔中；而他的衣服和鞋靴都是世人眼中极有灵气的圣物，被一一剪作碎片分发，以满足信徒们的心愿。

转世再生

噶玛拔希圆寂时，把弟子邬坚巴叫到跟前嘱咐道："我死后，在远方拉堆，肯定会出现一名继承黑帽派密法的传人，在他未出现以前，你就暂时作为佛的代理！"说完就从头上摘下金边黑帽，戴在了邬坚巴的头上，旋即示寂。

在西藏著名的史书《贤者喜宴》中，对噶玛拔希奇妙的转世传说有详细的记述：

> 在涅槃的瞬间，噶玛拔希前往兜率天，这里是佛教所说的喜足天界，而天界内院，则是弥勒菩萨的住处，他供奉叩拜后，又在众神居住的地方继续供奉供品，随后他感到有些无聊厌烦了。8 天后他忽然又想念起自己的弟子们，就重新将自己的灵魂归入到尸体内，回到了世上。于是他的尸体也就变成了俯卧的姿势。他看着痛苦嚎叫的人们，心情很不平静，顿时产生了怜悯之心，决定用"夺舍法"[①] 使自己得以转世，从而继续为这些苦难的人们做些善事。

① "夺舍法"是藏传佛教密宗修持中的一种密法，又称"迁识法"，是一种类似借尸还魂的密法。在藏文《玛尔巴传》中记载有玛尔巴多次表演这种密法修持的故事。藏传佛教一般认为"夺舍法"是密宗无上瑜伽的一个法门。

说来也巧，这一日在拉萨西北部的堆龙拔昌村，一对老夫妇13岁的儿子突然死了，当噶玛拔希看到升空的袅袅祀烟后，就赶到那儿，将自己的“重觉”（灵魂）移到了死尸的体内，于是死尸的眼睛开始一闪一闪地有了光泽。老夫妇看到这种奇怪的现象就说，死人的眼睛像活人的样子是一种可怕凶恶的征兆，急忙从炉灶中抓了一些灰撒在了儿子的眼睛上，接着又用针把它刺破。

从藏族民间习惯看，把灶灰朝人身上撒是一种传统的驱除邪魔缠身的方法。在藏族的文学名著《米拉日巴传》中就有这样一段情节：噶举派大师米拉日巴年轻时，有一次喝醉了酒，边唱边往家走，这时，他的阿妈正在家里炒青稞，她心想：像我母子一样受苦的人，在人世间是没有的，他不会唱歌吧？可是当她看见唱歌的人正是自己的儿子时，大为震惊，便右手拿起拨火棍，左手抓起一把灰，撒在了米拉日巴的脸上，并用火棍打他的头，喊道：阿爸喜饶坚赞（米拉日巴的父亲），你生了这个孽子，你绝了后代……说完晕倒在地。

堆龙老夫妇以为死了的儿子又被魔鬼缠身，想用灶灰去驱邪，但他们没有想到这一行为却打乱了噶玛拔希的转世，他只好将自己的灵魂重新移了出来，再想别的办法转世再生。这时，在北部边地，他发现有一只生了虫子的斑鸠尸体。噶玛拔希想到时间尚早，就将灵魂移进了斑鸠的体内，打算暂且就这样逗留下去。这时，有一位大约25岁的美女前来拜见他说：“大慈大悲的主人，请您不要死死地只看到法界，请您保持自己的怜悯心，坚持清净的人身，请您与无力有情的父母言归于好，请您高举佛教的胜幢。”噶玛拔希听完这话，知道是神灵在给他指定母胎，又重新住入了后藏贡塘攘迴多吉母亲的胎中，使转世获得了成功。

根据一些宗教史著作的记载来看，转世活佛的前生在他圆寂后的49天内，就要住入母胎内，经过9个月或者10个月，才能出生转世。可噶玛拔希的灵魂住入母胎后，只用了5个月的时间就转世了。

第一位活佛

西藏的第一位转世活佛攘迥多吉①于1284年出生在噶举派一代宗师米拉日巴的故乡后藏贡塘，并被认定为噶玛拔希的转世。5岁时他被迎请到噶举派主寺楚布寺。《青史》中记载的一段传说讲，当噶玛拔希的转世灵童攘迥多吉到达楚布寺之前，噶玛拔希的弟子邬坚巴在楚布寺的经堂上摆设了一个高座，并声称是为师傅准备的。当攘迥多吉随父母从后藏来楚布寺时，他无拘无束、大大方方地坐在邬坚巴对面的高座上。邬坚巴顿觉惊奇，问道："孩子，你为什么坐在我师傅的座位上？"攘迥多吉回答："你上师就是我。"听完这话，邬坚巴立刻想起噶玛拔希的临终遗嘱，知道这孩童正是上师的转世，就说："现在你须坐在下边"，于是给他传授了殊胜菩提心仪轨和一些简单的教义。

7岁时，由邬坚巴上师给攘迥多吉灌顶，从此出家成为噶举派黑帽派的第一位活佛。大凡活佛，小时候都有不少灵异的传说。相传他在楚布寺听法时，还有护法神从山间为他送来新泉水。一次他在地上插种了一根干柴，没想事隔不久，那根枯木竟然生根发芽。

攘迥多吉一生勤奋好学，曾师从许多格西和学者研习了不少佛教的法相学（占卜和相面等）和密宗教法。在藏史名著《红史》中记载有几件事情，可略知这位活佛的法相学功底。

1331年，元文宗图帖睦尔派人赍诏书和蒙哥赐给噶玛拔希

① 攘迥多吉（1284—1339）是藏传佛教噶玛噶举黑帽系第三世活佛，为噶玛拔希的转世。后藏贡塘地方人。

的金印去西藏召攘迥多吉来大都。7 月，攘迥多吉离开楚布寺与当时萨迦派著名的高僧贡噶坚赞同行来到当雄。此时已是 11 月。一日雷声大作，发生了日食，天又飞起大雪。攘迥多吉预言道：“大皇帝将寿，我们不必前往。”遂返回楚布寺。第二年，他再次动身前往大都，并在途中得知元文宗驾崩的消息，特作法事为元文宗超度亡灵。攘迥多吉到达大都后，成为元宁宗懿璘质班的佛教上师，但他从皇帝的面相上得知其寿命不会太长，果然，元宁宗在位仅一月，年仅 7 岁就夭亡了。

1336 年，攘迥多吉又应元廷之请，到京城与元顺帝相会。而此次进京也主要是为元顺帝作法事，祈祷他延年益寿。1337 年 8 月，攘迥多吉预告大都附近有大地震，就从屋里搬到外边，居于平坝之上。地震时，城被毁坏，百姓都逃走，凡是跑到攘迥多吉跟前祈求护佑者，均未受到伤害。查《元史 · 五行志二》，果然有至元三年（1337）八月辛巳夜，京师地震的记载。

在京都期间，攘迥多吉受到皇室人员的普遍敬仰，曾被任命为太徽院参院。1333 年元顺帝在上都即位后，赐给他“领悟一切法性空噶玛巴”的封号，并被封为“国师”，赐玉印、金字圆符。攘迥多吉于 1339 年因病圆寂于大都。他的转世就是被藏族人称为“游戏金刚”的乳必多吉。

乳必多吉 1340 年出生在西藏昌都。3 岁时被攘迥多吉的弟子道丹贡杰娃认定为攘迥多吉的转世灵童，西藏佛教史上习惯将他说成是噶玛噶举黑帽系第四世转世活佛。这就奇怪了，既然我们说攘迥多吉是西藏的第一位转世活佛，那乳必多吉就应该算西藏的第二位转世活佛，从实际的情况看这话一点不错，但藏族人在划分不同派别的转世活佛系统时，习惯从教派的创始人算起，由于都松钦巴和噶玛拔希是噶玛噶举黑帽系的祖师，所以人们按照传统把都松钦巴看成黑帽系第一世活佛，噶玛拔希为第二世活佛，而攘迥多吉、乳必多吉依次被当成第三世和第四世活佛。

关于噶玛拔希圆寂到转世的传说细节，在很多传记中都有记述，但是详细叙述活佛灵魂前往所谓兜率天转世投胎的传说，却要数五世达赖喇嘛写的《三世达赖喇嘛传》中有关二世达赖喇嘛转世的内容。这里仅举一段作为本章的结尾。书中写道，二世达赖喇嘛圆寂后赶赴兜率天，恰与达赖喇嘛的守护神相遇。于是：

> 达赖喇嘛与守护神一起踏着云路，顺着五色的光道一下便离开了三十三天，来到了堆龙中部一户叫康萨贡（三世达赖喇嘛的家）的村舍。此时，母亲（三世达赖喇嘛的母亲）已有身孕，不能投胎，于是守护神便设法让那个邪魔东西离开母胎，这样，等母胎变得洁净后，二世达赖喇嘛才投入了母胎转世。

4. 谁选择了转世

古老的西藏宗教

藏传佛教的活佛转世制度是举世仅有的，这样的制度除了在西藏和其他藏族地区以及信仰藏传佛教的蒙古地区外，世界上任何地区都无处寻觅。尽管世界上出现第一位转世活佛才700多年，尽管在大约400和200年前才开始有了达赖喇嘛和班禅这两个称号，但这一奇特神秘的转世传统在藏族人的政治和精神生活中所产生的强有力的作用却给人以这样的感觉，好像在藏族人的历史上，从来就不曾缺少过达赖喇嘛和班禅大师，正像西藏一首民谣所说：天上有太阳月亮，人间有达赖班禅，这也许是藏族人最真实的心理表现。

由于这一制度产生的根源是藏传佛教本身，因此，在叙述达赖喇嘛、班禅大师及其他一些派别的活佛转世情况之前，我们简要地回顾一下佛教进入西藏和其他藏族地区，并逐步使全体藏族人一心一意地皈依佛教的这一段西藏史是有益的。

在外界看来，西藏从来都是一块神秘封闭的土地，1959年以后，当青藏、康藏两条公路从它的东部和北部延伸到拉萨后，它开始逐渐揭去自己的面纱，向世人敞开了另一块有独特文化传统的世界。20世纪60年代，在西藏南部雅鲁藏布江的南岸，出现了一个飞机场，从此，拉萨与内地的空间缩短到一个多小时，人们开始认识这片世界，开始了解它的过去和现在。

从地理位置上看，它高居地球之巅，周围环绕着世界上最高的昆仑山脉和冈底斯山脉。西藏的北部是羌塘草原，西部是人烟稀少的干燥高原，而南边则是白雪皑皑、雄伟高峻的喜马拉雅山脉。从地理上而言，西藏成了一块无法进入的封闭地区。除雅鲁藏布江流域沿岸地区、拉萨河、年楚河和尼羊河等地区保持着传统的农耕文化外，这里还有很多人是游牧民，他们生活在藏北和阿里等地区最为恶劣的自然条件下，因此，他们成了身体强健、吃苦耐劳的民族。

最初西藏人逐渐接受了苯教[1]，它基本上是以萨满教作为基础的。这一宗教对于整天生活在繁忙沉重的劳动之中并要与最为恶劣的自然环境持续搏斗的藏族人来说，已经足以使他们感到心满意足了。

一天，一位传说中的天神之子对这里的自然与人发生了兴趣，顺木神之绳从天而降成了古代藏族人的君王——赞普。

又有一日，从天降下一个宝箧，内装金塔、经书、咒语等，此时正是松赞干布的高祖拉脱脱日年赞统治的时代，藏族人相信这一天就是藏传佛教的开始。

接着，佛教的潮流犹如大江狂涛从黄河和恒河流入西藏，它似乎席卷了西藏境内的全部涓涓细流。藏族人张开双臂全盘接受了佛教，就如同他们在等候着佛教的降临一样。当然，在7世纪中叶，第33代赞普松赞干布迎娶了两位笃信佛教的公主（文成公主和尼泊尔的赤尊公主），诸如此类的历史因素对佛教的传播和发展也发挥了至关重要的作用。从8世纪开始一直到结束，佛教在西藏的蓬勃发展，主要是靠当时几代赞普的远见卓识，将一些赫赫有名的印度大师和哲学家请到了西藏，其中最重要的人物

① 苯教又称“雍仲苯教”，简称苯教，创立者是辛饶弥沃。苯教发源于西藏古象雄的冈底斯山和玛旁雍错湖一带。从历史上讲，“象雄”就是古代整个西藏西部的代名词，古象雄文明是西藏文明的源头。

就是神圣的莲花生大师，他如同灿烂的阳光，给藏族人的宗教生活带来了脱胎换骨的彻底变化。莲花生大师兴建了西藏的第一座寺院桑耶寺。从此以后，寺院拔地而起遍及西藏，成千上万的西藏人加入了僧尼的行列，寺院僧人与日俱增。也就在这段时间，大部分的梵文、巴利文和汉文的佛经被翻译抄写，许许多多有关佛教的新理论也相继问世，内容涉及佛教的哲学、逻辑学、伦理学、心理学、医学、天文历算以及艺术。藏族人可以理直气壮地宣称，梵文、巴利文和汉文中的一些最为古老的经典尽管有的已经失传，但在西藏却有其宝贵的原件和藏文译本。

西藏人摈弃了他们那世代相传的好战的生活方式，这些藏族人也包括西藏北部和西部最边远地区四处漂泊的游牧部落。藏族人开始以令人难以置信的热情笃信佛教。

达磨赞普在位时，西藏佛教度过了一段黑暗时期，遭受了一些挫折。达磨赞普力图依靠摧毁寺庙、迫害僧人来消灭佛教。但此时，佛教的种子已深深扎根于西藏这块肥田沃土之中，藏族人没有让这一破坏行径持续多久，达磨赞普就被一位笃信佛教的僧人暗杀了。

接下来的300年时间，也就是9、10、11世纪间，西藏政治上日趋衰落，因为他们在频繁的内战中将自己的力量耗费殆尽，西藏四分五裂成若干个小小的地方政权。值得庆幸的是，佛教的传播在经过一段苦难的历程后开始复苏和发展。一时间，宁玛派、噶举派、萨迦派等众多教派相继崛起，西藏佛教又进入了鼎盛时期。

13世纪，蒙古人建立元朝，从此，西藏地方的政治事务就完全受制于元朝中央了。忽必烈借助于当时势力强盛的萨迦派，将西藏置于自己的控制之下，西藏正式纳入中央政府的行政管辖之下。忽必烈遂将萨迦派的领袖八思巴请到大都，封其为国师和帝师。八思巴凭借自己的渊博知识和坚强个性，让当时的蒙古领袖成了自己的佛教弟子。由于王室的支持，八思巴使成千上万的蒙古人皈依了佛法，这是佛教首次光临蒙古。

14 世纪，在西藏出现了另一位出类拔萃的佛教领袖，他的出现给西藏人的佛教生活带来了新的光明和希望。他名叫宗喀巴，生于青海西宁附近的宗喀，他创立了新教派——格鲁派，俗称黄帽派，为了将他的信徒与别的信徒区别开来，宗喀巴规定他们戴黄帽。

宗喀巴通过强化教规，强调虔诚，在这一占压倒优势的教派中唤起了巨大的信仰复兴精神，他不仅坚持僧尼要严格禁欲守戒，还严格规定了学佛的次第。格鲁派基本上是一种经改革后的思想流派。他在着手创建这一新教派之前，曾悉心研究并精通宁玛派、萨迦派和噶举派。继宗喀巴之后，西藏创建了一些闻名于世的寺院，如甘丹寺、色拉寺、哲蚌寺和扎什伦布寺等。住寺僧人都曾经在 5000 人以上。

宗喀巴创建甘丹寺后，自任第一任住持甘丹赤巴，在他即将圆寂时，把衣帽传给了弟子贾曹杰，由其继任第二任甘丹赤巴。后来，宗喀巴的另外一个重要弟子克珠杰又继任了第三任甘丹赤巴，此人就是被格鲁派追认的第一世班禅。1542 年，宗喀巴的另一个重要弟子根敦珠巴的继承人根登嘉措圆寂后，根据宗喀巴的遗嘱，根登嘉措得以转世，形成了达赖喇嘛的转世系统。根敦珠巴被追认为第一世达赖喇嘛，从此，藏传佛教格鲁派产生了以达赖喇嘛和班禅大师为主的两大活佛转世系统。

天上有月亮，人间有班禅

自古以来，藏族人就有寻根的传统，在众多的西藏史书中，都把自己的祖先追溯到传说时代的天神之子，到了后来，西藏众多的世袭领主和上层贵族也都千方百计地将自己的祖先同吐蕃时期的某个王室成员或著名大臣联系起来，以说明自己骨系的高贵。但对达赖喇嘛和班禅大师这样的宗教领袖来说，其根之高贵荣光又是王公贵族所望尘莫及的。

班禅大师是无量光佛的化身，他的前世很多，而且每个前世在印度佛教史上都占有重要的地位。传说克珠杰（一世班禅）早在无量寿年，[①] 就追随至尊导师文殊师利。在释迦牟尼时代，他降生为沙弥白玛吉，后转世为班智达·仁巴怙觉。另一些传说又讲，班禅大师曾是文殊菩萨的化身，以后才转世为克珠杰。

据说，在一世班禅克珠杰之前，他有过七次转世。

第一世为须菩提尊者，出生在舍卫城一个富裕的婆罗门家中。虽然早年家境富裕，但膝下无子，自从生下此子，更感到富上加富。据说须菩提尊者为龙种，因尚有前世龙种习气，就移居蛇蟒盘踞的旃檀林中。后来被一位已获见道的天神发现送到释迦牟尼佛祖前受近圆戒，依教修道，尽除一切烦恼，获得阿罗汉果。

第四世为晋美迥涅帕巴，生于东印度。相传在杂尔森啥城有一位旃陀罗种姓国王，固执己见，以100多人作为祭祀供品。大师见如此惨景，心生怜悯，祈求三宝。当时一条大蛇跳起缠绕在晋美大师身上，国王惊骇不已，将众人奉献于大德。

藏族还把一些西藏高僧与班禅的前世联系起来。相传西藏萨迦派最有成就的高僧萨迦班智达·贡噶坚赞也被说成是班禅的第六世前身，而宗喀巴的重要弟子克珠杰则被看成是第八世，他就是后来的第一世班禅。

班禅大师是藏传佛教格鲁派中举足轻重的重要人物，说到他的地位，人们常常喜欢拿他同达赖喇嘛相比，实际上无论从宗教还是从政治上看，两位活佛的地位均不相上下，有些时候，在某些方面班禅大师还要超过达赖喇嘛。

宗喀巴一生收了三个最重要的弟子：克珠杰、贾曹杰和根敦

---

① 无量寿，意为高寿，长生不老。又指无量寿佛。唐张说《奉和同皇太子过慈恩寺》之一：“愿君无量寿，仙乐屡徘徊。”佛教经典有《佛说无量寿经》，二卷，曹魏唐僧铠译。

珠巴，三位弟子的排行根敦珠巴在最后，而克珠杰的地位几乎与师傅和大师兄贾曹杰平等，所以藏族人称他们三人为“师徒三尊”，从这个意义上讲，一世班禅克珠杰的地位要比一世达赖喇嘛根敦珠巴高。尽管如此，在藏族人的信仰当中，达赖喇嘛和班禅大师是完全平等的，藏族人一般不直呼两位活佛的名字，而是称“甲娃亚卜赛”，意为“师徒三尊”。这是因为达赖喇嘛和班禅大师从第四世开始，经常是互为师徒，像四世班禅罗桑曲结是四世达赖喇嘛云丹嘉措的师傅，同时又是五世达赖喇嘛罗桑嘉措的师傅，所以四世班禅的地位就比四世达赖喇嘛和五世达赖喇嘛要高。

从历史上看，四世班禅和五世达赖喇嘛时期，正好是噶玛噶举派僧人建立的噶玛政权统治西藏，格鲁派自宗喀巴后经过 180 年的发展，已经羽翼丰满，再也不能容忍噶玛派的排斥。1641 年，四世班禅和五世达赖喇嘛密派亲信从新疆招来蒙古和硕特部首领固始汗和他的士兵，在一年之内一举结束了噶玛派 24 年的统治，建立了新的政权。由于历史上达赖喇嘛都住在拉萨哲蚌寺的甘丹颇章殿，所以就称为甘丹颇章政权。这个政权一直存在到 20 世纪 50 年代末。从这段历史看，达赖喇嘛和班禅的历史地位也很难分出伯仲。

另一方面，正如著名藏学家和民族学家牙含章先生所说：“如从政治方面来说，当然达赖方面在西藏地区政治上居于主要地位，占绝对优势。但是清朝中央政权把达赖和班禅置于平等地位，都归皇帝直接领导，都受清朝政府的册封，都归驻藏大臣监督，重大问题都要请示皇帝批准，重要官员都由皇帝任命。所以在清朝统治时期，达赖喇嘛和班禅，都是受中央政权管辖的，他们两者之间，互无隶属关系，是完全平等的。”①

班禅这一称呼的来历有几种不同的说法。后藏日喀则的扎什

① 牙含章：《达赖喇嘛传》，华文出版社，2007 年。

伦布寺是历代班禅居住的大寺，相传该寺的住持“赤巴”就含有班禅这一意思。“班”是梵文班智达的缩写，意为学者，“禅”是藏语“大”的意思，藏族历史上有几位著名的学者的名字都叫过萨迦班钦（禅）、雅德班钦（禅），这是藏族人对那些精通梵语和藏语、学识渊博的学者的称呼。另一种说法是，1645 年，四世班禅和五世达赖喇嘛请固始汗推翻噶玛政权后，固始汗仿照俺答汗赠给三世达赖喇嘛索南嘉措“达赖喇嘛”尊号的前例，给四世班禅赠送了“班禅博克多”的尊号。“博克多”是蒙古语，是蒙古人对睿智英武人物的尊称。至此，西藏才有了“班禅”这一称呼。最后一种观点认为，“班禅”的称谓是从五世班禅罗桑益西开始的，这是因为五世班禅是遵照五世达赖喇嘛的指示，经过降神、卦卜、寻访等手续后才认定的，并且在 1713 年由清圣祖康熙册封他为“班禅额尔德尼”后，“班禅额尔德尼”一词才在藏族历史上出现。

从班禅转世系统的形成过程看，一世至四世还只是过渡阶段，从五世班禅开始才正式形成。

二世班禅索南确朗，生于 1439 年，幼年时在拉萨著名的甘丹寺出家，精通显宗和密宗，在寺院有很高的声誉。索南确朗自幼身体瘦弱，当他到甘丹寺出家时，当时的甘丹寺住持问他叫什么名字，他回答说：“小牛。小牛长大成大牛。”住持心想这是位有善缘的弟子，就取名叫索南确朗。由于他学识渊博，甘丹寺上下都认为他是一世班禅克珠杰的“转世灵童”。二世班禅享年 65 岁，传说他圆寂时，乐声响彻天空，小雨绵绵。

三世班禅罗桑丹珠，1505 年生于后藏雅鲁藏布江之滨的温萨。出生时，即会说“可怜的众生，唵嘛呢叭咪哞（六字真言）”等语。他母亲听后惊奇不已，觉得不吉祥，就用一块脏毡盖在他的头部。后来三世班禅对人说：“就因为母亲的这种做法，使我一开始和同龄儿童讲话时，就言钝唇笨，谈吐困难。”三世班禅自小喜欢幽静，喜欢长时间地凝视释迦牟尼和宗喀巴大师的佛像，相传他8岁时曾梦见一轮明月从金山升起，自己身着白衣，佩戴珍宝饰品，手持铃杵居于月中，铃声响遍世间。

三世班禅11岁出家，苦修集密灌顶等密法。17岁染上痘病。有一天正倚门诵经，突然看见一位貌似乞丐的僧人衣着褴褛，皓首银须，和蔼可亲地朝他走来，就请来人进屋，热情款待。原来这是位有名高僧，传授给他一些著名的噶举派密法。三世班禅一生云游藏族地区，晚年才返回故乡在二世班禅创建的温萨寺闭门静修，被寺僧视为班禅转世。

从四世班禅起，开始有了简单的记录灵童转世内容的文字。四世班禅生于1567年。四世班禅幼年时相貌丑陋，体格瘦小，父母根据梦中的启示，叫他曲结巴丹桑布。当时三世班禅已圆寂多年，温萨寺的僧人正到各处寻找罗桑丹珠的转世灵童。当他年满5岁时，温萨寺的僧人发现了他，并派三世班禅的大弟子克珠桑结益喜在村子住了一个多月，对他进行秘密观察，结果发现这孩子喜欢和僧人接近，并在玩耍时，喜欢用衣服当袈裟。

13岁时，父母把他送到温萨寺[①]出家，并拜三世班禅的大弟子为师，取名罗桑曲结坚赞。几年以后，一位来自江孜白居寺的高僧在温萨寺传法，并与寺僧进行辩论，他发现罗桑曲结人虽年轻，但精通佛法，很有口才，许多僧人都辩论不过他，于是大为惊奇，就把罗桑曲结请到禅房，敬之以茶，并赠送黄色的僧人斗篷一件，要拜这位少年为师。这件事轰动了全寺，僧众纷纷议论，一致认为罗桑曲结是三世班禅的转世灵童。但他自己却说无意作温萨寺的三世活佛，只是一个普通的学法喇嘛而已。

温萨寺的全体僧众经过反复讨论后，于1583年，为他举行了坐床典礼，拥立罗桑曲结登上了温萨寺曲结颇章宫的赤巴法座。相传坐床大典这天，天降绵绵细雨，此后一连七日，罗桑曲

① 温萨寺位于西藏日喀则市附近的温萨。藏文“温萨”的意思是僻静。温萨寺的创始人是宗喀巴的弟子绛贝嘉措。他的法统继承人是哇索·曲结坚参。历史上从温萨寺传出的学派被称为温萨学派，是格鲁派两大密教学派之一。

结精修妙音天女密法，终于目睹了天女尊容，看见从妙音天女心窝中走出一位蓝衣天女，双手高擎盛满如意妙果的器皿献给主母。接着，又从妙音天女的右手走出一位天女，接过如意妙果交给他享用，就这样，妙音天女打开了他的智慧之门。当时他才14 岁。这是班禅活佛转世系统首次举行的“坐床”典礼。但此时的罗桑曲结同二世班禅、三世班禅一样，还不是班禅，而是作为温萨寺的活佛转世的。

1662 年 2 月 13 日，四世班禅在扎什伦布寺圆寂，享年 92 岁。四世班禅在病危之时，曾念过一段舍利子的祈祷词：“不欲世极豪至贫之一家，旨在转世中等之家，愿出家者日益常增。”听完祷词，四世班禅身边的近侍和高僧的心里踏实多了。他们明白：罗桑曲结不但会转世，而且还预示了今后将转世在一个中产阶级家庭。在西藏，由于受释迦牟尼重要弟子舍利子①的影响，从大到达赖喇嘛和班禅大师，小到一般活佛，虽然有不少转世在贵族富豪家，但转世到中等家庭的活佛仍然居多。

四世班禅圆寂后，扎什伦布寺选派了高僧 40 人，诵经 14 天，祈祷罗桑曲结早日转世。同时，请求神灵降谕时，拉穆大护法神说：“实有尊之转世，然不可早泄，当以善德为怀，精修佛法，及至龙年鸣雷之时，可望其果矣。”此后，五世达赖喇嘛也亲自降神占卜，明确指出了灵童的转世地点。终于找到了转世灵童。

五世班禅罗桑益喜，1663 年 7 月 15 日出生，后藏托布加谿卡出仓村人，父亲是当地的小贵族。罗桑益喜出生后，扎什伦布寺就密派高僧来到出仓村暗访，并派人前往拉萨报告五世达赖喇嘛。一年以后，这位小孩子离开托布加谿卡，来到附近的南多颇章寺，随后他又被迎请到扎什伦布寺的班禅经室小住了 4 个月。

---

① 舍利子又称舍利佛，是释迦牟尼的十大弟子之一，也是主要的弟子。号称“智慧第一”。舍利佛出生在古印度摩揭陀国，离首都大约二三里路程。他出生于婆罗门家庭。父亲是婆罗门教中著名的论师，他从小才智过人，善于辩论。

因为此时他还没有被正式确认为四世班禅的转世灵童，只好重返南多颇章寺。不久扎什伦布寺的两位僧人住进了这座小寺，他们的一个行囊中装满了前世班禅用过的灵药、骰子、拔胡子的小镊子、铃杵等，而另一个行囊中则全是些复制品，接着又有两批僧人秘密地来到这里，他们行囊中的物品也是真假各一：一面小皮鼓、一面大皮鼓、两串念珠，前世班禅的画像一帧、宗喀巴画像一帧。数日后，这些真假物品都摆在这位才 2 岁的孩童面前，这是一次决定命运的测验。接受这场考试的对象什么都不知道，但几天来住进这座小寺的客人们却格外的紧张。显然这名儿童对这些“玩具”发生了兴趣，他的两只小手不停地在物堆中翻找，没过多久，他就对剩下的东西不感兴趣了。来自扎什伦布寺的高僧们坚信：这个正在摆弄“玩具”的小孩就是四世班禅罗桑曲结的转世灵童，因为他玩耍的东西本来就是他自己的东西。3 年后，这位 5 岁灵童如众星捧月般在几百名僧人的护卫下，穿过数以万计、浩浩荡荡的信徒人流，住进了后藏格鲁派第一寺扎什伦布寺。

1668 年，五世达赖喇嘛亲自推算藏历择定吉日，于正月初三在扎什伦布寺举行了五世班禅的坐床大典，五世达赖喇嘛为灵童授沙弥戒，取法名罗桑益喜。从此，6 岁的罗桑益喜登上了四世班禅坐过的僧群益格穹殿内的法座，成为第五世班禅大师。1713 年 4 月，康熙帝册封五世班禅为班禅额尔德尼，并赐金册一份、金印一颗。这是历代班禅正式称“班禅额尔德尼”的开始，它标志着班禅活佛转世系统已在宗教和政治上取得了与达赖喇嘛转世系统相等的地位。

到目前为止，班禅一共是十一世，除九世班禅在前藏的塔布、十世班禅在青海循化转世外，其他八世班禅活佛都是在后藏转世的。十世班禅额尔德尼·确吉坚赞在扎什伦布寺圆寂以后，他的转世灵童是十一世班禅额尔德尼确吉杰布，他是在西藏那曲的嘉黎县转世的。

天上的太阳，世上的达赖喇嘛

1578 年 5 月，青海湖畔的蒙古首领俺答汗将“达赖喇嘛”这一尊号赠送给索南嘉措，但是根据藏族人自己的算法，索南嘉措是三世达赖喇嘛，原因在于索南嘉措是根敦珠巴的第二位转世活佛。根敦珠巴是格鲁派哲蚌寺的赤巴，后来被追认为第一世达赖喇嘛。

根敦珠巴的祖籍在西藏的东部，这里是宗喀巴生活和讲经的地区。他的祖先是牧民，像其他牧民一样，他们向西游牧，来到了狂风大作、一片荒凉的西藏西部高原，根敦珠巴就出生在这里，他家所在的霞堆牧场就在萨迦派的主寺萨迦寺附近。

根据藏文史料记载，根敦珠巴出生在牲口棚里，他家境贫寒，且充满了戏剧性。一天晚上，外面一片漆黑，狂风大作，一帮强盗来到了他们村，村民们个个吓得四散奔逃。根敦珠巴的母亲也吓跑了，将新生儿子留在了一堆乱石丛中。村民们回来后，看到这孩子居然在奇迹般地快乐玩耍，而且他身边还有一只乌鸦在站岗放哨，全村百姓都无一例外地向这位男孩叩拜行礼。

根敦珠巴从孩提时代起，就表现出了偏爱宗教的倾向。他的全部时间都用来铭刻神圣的经书。他还只有 7 岁的时候，他的父亲就去世了，他只好进了日喀则附近的一家寺院，开始当仆人，后来成了僧人。他生性聪颖，不同凡人，这一点在他还是少年的时候就已初露锋芒，因这时他已开始撰写有关藏传佛教哲学的著述。根敦珠巴遇到宗喀巴时才 20 岁，当时年少气盛，自持学问和才华可以与他后来的恩师宗喀巴相媲美，他走进经堂毫不客气地坐到了宗喀巴讲经的位置，对此宗喀巴装做不知，坐到了学僧们中间。根敦珠巴在听了一阵宗喀巴的讲经后，满面羞愧地离开了师尊的高座，坐到了普通弟子的席位上。从此，他从大师那里获得了尽善尽美的教诲，成了大师最虔诚的追随者。

根敦珠巴在世期间，西藏修建了两座寺院，这两座寺院在以后的西藏历史上发挥了重要作用。根敦珠巴的师兄绛央曲杰创建的哲蚌寺不仅在西藏位居榜首，而且在全世界恐怕也是独占鳌头的了。随着时间的推移，哲蚌寺成为西藏最有影响的寺庙，因为它是格鲁派的核心。另外一座寺院就是根敦珠巴创建的扎什伦布寺，它也是最为重要的佛教和政治中心之一，因为在五世达赖喇嘛期间，它就成了班禅的驻锡寺，沿袭至今。根敦珠巴亲自督察了寺院的全部修建工程以及装修工程。

据根敦珠巴的传记记载，在他与世长辞时，他给他的弟子仅仅留下了这样的遗言："牢记佛祖教诲，虔诚尽力修行。"相传在他的灵魂飘然离去时，他的躯体变成了纯金色，光芒四射。今天他的尸骨仍安葬在哲蚌寺。根敦珠巴宣称，他将会转世再生，继续他生前已开始进行的事业。他享年 84 岁，全部身、心、意都献给了为西藏的芸芸众生弘扬佛法的事业。

在西藏历史上，格鲁派和噶举派以前居统治地位的宗教势力是萨迦派，由于该派的喇嘛可以结婚，所以他们是靠父子或叔侄相传来延续萨迦寺的法统的。但格鲁派是绝对不允许其喇嘛结婚的，那么怎样才能保证教派的权利不至于落入旁门之手呢？格鲁派毅然选择了噶玛噶举黑帽系的做法，用活佛转世制度来延续他们的世系。

提出并完成格鲁派这一重大选择的人物，一位是扎什伦布寺铁桑林札仓的高僧公钦群觉，另一位则是一世达赖喇嘛的亲戚比丘卓玛，这两位具有先知先觉的高僧在经过周密的讨论后，决定用活佛转世来保持根敦珠巴已经获得的神权。

这就是根敦珠巴能够无穷无尽地再生转世的背景，他就像一位真正的菩萨那样，降临人世，帮助和指导其信徒遵循善德、智慧和最终的解脱之道。这也就是被藏族人信奉为西藏的保护神观世音菩萨的第一代转世活佛，到现在，在西藏和其他藏族地区已先后出现了十四代转世活佛（达赖喇嘛）。

根敦珠巴去世后的第四年，哲蚌寺宣布，哲蚌寺的一名喇嘛是根敦珠巴的转世灵童。这是格鲁派第一次阐明菩萨的观念，这就是《华严经》中所说的：居住于法云的菩萨，尽管只有一世的时间，但是，从他在兜率天居住以后起，就开始迁居，然后投入母胎、出生、出家、觉悟、发愿、转法轮，最后涅槃。在此期间，他思念过各种有情之事，他所做的教化众生之事，一切都被加持，因此，他同样可以在无限无数世间存在。用现代人的话来说，就是菩萨甚至在成佛之后，仍要再次转世人间，普度众生。可以说这种思想给藏族人的观念带来了巨大的改变，事实上这也为格鲁派继噶玛噶举黑帽系后建立活佛转世制度铺平了理论道路，而根敦嘉措的转世就是基于这一理论观点。

被认为是二世达赖喇嘛的根敦嘉措于1475年出生在后藏的达纳。根据史料记载，根敦嘉措在他67年的生涯中，为实现前世达赖喇嘛的梦想，将自己的全部智慧都奉献给了藏族同胞。

有关根敦嘉措本人的藏文传记记载，在他圆寂时，就表达了要转世再生，为众生谋利的愿望。这是再清楚不过的明示了。过了4年，也就是1546年，哲蚌寺的僧众把一位7岁的男孩迎至寺内，并宣称这位叫索南嘉措的僧人就是根敦嘉措的转世，即根敦珠巴的第三代转世。

这位来自中部西藏堆龙一家小贵族的儿子，在与蒙古人的几次交往中，凭借超凡脱俗的真才实学，为格鲁派赢得了达赖喇嘛的尊号，他就是三世达赖喇嘛索南嘉措。

当时，蒙古的大权掌握在俺答汗手中，他十分清楚西藏僧侣的价值和权力。俺答汗像他的前任一样，也利用了这一点，为的是要向西藏境内渗透。他盛情邀请三世达赖喇嘛索南嘉措到蒙古。当他还在途中艰苦跋涉的时候，这位人间活佛的英名就先于他自己提前到达了蒙古。因为达赖喇嘛在蒙古旅行时，用各种各样的超自然奇迹，使那些酷爱萨满教巫术的蒙古人敬畏万分。俺答汗怀着崇敬的心情以隆重的蒙古族礼节接待了这位来自雪域的活佛。索南嘉措的个性、虔诚、谈吐以及他在佛教界的崇高地位给俺答汗留下了很深的印象。当他把祖祖辈辈信仰的萨满教与活佛给予他的知识对比后，率先改宗佛教。成千上万的蒙古人也紧随其后皈依了藏传佛教，索南嘉措成功地在蒙古广为传播了格鲁派的教义，并在藏族和蒙古族之间建起了永恒的宗教纽带。

在青海的仰华寺，索南嘉措对活佛理论进行了强有力的解释，使得这位蒙古首领确信，在若干年以前，他自己就是伟大的忽必烈本人。俺答汗为了表达他对这位人间活佛的无比感激和尊敬之情，于1578年5月赠予索南嘉措“圣识一切瓦齐尔达喇达赖喇嘛”的尊号，翻译过来就是“遍知一切金刚持智慧海洋的喇嘛”。从此，西藏才有了达赖喇嘛的尊号，并一直沿用至今。而后人才依此尊号追认根敦珠巴为第一世达赖喇嘛，根敦嘉措为第二世达赖喇嘛。

为了鼓励这位极有根性的蒙古首领坚信新的观念，三世达赖喇嘛也回赠俺答汗“咱克喇瓦尔第彻辰汗”的尊号，译成汉语就是“转轮王聪睿之王”。1579年，俺答汗与三世达赖喇嘛依依惜别。索南嘉措离开蒙古开始在昌都、青海等地继续他的讲经布道，5年后，又应蒙古王室的邀请，再次来到蒙古。很快三世达赖喇嘛的名声越过蒙古草原和华北平原传到了京城，1588年，明神宗派遣官员到蒙古，邀请他到北京讲经。索南嘉措愉快地接受了皇帝的邀请。当时他年事已高，长途跋涉的艰辛和疾病夺去了他的生命。就这样，三世达赖喇嘛不仅将自己的灵体留在了蒙古大草原，而且为履行他圆寂时作出的要再生转世为众生谋利的承诺，索南嘉措的下一代转世活佛居然就诞生在蒙古包内，而且他还不是出生于一个普普通通的蒙古人家庭，实际上他的再生转世就是俺达汗的子孙。

格鲁派的达赖喇嘛转世制度就这样以第二世达赖转世、第三世达赖获得“达赖喇嘛”尊号并转世为标志，开始了一代一代的活佛转世流转，但是系统阐述活佛转世理论的却是具有真知灼见的五世达赖喇嘛罗桑嘉措。正如我们今天所知道的那样，这不仅使达赖喇嘛系统得以不断延续，而且使这一制度染上了绝无仅有的理论色彩。虽然达赖喇嘛尊号是由蒙古首领所创，并由蒙古首领赠予三世达赖喇嘛索南嘉措的，但最先宣布自己为观世音菩萨化身的却是五世达赖喇嘛本人。五世达赖喇嘛还进而宣布，从一世达赖喇嘛根敦珠巴开始的前面四位化身全都是观世音菩萨的转世。这一点不仅为全体藏族人所接受，而且也得到蒙古境内全体信徒的认可。这样，五世达赖喇嘛不仅逐渐被人们接受为西藏的宗教领袖，而且成了西藏的世俗领袖。

回顾藏传佛教活佛转世漫长的历史，从噶玛噶举黑帽派的第二世以活佛转世继承教派法权后，这种神秘的活佛转世制度就像夏日融化于青藏高原之巅的涓涓雪水，流进了藏族人乃至蒙古人大大小小的寺院。

继噶玛噶举黑帽派之后，噶举派的另一个支系达隆噶举也采取活佛转世这一佛教徒最能理解和接受的方法，于是达隆寺和类乌齐寺的活佛开始以“转世”相承，以后格鲁派和众多的藏传佛教派系都接受了这种活佛转世体制。一时间，大大小小的活佛不断涌现，并逐渐成为藏传佛教一种法权和政治权力的象征。唯有曾经在藏族历史上有过赫赫政教业绩的萨迦派，仍然冷眼看待这一新生事物，继续沿用他们的前辈传下来的父子或叔侄相传的方法来保持教派骨系纯正的神权。

据汉文史料记载，在清代，除了达赖喇嘛和班禅被推崇为藏传佛教两个领袖外，还相继形成了统管喀尔喀政教事务的哲布尊丹巴活佛世系和统管内蒙古和甘青蒙藏宗教事务的章嘉活佛世系以及属于某一局部地区宗教领袖的嘉木样、帕巴拉等众多活佛世系。清乾隆年间，在理藩院正式注册得到承认的呼图克图[①]一级

① 呼图克图是清朝授予蒙藏地区喇嘛上层大活佛的封号。“呼图克”为蒙古语，其意为“寿”。“图”为“有”，意为“有寿之人”，即长生不老之意。凡属此级活佛，均载于理藩院册籍，每代“转世”必经中央政府承认和册封。

的大活佛就有148位，到清末又增至160位。他们的分布是：西藏35位（含昌都）、内蒙古57位、外蒙古19位、青甘35位，长驻北京在朝廷参班的14位。也有一种说法，认为到清末，在理藩院注册的呼图克图达到243人。

到了解放初期至西藏民主改革时，光西藏自治区境内，有3000—4000位活佛。而主要的活佛除了达赖喇嘛和班禅外，还有策墨林活佛、功德林活佛、丹杰林活佛、锡德林活佛等。另外，在扎什伦布寺和拉萨的哲蚌寺、甘丹寺、色拉寺，大大小小的活佛更难以枚举。此外，在青海的塔尔寺、甘肃的拉卜楞寺，还各有一名大活佛，他们就是章嘉活佛和嘉木样活佛，他们同属于格鲁派，其宗教地位在达赖喇嘛和班禅之后。

5. 圆寂是终点又是起点

圆　寂

据许多活佛的藏文传记记载，活佛在生命的尽头并不像常人那样一无所知，模模糊糊，而是在弥留之际或者是更早的时候，就已预知圆寂的时辰，知晓往生转世的去处，这是常人所不能做到的。

清代四大活佛之一的章嘉活佛三世是乾隆皇帝封册的大国师。据他的亲传弟子土观·洛桑却吉尼玛写的《章嘉国师若必多吉传》[①] 记载，深得雍正、乾隆两位皇帝赏识的章嘉国师，1784 年在他的 68 岁庆寿喜筵后，就预感到自己寿命将尽，时常有一心归西天的话语。一天他对土观说："神和许多喇嘛曾预言我寿命不会太长，而智慧的班禅罗桑益喜却说我的寿命较长，如今我已年近七旬，大概已到了寿数的终点。但是，人们还在向上师和三宝（佛、法、僧）祷告，期望我能活得更长。"尽管这位弟子当时并不明白其中的奥妙，但后来仔细思索，才明白这位先知在七旬之后将去他界利益众生。以后他又进一步向自己的弟子暗示了自己不久将圆寂并会转世的心愿。

每年的 4 月底是章嘉国师朝拜五台山的日子。据说从北京启

---

① 土观·洛桑却吉尼玛著，马连龙译：《章嘉国师若必多吉传》，中国藏学出版社，2007 年。

程前，不同于往年，他特地到各个佛堂敬香祈愿，在护法殿还认真吩咐众护法神。途中，章嘉国师听到一个侍从殴打几个汉人的喧嚷声，就说：“你们现在依仗我的势力欺压别人，再回北京时人家来打你们，恐怕你们也只能挨着。”这些俗人哪知在这普普通通的责备中，还带有另外的玄机呢？

就在五台山参加完祈愿诵经法会后，这位被视为和乾隆是一双日月的国师就开始觉得身体不适，此后他的身体就每况愈下，一位匆匆赶来的藏医在诊脉后神情沮丧，自知此病非寻常之医术所能治疗。章嘉国师虽然服了两剂汉族名医的汤药，却没有做祈求长寿的法事，只是心情畅快，悠然安闲地将病情和生死不能自主的道理写成诗词，连同请求把他的骨灰装进铜塔安放于镇海寺的遗嘱转呈给了皇上。

藏历火马年（1786）四月初二下午酉时，这位业绩显赫的朝廷僧官结跏趺坐，几度伸直身子，几度平伸双手，作拨弄念珠的姿态。在有经验的高僧们看来，这是示现金刚身的坐姿。约于亥时，他气息停止。此时此刻，他神采奕奕，貌如皓月，棱角分明，面无皱纹，肌肤娇嫩，忽而有浓郁芳香，充满寝室。

据有关他的藏文传记记载，自从章嘉国师从北京起身后，每日狂风大作，雨雪骤至，天气凛冽，前所未见，出现了许多不祥之兆。相传这是因为这位大活佛将魂赴西天，那些爱好善事的神灵忍不住悼念致哀的缘故，可是就从大师圆寂那天起，天空立即变得清澈，和风如丝。三天后，作守灵法事的近侍猛听得他“嘿嘎”了一声，作出似乎想复活的样子。众人走近灵体一看，只见他已呈现出入定结束的迹象。相传章嘉国师圆寂后流出眼泪化现为虹身，并受到佛教传说中的须弥山多如尘土的空行母的热烈欢迎，他的虹身在无数佛陀和菩萨的迎护之下，由救护抬起，沿着彩虹道路进入空行净土的无量宫中。从这一天起，蓝天如洗，清澈晶莹，各方有白云生起，状如吉祥的伞盖、飞幡、经幢，并有各色虹光照耀四方。佛徒认为这是各方天神供养章嘉国师灵骨的瑞相。

六世达赖喇嘛仓央嘉措的一生，既与他前面的几位达赖喇嘛大相径庭，又与后面的几位达赖喇嘛根本不同。因为他的所作所为所掀起的轩然大波，几乎动摇了达赖喇嘛转世制度的基础。而有关他圆寂于何时何地的说法也像他独树一帜的奇特生活一样充满了不解之谜。

五世达赖喇嘛圆寂后，摄政王桑结嘉措向清廷和西藏人民封锁了这道消息，13 年后，人们才得知这位伟大的活佛早已离开尘世。新达赖灵童在上一世达赖喇嘛圆寂约两年后即告出世。这些年他一直同父母一起生活在西藏南部的门隅，像其他普通小孩一样度过了自己的童年。在他之前的历代达赖喇嘛必须接受严格的教育，遵守严格的佛门戒律，而六世达赖喇嘛却没有经历过这一切。在他 15 岁登上达赖喇嘛的宝座后，他已形成的爱好和性格已不是轻而易举就可以改变的。他甚至背弃了刚入佛门就立下的若干誓言。更为不幸的是，仓央嘉措居然开始寻芳猎艳，为此目的，他特意在布达拉宫外面盖了一栋装饰华丽、单门独院的房子。这位活佛还有一大特点，就是用情歌来表达自己的爱情和感受。从文学的角度看，他的诗作是绝无仅有的，而且得到了他的信徒的珍爱，在今天的藏族人中间，只要提到六世达赖喇嘛，人们都会唱道：

在那东山顶上，
升起皎洁月亮；
少女娇美脸蛋，
浮现在我心上。

所有这一切实在太离谱了。但尽管出现了这一情况，藏族人仍拒绝因为他们的政教领袖有这些缺点而去对他横加指责。他们的虔诚信仰无可挑剔。藏族人确信，六世达赖喇嘛以他的虚幻之相出现，是在检验他的臣民信念深不深，他在人间实际上不止以一种身相出现，在另一个人身上，这位达赖喇嘛也像其他所有的达赖喇嘛一样，笃信佛教，万分真切。

可是随着一场政治斗争的失败，仓央嘉措的支持者摄政王桑结嘉措被仇敌的妃子所杀后，他也遭到“废立”，“解送”北京。接下来这位活佛的命运就成了难解的历史之谜。有人说他在北上途中死于青海湖畔，而另一种流行说法是他根本就没有死，而像旋风一样消失得无影无踪，最后在内蒙古地区度过了他的余生。这个观点就来自六世达赖喇嘛的关门弟子阿旺伦珠达吉写的《仓央嘉措情歌及秘传》。

翻开此书，我们很容易就找到有关仓央嘉措圆寂前的记载，事实上这位独树一帜的活佛在圆寂前也像章嘉活佛和别的活佛一样预知天命，从容不迫。

从 1763 年的藏历猪年开始，仓央嘉措的言谈中就流露出另有所思的迹象。第二年，他在巡视寺院时，对那些前来祈福的老人们说道：“这次要仔细看看我，好好记在心里。人寿无定，以后难相会啊！”当时传记的作者只当是指那些前来朝见的老人们寿命不长，而不知活佛是在说自己。不久，他又再三坚持，把大同寺住持的职务交给了别的高僧，紧接着他又要辞去嘉格隆寺住持的职位，并说：“我任住持已 25 年了，如今年事已高，无能为力，若继续此任，很是不好。”这时众僧心里只想六世达赖喇嘛不愿再任，而没想到他已自知寿限将至。

1764 年的冬天，仓央嘉措开始稍露病容，很快病邪转盛，时而昏迷，时而寒热交加。下面是秘传中一段关于六世达赖喇嘛圆寂前的详细记载（括号中文字为作者注）：

四月的最后一日，土曜与牛宿交会。这天为一些新安放的佛像举行了中等规模的开光仪式。尊者（六世达赖喇嘛）令我（秘传作者）将他自己亲自用过的金刚杵法器和长耳帽等送与夏鲁仓大师，请他要按先前许诺的那样为教法和众生造福。又把另外一根金刚杵献与上师甘丹赤巴。尊者道：“吉事一毕，我今生的事业也就功德圆满了。”

初七日，病情稍缓，与昨日无甚差异。大家一起为他祈祷长寿。做过法事后，尊者面露笑容。

那夜我独自在大师跟前陪住。病情略安。尊者伸出腿来命我按摩。按摩时尊者吻我并抚摩我的头，讲道：“先前我对你的恩深，如今你对我的恩重，真舍不得你啊！”言罢悲戚不已。

过后，医生曲吉和次成桑布来了。黎明时他自己说感受很安适。为他洗了手和头，觉得凉爽。两眼频视空中，似乎有什么人到了尊者跟前一样。少顷，他对曲吉医生说：“天上降下哈达来了！”又问：“他刚才说什么？”道：“我说下雨了吧！”然后他默默不语了。

等我到了屋内，尊者又对我说：“今天到日子了！”我心中疑惧，故意答道：“是，今天是六日了。”尊者一笑。其实是预示八日即将圆寂，诸天神都来接引了。

我为祝尊者得无量寿，奋力念起了长生咒，尊者也跟着念诵。念得比我更响亮，更流畅。

正当唪诵长生咒时，尊者的身躯忽然伸直散开，变做菩萨跏趺（半盘腿打坐姿式）。右手放在右髋，左手执杵铃于左腿上。一代达赖喇嘛就这样圆寂了。

祈祷转世

活佛圆寂后，随之而来的是要举行一系列的佛事活动。而像达赖喇嘛、班禅这样的大活佛，圆寂后的各种仪式就更为复杂多样。但仪式的中心应该说都是围绕祈祷转世来进行的。

据藏文史料记载，1757年，七世达赖喇嘛圆寂，这在藏族人看来，就如同利乐一切佛教众生的太阳落入了西山。当时以六世第穆活佛[①]为首的众侍从如同失去方向之盲人、丧失慈母之独子，一下坠入了苦难的深渊，他们压抑不住悲哀之情，对天疾呼："哎呀呀，佛日掉落，失去了一切世间的主宰。"但很快人们就控制心中无限的哀苦，井井有条地依照传统在一片痛苦的气氛中作出一件又一件重大的决定，举行一次又一次传统的仪式。

当七世达赖喇嘛圆寂的噩耗传出后，西藏地方政府的各位噶伦和达赖喇嘛的弟弟首先赶到了布达拉宫，众人商议，当即决定：立即禀报驻藏大臣并上奏乾隆皇帝，同时速报班禅，追荐持金刚喇嘛；撰写七世达赖喇嘛早日转世的祈愿文；向大、小昭寺的觉卧佛像（释迦牟尼像）、大悲观音像、宗喀巴、弥勒佛等众佛敬献哈达或众多供品；向众僧立即布施斋茶，等等。

就这样，达赖喇嘛法身作修持状一日后，到晚上，他的左右鼻孔已流出红白菩提水，据说这种瑞相足以证明达赖喇嘛的幻化之身已成正觉并升入法界，因为第二天清晨，人们都看见布达拉宫顶上出现一道五色奇异彩虹。当夜，在存放遗体的如意宝箧前广献祭品，并由第穆活佛主持祈祷转世的诵经仪式。第三天，当第穆活佛揭开衣服披氅瞻仰时，遗体仍然如旧。第穆活佛再次敬奉哈达等，以大悲力祈祷达赖喇嘛无漏意趣圆满，早日转世，再做藏传佛教的领袖。

在布达拉宫，以上首弟子第穆活佛为首的众近侍以及部分僧人向达赖喇嘛的遗体举行了七七四十九天的法事。当班禅在扎什伦布寺听到噩耗后，无限悲哀，虔心祈愿达赖喇嘛一切无漏意乐圆满，早日转世人间，并从内库拿出银两向扎什伦布寺等后藏各大寺院分发布施，大做佛事，祈祷达赖灵童早日转世。

① 第穆活佛又称为第穆呼图克图，这里指的是第六世。第七世达赖喇嘛圆寂后，他出任西藏摄政，掌管达赖喇嘛商上僧俗事务。

六世班禅大师巴丹益喜于清乾隆四十五年（1780）十一月初二下午，在北京黄寺病故。据大师的传记记载，六世班禅圆寂时，足成金刚跏趺，身体挺直，两手下垂，犹如融化于甚深思维之中。由于患病，面部稍有光泽。当时还不到十五，但月亮如十五圆而明亮。此外，大师身体的每一部分好像日光照耀，全身具有无限的芳香，随风四处飘荡。

翌日，鹅毛大雪开始纷纷飘扬，跟随大师多年的司膳堪布等人于大师灵前陈供祭品。同时派人到拉萨向达赖喇嘛、拉穆护法神、摄政赤钦诺门汗、扎什伦布寺的两位经师等要员和高僧报丧，并请求达赖喇嘛和拉萨三大寺、扎什伦布寺诵经祈祷班禅灵童早日转世。司膳堪布还写信给扎什伦布寺的德琼巴格勒窘乃大师，要求他广修灵童早日转世的法事，并着手兴建供放灵塔。三世章嘉活佛也开始撰写有关灵童转世及选认的秘信，派人送往西藏。

5天以后，六世班禅身上的水分逐渐消失，看上去已显得非常小。大师的灵柩旁堆放着各种塔、珍宝和药物，灵柩上面覆盖着黄缎。当时，天突然下起了雨，三世章嘉活佛和其他参加百日供祭祈祷的各方僧人都认为这是个好的预兆。章嘉活佛在法会上宣读了《灵童早日转世祈祷文》。供祭结束后，所有参加祈祷转世仪式的僧人和其他官员都一起向大师灵柩献供，然后大声祈祷灵童早日转世。1781年，班禅的全体侍从人员，护送六世班禅的灵塔自北京黄寺启程，经过半年多的跋涉，于八月抵达扎什伦布寺，并放入扎寺修建的大银塔中安葬。

乾隆皇帝为纪念六世班禅大师，在他圆寂后的第四年，特命在他生前居住过的黄寺西侧，建立了一座宏伟的“清净化城塔”，人们把它称为西黄寺，而把五世达赖喇嘛和六世班禅住过的黄寺，称为东黄寺，现在东黄寺早已不存在了。唯有西黄寺还存在，全国人大常委会副委员长十世班禅额尔德尼·确吉坚赞创建的中国藏语系高级佛学院的校址就在这里。

1989年1月28日，是藏族人民和整个佛教界难以忘却的悲痛日子。就在这天晚上的20时16分，当代一位最伟大的活佛示寂于西藏日喀则他的新宫德庆格桑颇章宫的“夏珠培杰林”净室内。十世班禅这次前往扎什伦布寺，是为了主持五世至九世班禅遗体合葬仪式和“班禅东陵扎什南捷”重建开光大典的。不幸的是，班禅大师因大典操劳过度，积劳成疾，在这里圆寂。

十世班禅圆寂后，国务院作出决定，将修建第十世班禅额尔德尼·确吉坚赞灵塔祀殿，并由扎什伦布寺负责班禅转世灵童的寻访认定。为祈祷班禅转世灵童早日降世，扎什伦布寺按照传统，将十世班禅大师示寂的噩耗通报了十四世达赖喇嘛并请求祈祷灵童早日转世。

圣识一切的怙主达赖喇嘛尊鉴：

对我们有三世恩典的班禅额尔德尼·洛桑赤列伦珠确吉坚赞，缘于一切有力皆属无常而于藏历十七饶迥土龙年十二月二十一日北京时间晚8时16分示寂于日喀则德庆格桑颇章宫的“夏珠培杰林”净室内。

敬请为第十世大师灵童尽早转世而祈祷。

随后敬献：“朗措”哈达一条，五十两重银元宝五个，各色彩缎七匹。

日喀则扎什伦布寺敬上

藏历十二月二十二日

紧接着，扎什伦布寺又在本寺的祈愿法会上宣读了祈祷班禅大师示寂祷文，其内容也与祈祷灵童转世有关：

我们沉痛宣布：智慧坛城之主，称持金刚无与伦比的第十世班禅额尔德尼·洛桑赤列伦珠确吉坚赞，一切有为，皆是无常，于藏历第十七饶迥土龙年十二月二十一日公历1989年1月28日20时16分圆寂。

班禅大师不仅是我们佛教界的领袖，也是中华人民共和国全国人民代表大会常务委员会副委员长，是中国佛教协会名誉会长。他始终坚持爱国立场，维护祖国统一，维护人民的利益，在政治上、宗教上都做出了重大贡献，得到广大僧侣群众的无比爱戴和敬仰，我们扎什伦布寺全体僧众衷心祈祷大师灵童早日转世。

扎什伦布寺民主管理委员会

1989年1月29日

从藏族传统文化的角度看活佛圆寂后的种种仪式和祈祷转世仪轨，我们认为它与藏族古老的苯教丧葬仪轨是有一定联系的。当然，熟悉藏传佛教的人都知道，直到今天还在整个藏族地区占主导地位的藏传佛教实质上是在吸收了传统苯教的许多优秀成分后才形成的，而后来的苯教反过来又吸收了佛教的一些经典和仪轨。因此，要明确地指出在丧葬仪式问题上，谁吸收了谁是很困难的。尽管如此，我们还是想简单地介绍一下苯教的丧葬祈祷仪轨，以便帮助我们的读者理解藏族丧葬古老的祈祷习俗，而且这方面的内容也非常神奇有趣，甚至可以说是任何一个外族人所不能想象的。

苯教丧葬法事通常由两三个僧人在灵堂里进行，包括三个各自独立的部分。

一、当人刚死，灵识迁移时，要由一个僧人来主持，这一仪式的目的是将死者的灵识（也可以说是灵魂）转移到脱离世俗轮回地超凡入圣的天国去，因此要念《中阴救度经》一类的经文，从这类经里，死者可以得到导引和教示。苯教传说认为，人的灵魂在转移时会受到许多威猛之神的阻拦，因此，这样的念经仪式要持续三天三夜，僧人们在一定的时间要互相换班。这些经的内容和藏传佛教的观念非常相像。

二、经过三天法事后，死者的灵魂被一步步地引向解脱。这时要在叫做“降布”（灵牌）的死者画像前展示一套纸牌，苯教徒相信此时死者的灵魂已被召唤到纸牌里了。

可以看出，前四天的法事目的是使死者得到最后的解脱，按理说，只要举行了其中一个仪式就够了，但是，由于谁都觉得死是一个“危急关头”，因此一两次法事对死者是不能起作用的，所以要举行多次法事。

三、丧葬法事的第三部分是从第五天清晨，火化尸体开始的。由于死者被认为已经得到了最后的解脱，所以火化以及随后的法事不是为他举行的，而是表示虔诚的举动，目的主要是为所有活着的人（众生）积功德，包括那些请僧人来做法事的俗人也能受益。因此，火化后，要进行所谓“隆杰”的法事，目的是要召唤来一千个佛陀。

苯教徒传统的丧葬习俗直到今天依然还存于各个藏族地区。下面我们想再介绍一下藏族民间的一些葬俗，从本质上看，它与活佛圆寂后所进行的种种法事是有紧密联系的，因为它们的目的都是为了使死者有个好的去处，而活佛的去向在于继续转世，普通人的想法则是投生在六道轮回中一个理想的位置，而不愿下地狱、变畜生。

像其他地方一样，甘肃夏河藏族人的丧葬法事也是很有特点的。在人即将咽气时，就得安放好位置：头向西，脚朝东。如果死者为妇女，将头发全部剪掉，以利于天葬时进行剖割。当时即把睡炕收拾干净，清除秽物。再准备酥油灯，通常至少要两盏。人断气后，尸体就不允许再移动，随即开始点酥油灯。若有睁眼张口状者，用手抚摸使之闭上。于死者头后置一小凳，放灯一盏，其旁陈列藏文经卷，并揭开数页。酥油灯要连续七昼夜长明，富裕人家有长达 49 天的。当地藏族相信，点酥油灯是以光芒指导灵魂尽快投向西天。

死者去世的当天，要邀请一位喇嘛来家念经，内容是一些祈祷经、超度经，祝愿早升西天，祈求来生再回到人间，等等。如果能请到一位活佛来念超度经等，那就更好了。另外还得请几名略有威信的僧人来念经，并去寺院向活佛禀报死者的名字、属相、生辰及死亡的庚帖等，再奉献数十元钱。至于在死后的几天内还需念什么经，一般要请僧人卜算来定。随后请格鲁派僧人或宁玛派僧人在家中围成一圈念经，也有同时邀请上述两派僧人都来的。如此每日都得来念一阵，直到出殡为止。

僧人手持宝瓶，一边洒“圣水”，一边念经，又在死者头部绕几圈，这样反复多次。在出殡的前一天需要将死者捆成一团，使身躯弯到紧贴膝盖骨，外面用一布单或长袍裹住。一切饰物及护身符在咽气前已全部取下。送葬的日期也需要请僧人卜算，多数人只在家里停放两三天的遗体，最长也不超过 4 天。定下出殡的日期后则雨雪无阻，必须进行。送葬的前夕，要用棍棒支扎好装尸体的筐架，还要准备第二天要用的圣水等。

一般必须在黎明之前上路出殡。将已绑成蜷曲状的遗体置于木架内，送出大门后，又将遗体平放端正。死者如为男性，则使其脸部略偏右朝下，若为女性则相反。出殡之时，亲友及邻居几乎全村男女都群集送殡，以示悼念，至亲好友都来向家属慰问，即使同死者生前有怨隙也必到场送殡。死者家属中除男性小辈外是不去天葬场的，诵经的僧人也不去，只由同村男子们护送。

该天清晨，至亲及邻里中的妇女们去清扫寺院旁转“古拉”（大转经筒）的道路，他们认为这样做能为死者消罪去孽，积德扬善，在阴间少受痛苦。

出殡之前，再由喇嘛来念一次经，为死者祈祷超度。然后由家属中小辈一人手执柏树枝做的藏香，再点燃三根贝子香（用贝母做的香），先在门口守候，随着送殡的人走上大路后就将香递给他人。持藏香的人走在最前面引路，本村男子抬着装遗体的筐架。送殡的人将带着的糖果随手送给路上遇到的行人，还要送上一个串上线的针，对方就会为死者念数遍六字真言。

天葬场一般都是在一个固定的地点，通常多选在一个深沟旁较高的平台上或者是半山腰的台地上。送殡人抵达后，取出遗体，松解绳子。将死者的头紧系在天葬场的一根木桩上（也有不系的），然后用刀子一边剖割身躯或用石块、木棍剁碎骨骼，一边撒上糌粑。此时，鹫鸟就纷纷飞近啄食。不用多久，一具死尸就被吃得干干净净。在当地人的心目中，尸骨被鹫鸟食净是祥兆，若未食净，则被认为不祥。送葬完后，装遗体的筐架在现场烧掉。送殡的人们就用冷水洗手，动手操作的人则用加牛奶的水洗手，除净血迹。最后还要用柏树枝往身上拍打或熏香，再清扫天葬场。至此天葬仪式就告结束。

出殡时包裹遗体用的衣袍可以埋掉，也有转送给他人的。遮盖尸体的衣服可带回家，当日在自家晾一个晚上，第二天方可拿进屋里。按照当地的习俗，如因疾病、战争或凶杀在外地非正常死亡者，不得将遗体送回家里，只在家门口支起帐篷用以停放遗体，一两天后即可出殡进行天葬。孩童死亡后，投入大河或扔到天葬场即可，不进行任何法事活动。

在拉萨地区，丧葬习俗除了与上面所说的大同小异外，有两点应该提及，这就是在遗体抬到天葬台后，首先要点燃祭烟以引来鹫鹰，另外有专门的天葬师负责解割遗体喂鹰，这些天葬师在20世纪50年代之前地位是非常低下的。

活佛的葬礼

藏族人的丧葬仪式不光形式多样，而且源远流长。翻开藏族古老的苯教文献，早在9世纪前的吐蕃时期，那些在止贡赞普后，再不能用木神之梯在他们死后重返天国的赞普们，就开始疯狂地在他们的王陵上下工夫，这些王陵就建在传说中赞普世系起源的山南琼结，它位于雅鲁藏布江南岸，陵墓依山而建。据古老的传说讲，这座山与天际相接，它或者是一架天梯，或者是一根天绳。吐蕃的第一批赞普从来就不曾有过坟墓，或者只是在天堂拥有自己的王陵，因为他们死后通过木神的攀天光绳如同彩虹一般消失在万里长空了。以后的几任赞普的坟墓相继建在沿着山麓而直通天堂的自然阶梯中，由下到上依次埋葬，目的还是想埋在这里好魂归西天。这种葬法一直延续到 9 世纪中叶吐蕃王朝崩溃。

据藏文史料记载，这些赞普的王陵实际上只是一些大墓室，他们的遗体就安葬在里面。从外形上看，坟墓属于方形，附近有用石块砌成的平顶建筑，种植各种树以作为寺庙和祭坛用。另外一座王陵中还有三位陪葬的“臣民”，他们都是活着时与赞普的塑像一起被埋葬的。

在吐蕃时期的每一位普通藏族人看来，修建大型的坟墓似乎只是赞普的事，作为常人，他们的墓葬则显得很小。只要我们今天在雅鲁藏布江沿岸或别的一些地方徒步旅行，都能见到这些古代普通藏族人的方形石坟墓。

然而到了近代西藏，藏族人已不采用土葬的方式，而是广泛地采用天葬，只有罪犯死后则要被抛进江河水葬。所有这一切在西藏和其他藏族地区几乎都是对普通百姓而言的。对于西藏的另一个独特的阶层——喇嘛、圣人，或者是高僧大德、大小活佛来说，却是火葬或者是塔葬。

从表面上看，火葬和塔葬只是形式不同，但是每一位熟悉自己民族古老文化的藏族人心里都非常清楚：这是权力、地位乃至名望的区别，同时这也是出自弘佛的需要。

要严格地区分哪一类活佛使用火葬，哪一类活佛使用塔葬是非常困难的。所以人们只能依据传统或者是圆寂者所驻锡的寺院的财力来定。一般来说，除了宗喀巴、达赖喇嘛、班禅大师、章嘉活佛、嘉木样活佛等在圆寂后使用塔葬外，其他的活佛或者是高僧一般都只能是火葬。

据西藏苯教著作《色尔米》记载，最初苯教的高僧去世后就是采用火化的方式来处理遗体的。不光如此，按照传统，火葬后还要用一部分骨灰与泥土相拌，当然有时还要掺和一些撕碎的经典纸片等，制成小佛塔或者小佛像，藏族人称为擦擦，这些小塔就放在“擦擦殿”里，即寺院后面没有窗户的小屋里。供信徒朝拜供养，后来的佛教徒所采用的火葬方式几乎与苯教徒相差无几，今天我们在藏族地区各处，随时都可以请到用传统的方法和工艺做成的小佛塔（擦擦），不同的只是佛塔上的佛像都是藏传佛教的神灵或者是某位高僧大德。

说起西藏和其他藏族地区的灵塔葬，或者说塔葬，人们首先想到的是布达拉宫的达赖喇嘛灵塔和扎什伦布寺的班禅大师灵塔。达赖喇嘛和班禅大师是西藏格鲁派的领袖，同时又是藏传佛教最大的活佛，使用灵塔安葬遗体是当之无愧的。

从佛教徒的角度看，使用灵塔葬还有更深一层的考虑。西藏人深信，达赖喇嘛、班禅大师都是功德甚高的活佛，若将他们的遗体完整地保存起来，众生则可获得极大的利益。正如《大悲白莲华经》中说，如来佛的遗体长期存放于塔中，经历无数劫后由导师释迦牟尼开启此塔，干燥遗体仍然完好，而《弥勒佛授记经》中也说，释迦牟尼的声闻大弟子迦叶的遗体完整地存放在灵鹫山的一个封闭的山崖之中，怙主龙树和宗喀巴大师的遗体也在后来广做利益教法和众生的功业。

正是出于这种弘扬佛法利益众生的考虑，像达赖喇嘛这样的观世音的化身都是在圆寂后以肉身完整地塔葬的。当然具体到某一位达赖喇嘛或别的重要活佛时，是塔葬还是火葬有时也要讨论一番才能确定。

据《七世达赖喇嘛传》记载，七世达赖喇嘛圆寂后，摄政王特请来几个护法神在他的遗体前降神占卜，结果是：佛陀第二宗喀巴大师等之遗体皆全尸存放，这次也应效法，存于灵塔，人天永祭。再卜灵塔存放何处，卦示：布达拉宫主供佛像帕巴洛格夏惹观音像右方新建札西奇哇寝宫内建造灵塔台宜。六世达赖喇嘛仓央嘉措身在异土他乡，他的情况当然不能与七世达赖喇嘛相比，尽管如此，传说在他圆寂后，他的藏族弟子和蒙古族弟子仍然出于利乐众生的想法，以肉身完整地安葬在塔内，这座灵塔直到20世纪60年代，还完好地保存在内蒙古阿拉善旗的广宗寺内。

当然在藏族历史上，也出现过个别大活佛不愿行灵塔葬的情况。我们前面提到的三世章嘉活佛就属这一类。1786年圆寂前，这位清代著名的大活佛在遗嘱中说："我已通过巴忠上奏皇上，你等不要提出完整保存我的遗体和建立金银灵塔的要求，骨骸火化后，把骨灰及身像装在一个不大的铜塔里，安放在此地（五台山）的镇海寺中。"据《章嘉国师若必多吉传》记载，当时与章嘉活佛同时代的一些侍从如云、施主众多的富有喇嘛，大都想与宗喀巴大师及其弟子相比拟，要保存完整遗体和建造金银灵塔之风盛行，而章嘉国师向来对此不以为然，他之所以这样做正是为了抵制此风。章嘉国师认为，对于像宗喀巴大师及其弟子那样的无可争辩的圣贤，将他们的遗体完整地保存下来是为了利益众生的暂时和永久的需要，凡夫俗子如果随心所欲，与此比拟，那就是《惩罚犯戒经》中所说的："未曾得道说得道，死亡说成是涅槃，信者为此建灵塔，此乃堕入恶趣之根源。"

然而乾隆皇帝出于两代皇帝与这位藏族高僧的友谊以及他对国家和藏传佛教所做的巨大贡献考虑，在看完巴忠送来的国师遗嘱后说：朕对国师言听计从，此回却要违背其遗言了。怎能想象三界唯一至宝一般的上师遗体非要火化不可，对于这样的天神和一切众生的殊胜福田，即使供于金银主塔中尚觉不够崇敬，怎么可以置于一般材料的塔中呢？章嘉国师之所以这样说，肯定是他怕人们把他与班禅大师相提并论。倘若如此，即使是造金塔，也只要用几种颜色标出其地位低于班禅大师就行。现在即可以开始建金塔和迎请遗体至镇海寺。

就这样乾隆皇帝用7000两纯金制造了一座镶嵌无数珍宝的大塔，并派大臣送去。将如意宝一般的章嘉国师的遗体放到了塔瓶内，遗体周围的空间里摆满了四种舍利、奇珍异宝和各种异香。出于完好保存遗体的考虑，乾隆帝还下令在章嘉国师所说的镇海寺，深挖至岩层，然后在岩石上掘了一个十分宽敞的四方石窟，并将章嘉国师的灵塔安放在石窟中央的宝座上，周围陈设了无数供品，最后在石窟上面建造了供一切贵贱人等瞻仰的寺院和用盐等灵物装藏的大石塔。

章嘉活佛的灵塔可以说是最奇特的了，它的构想几乎受到中国传统的王陵文化的影响。我们知道达赖喇嘛和班禅大师的灵塔都是建在寺院或宫殿之内，而且都是在地上，也许这正是它们的区别。

从我们现在所了解的情况来看，西藏最大的灵塔要算五世达赖喇嘛和十三世达赖喇嘛的灵塔。五世达赖喇嘛的灵塔位于布达拉宫红宫第四层西侧，塔殿有5层楼高，据测量有14.85米，在保存有五世达赖喇嘛遗体的巨大灵塔两旁，还陪衬有8座银质佛塔。五世达赖喇嘛灵塔的塔身用11万两金皮包裹，嵌有无数珠玉玛瑙，极其辉煌眩目。可与五世达赖喇嘛灵塔比美的当然只有十三世达赖喇嘛土登嘉措的灵塔。该塔高14米，珠玉宝石嵌满塔身，十分精美。塔的前面，还保存有一座用20万颗珍珠串成的珍珠塔。

为了完好地保存活佛的遗体，其处理方法也是独特而且复杂的。一般说来，像达赖喇嘛、班禅大师还有章嘉活佛等的遗体都是经过特殊处理的，其方法大致是：先用盐涂抹遗体后，使水分消失，然后涂上特制的药香，再用上好的缎子裹包起来放入塔内。当然有时要给遗体穿衣服。据《七世达赖喇嘛传》记载，这位人间怙主的遗体在放入灵塔瓶内用檀香木雕成的宝箧前，给遗体穿戴了五祖头饰祖衣等。

6. 400 年前的转世预言

预　言

寻访达赖、班禅或其他各类活佛，其过程和方法是相当复杂繁琐的。按照传统习惯，首先要寻查前一世活佛圆寂前发生过哪些奇事，有无暗示下一世活佛转世方向的言词等，以便从中获得宝贵的启示，帮助寻访人员确定活佛转世的方向。这是秘密寻访转世活佛的必要手段之一。

藏文史料记载，六世达赖喇嘛仓央嘉措被废除解送北京时，无数信徒流泪相送，声声祈祷达赖喇嘛慈悲护佑众生。这时有一条长哈达从他身前随风飘到空中，然后飘向色拉寺上空。少顷又飘了回来。有人说落于布达拉宫，有人说落在了大昭寺的中央，谁也说不清楚。传说这是六世达赖喇嘛暂去内地，不久将转世重返西藏的预兆。

在北上去北京的途中，一天仓央嘉措对他的随从曲本阿旺班巴说："不要散失我未写完的手稿，来日要交与我。"以后他又告诫他的随从说："要是我离去，来世将尽快降生为一名善缘者，不要失散内供神物等贵重之物，日后定要交回。"一般来说，当寻访人员了解到这些奇事和活佛生前的留言时，都会认为是预示达赖喇嘛灵童不久将转世的吉祥预兆。

六世达赖喇嘛作为诗人，他的情歌在藏族中非常受欢迎，人们不光会背，也会唱，但要认真研究这位诗人的每一首诗，其作品的内涵又是一般的俗人难以知晓的，因为一些学者坚持认为他的诗都与藏密有关，属于修炼密宗后的体验。然而对那些承担寻访六世达赖喇嘛转世灵童重任的高僧们来说，他的有些诗作很明显又是留给寻访者的。“请求白色大雁，借我凌空双翼，并不远走高飞，理塘一转就回。”这首情歌无疑是仓央嘉措情歌中最优美的一首，它表现诗人终日被关在布达拉宫的经室里学习，身不由己，渴望像布达拉宫前飞过的大雁，翱翔蓝天，远走高飞的苦闷心理，但就是从这首情歌中，人们发现了它隐藏的天机，即预示仓央嘉措的灵童将在理塘转世。而事实也是如此，后来的第七世达赖喇嘛格桑嘉措就是在理塘出生的。

另外，根据一些藏文著作的记载，某些大活佛在圆寂前，一些著名的密宗大师和先圣就在他们的著作中预言了这些活佛的转世方向和转世地点。据《仓央嘉措情歌及秘传》记载，仓央嘉措在圆寂前，著名的密宗大师仁增·单达林巴就在他的著作《霹雳岩无上甚深精义》中作过这样的预言：

秉此殊业者，
将于香巴拉雪山西南隅，
降生成为众生主，
执掌圣教护苍生。

仁增·单达林巴大师所说的香巴拉雪山西南隅，就是喜马拉雅山东南坡的门隅，是门巴族和珞巴族生活的地方，今天它的地名叫墨脱，但在藏族人的心目中，它又被称为白玛岗。“白玛”是藏语莲花之意，“岗”是刻画的意思。全意是刻画的莲花。“香巴拉”是藏传佛教传说中的理想天国。藏族人为什么会称墨脱是理想的天国呢？相传，白玛岗是金刚女神多吉帕姆的化身。女神面对苍穹，仰卧在一朵盛开的莲花中。她的头是东北方向的贡日甲布山，那是一座终年积雪不化的高山。她的脖子是多吉英支山，这座山正好在墨脱和林芝的交界处。著名的神山仁青崩是女神的肚脐，有“德瓦仁青崩”的美誉。意思是说，这个地方是圣地的中心，掌握权力的地方。白玛岗的门巴人相信，金刚女神多吉帕姆的化身还承担着延续生灵的神圣使命。他们说，某一天，天体爆炸时，地球上的生灵就会遭到毁灭之灾，这时，只有靠女神金刚躯体的庇护，这儿的生灵才能幸免于难，白玛岗将成为未来生灵延续兴旺的理想圣地。

相传墨脱的公堆拉措神湖，流淌着稀世圣水“曲卓瓦巴”，任何人只要饮一口，就会感到身心舒畅，死后就能免受灵魂的磨难和痛苦。若在湖中沐浴，就会除去污垢和邪念，宁静地生活在世上。在西藏佛教徒中流传着这样一句话：

只要听到墨脱南部一座叫公堆颇章的神山圣名，就能逢凶化吉；只要看见公堆颇章山的圣容，就能勾销丑恶，乘着彩虹进入天堂。

多少年来，有过许许多多虔诚的信徒，千里迢迢来到这里转山朝圣，即使终生不还，也认为是在佛地归天，是一件幸事。相传现在墨脱县境内的门巴族人的祖先，就是为了寻找“莲花”圣地留在那里的。

从藏传佛教的转世理论看，藏族人把白玛岗（墨脱）看成多吉帕姆女神的化身是顺理成章的。在藏族人看来，佛教的神灵或活佛不光可以化身（转世）为人来利益众生，也可化身（转世）为自然界中的某一物质来利益众生。白玛岗是藏族人心目中的理想圣地，而伟大的五世达赖喇嘛的转世灵童将出生在这里，其吉祥的程度是难以比拟的，这从另一方面反映了广大藏族人民的一种心理：诞生在理想圣地的六世达赖喇嘛一定会像金刚女神多吉帕姆一样，救护众生，因为他的一身都吸收了这块圣地的灵气，他必将是众生的祥瑞救主。

有关六世达赖喇嘛转世的时辰，在《神鬼遗教》[①]（《五部遗教》中的一部）这部从地下发掘出的伏藏著作中也有预言。该书的第24章说：

骄慢所生战乱日，
心生厌离皈教法。
莲花大师幻化身，
有缘生于水界癸亥年，
教主乌金岭巴（指六世达赖喇嘛）将临世。

预言中的癸亥年，即康熙二十二年（1683），这正是六世达赖喇嘛出生的时辰。当我们看到《仓央嘉措秘传》的作者把这段文字看成是仓央嘉措转世日期的预言时，感到非常吃惊，因为这实在太离奇了。

人们都知道，《神鬼遗教》的作者是12世纪的人，他是西藏宁玛派的著名僧人，这位僧人以在雅鲁藏布江南岸的雅隆水晶岩洞中发现了众多的西藏宗教历史著作而闻名于世。从时间上看，他与五世达赖喇嘛相差了近400年，但这位自以为是莲花生大师转世化身的高僧却预言了400年后，他自己的转世化身的出生时间，这听起来真的像是天方夜谭，但我们时刻不能忘记，在一个曾经是全民信仰藏传佛教的民族地区，这一切都是合情合理的，因为这些观念都是由活佛转世的理论发展而来的。

接下来，《仓央嘉措情歌及秘传》的作者又向我们介绍了另一位宁玛派僧人却吉坚赞在一份密籍箴言中所说的预言：

① 《五部遗教》于1285年在桑耶和协扎两址所发掘的莲花生大师所藏五部“伏藏”文献，内容涉及吐蕃王朝时期的断代史。德格印经院刻版印刷。包括《鬼神篇》《国王篇》《后妃篇》《大臣篇》《译师篇》等。

又至亥年及子年，
亥年生者将临世，
乌金莲花大师子，
为护圣教显化身。
亥年子年未到时，
埋名隐姓为众生。

这段预言说，莲花生和乌金岭巴的转世六世达赖喇嘛从癸亥年出生到子丑的 12 年里，只能是一个埋名隐姓的人，而事实上仓央嘉措在南方门隅出生后，也确实像其他普通人家的孩子一样生活了 14 年，才被认定为五世达赖喇嘛的转世灵童，并因此而一举闻名于世。尽管这位宁玛派僧人的预言比实际少了两年，但人们依然相信他是一位了不起的预言家。

法体移动与转世方向

藏族人的信仰使他们相信，像达赖喇嘛、班禅等大活佛，在圆寂后都会出现种种奇特之事，而这些事情并不是简单的奇，而是奇在其背后可以预知这些活佛将要转世的方向。也许正是有这种观念存在，在众多的达赖喇嘛、班禅和其他知名大活佛的传记中，都有这方面的记载，而且形形色色，具有神话传说色彩。

据藏文史料《六世班禅洛桑巴丹益希传》记载，六世班禅圆寂后的第六日，也就是在他圆寂的时辰，人们突然听见一种响声，当时六世班禅的近侍大强佐听到响声后以为是什么东西落地，经另一近侍司膳堪布仔细查看后，才知是六世班禅遗体向西倾斜时，两尊小菩萨从鼻孔落下而发出的声音。这种非常吉祥的奇事表明，六世班禅的修福祈愿已经结束，同时他的遗体向西倾斜，说明其转世灵童的出生方向将在西方。

果然，就在六世班禅圆寂后的第二年，负责寻访的僧人们在日喀则白朗宗（县）的吉雄庄园找到了六世班禅的转世灵童，他就是七世班禅丹白尼玛，他的家乡正好在西藏的西部。

在西藏历史上，自九世达赖喇嘛隆朵嘉措到十二世达赖喇嘛成烈嘉措，都在少年和青年就短命而亡。九世达赖喇嘛只活了短短的 10 年时间，也许他的死并无不正常原因，但当十世达赖喇嘛楚臣嘉措也于 20 岁夭折时，人们就开始觉得其中有鬼。而当十一世达赖喇嘛和十二世达赖喇嘛也都于 18—19 岁早夭时，人们的怀疑也就得到了证实。

西藏史学家一般认为，这几位达赖喇嘛的早夭确切地证明，这时西藏还没有出现像五世达赖喇嘛那样的伟大人物。关于这些达赖喇嘛被谋杀的方法，在西藏众说纷纭，没有定论，但可能性最大的是在食物中放毒。因此，从十三世达赖喇嘛开始，达赖喇嘛的食物首先要由其亲信僧官先品尝。因而十三世达赖喇嘛也就得以幸存。这一做法一直沿袭下来。然而，另一说法认为，这四位达赖喇嘛其中有一两人也许是因为服用“药丸”而导致丧生。这种药丸是在达赖喇嘛亲政掌握全权时让他们吃的，以便使他们增加活力与生气。有一些人还认为，他们四人当中至少有一人激怒了位于著名圣湖拉姆拉错湖畔庙内的女神，这一神圣的湖泊能显出未来达赖喇嘛灵童的诞生地的幻景。

清廷也认为达赖喇嘛死得可疑，所以每逢达赖喇嘛暴亡，驻藏大臣就会下令不准移动达赖喇嘛的遗体，不准移动达赖喇嘛宫内的一切东西，并将达赖喇嘛的侍从官员们一律隔离起来，然后由驻藏大臣进行验尸，即使这样，在十二世达赖喇嘛圆寂后还是发生了一件怪事：十二世达赖喇嘛是在布达拉宫尼沃噶丹郎色东寝宫内面向东南圆寂的，该夜达赖喇嘛的灵体是面向南打坐停放，可是第二天灵体却斜向于圆寂时相同的东南方向，正如前面所说，十二世达赖喇嘛圆寂后，驻藏大臣已将近侍随员隔离，达赖喇嘛的灵体是没人能够动的，因此这种奇怪现象在藏族人看来完全是天意，它意味着十二世达赖喇嘛的转世灵童将转世在东南方向。

更有趣的是，以后，达赖喇嘛的灵体被移至尼沃参斯康寝宫之验尸亭内，在围起的盐中面向南作打坐状，可是很快人们发现，十二世达赖喇嘛的灵体又斜向东南方，这使负责寻访转世灵童的人员更加坚信他的转世灵童将诞生在东南方。而事实正是如此，在4位不幸夭折的达赖喇嘛之后，一位伟大的活佛转世灵童诞生在拉萨东南部的达布地区，而且逃脱了他前面四位不幸的前世的厄运。

但事实上这位活佛在他亲政后的早些年间，仍出现过好些企图谋害他的阴谋诡计，藏文传记称，十三世达赖喇嘛曾经屡患重病，西藏著名的达赖喇嘛护法神宣布这是恶魔所致。情形确实如此，过了不久，人们即发现，一双鞋底内缝有一张纸，这张纸上画有一幅魔怪图，这就是原因所在。人们还发现，这双鞋是摄政王亲自赠送给达赖喇嘛的。达赖喇嘛奇迹般地逃脱了这一灾难性命运，摄政王及其同伙也因此而完蛋。

十三世达赖喇嘛土登嘉措圆寂后，也没有忘记给人们留下一些转世灵童诞生方向的神秘启示。

据藏文史料记载，十三世达赖喇嘛圆寂后，在拉萨的东北方呈现出许多形态极不寻常的云彩。就在拉萨西边拉萨河北岸的罗布林卡宝座上，面朝南方放置着十三世达赖喇嘛的灵体，很快人们发现他的灵体也像十二世达赖喇嘛的灵体自己移动方向一样，由南变成了面向东方的坐状。当十三世达赖喇嘛的遗体以塔葬形式安葬后，不久人们就发现在灵塔东北部的长柱上长出一朵像星辰一样的蘑菇。

根据十三世达赖喇嘛自移遗体改变方向的情况，人们相信未来的十四世达赖喇嘛将诞生在东北方向。

7. 知晓达赖喇嘛转世何地的活佛

真假达赖喇嘛

根据活佛圆寂前后的种种征兆以及有关奇文的预言确定了灵童转世的方向后，秘密寻访达赖喇嘛或班禅等活佛的工作才刚刚拉开序幕。自从西藏形成了神秘的活佛转世制度后，各个教派，各个有活佛转世系统存在的寺院都在寻找活佛转世灵童的问题上，格外地小心和仔细，对达赖喇嘛和班禅这样的西藏宗教领袖来说，其转世灵童的寻访工作更要加倍周密和谨慎，决不允许出现弄错灵童转世方向或遗漏掉前世真身的情况出现。

正如我们在前面向读者介绍过的六世达赖喇嘛仓央嘉措，当他被选为五世达赖喇嘛的转世灵童，于 1697 年被迎至布达拉宫坐床以后，这位西藏最大的活佛所表现的一些做法却与他的前世大不一样。他追求只有俗人独有的爱情，并用自己熟悉的文学体裁尽情表现这些情感。下面是他的几首名诗：

心中爱慕的人儿，
若能够百年偕老，
不亚于从大海里面。
采来珍奇的异宝。

凛凛草上霜，
飕飕寒风起。
鲜花与蜜蜂，
怎能不分离？

为爱人祈福的幡儿，
竖在柳树旁边。
看守柳树的阿哥，
请别用石头打它。

繁茂的锦葵花儿，
若能做祭神的供品，
请把我年轻的玉蜂，
也请带进佛殿里面。

这一切对西藏的僧俗来说实在是太离奇了，人们自然也就忧虑横生，各种谣传和闲言秽语也不胫而走，摄政王桑结嘉措和地方政府的一些高级官员也企图纠正仓央嘉措的这种与佛道相悖的倾向，可是一切努力都无济于事。

1701 年，认定仓央嘉措为六世达赖喇嘛的桑结嘉措与另一派政治势力拉藏汗的关系日益恶化。4 年后，这位摄政王派人在拉藏汗的食物中下毒，被拉藏汗发现，桑结嘉措仓促集合藏军与拉藏汗的骑兵发生了激战，结果藏军失败，桑结嘉措被杀，拉藏汗另立隆素为新的摄政王，并派人赴京向康熙帝报告桑结嘉措谋反经过，同时在奏报中声称：桑结嘉措所立的仓央嘉措不是真达赖喇嘛的灵童，平日耽于酒色，不守清规，请予“废立”。

就这样。这位闻名于世的藏族诗人在他坐床后的第十年，因“耽于酒色，不守清规”而被视为假达赖喇嘛遭到“废立”解送北京。以后，拉藏汗和新摄政王经商议于 1707 年另立巴噶曾巴·伊喜嘉措为六世达赖喇嘛，迎至布达拉宫坐床，前后达11年之久。但西藏人民认为伊喜嘉措是假达赖喇嘛，始终未予承认。这又是为什么呢？在藏族人的信仰里，六世达赖喇嘛仓央嘉措是西藏的保护神十四个化身组成的整个链条中的一环，因此如果要让任何一个藏人认为他们的救星并非人类至高无上的完人，即使这种想法是一时片刻，也是不可思议的。无论仓央嘉措的敌人拉藏汗怎样能言善辩，无论民间有多少关于他的艳遇传说故事，无论他的诗作怎样表现了每一个普通人的情感，都无法使藏族人动摇他们对六世达赖喇嘛仓央嘉措的神圣信念。

11年以后，蒙古众首领中产生了不和，应藏族人的要求，另一位蒙古首领策旺阿拉布坦来到西藏处死了拉藏汗，充当傀儡的伊喜嘉措也被拉下了六世达赖喇嘛的宝座。康熙帝看见西藏人民如此崇拜六世达赖喇嘛仓央嘉措的事实，就于1720年封当时住在塔尔寺的一名青年活佛格桑嘉措为仓央嘉措的转世灵童，他就是七世达赖喇嘛。一场真假达赖喇嘛的争论终于宣告结束。

事情虽然成为了历史，但一场围绕真假达赖喇嘛之争的政治斗争却使西藏人民付出了惨痛的代价。早在五世达赖喇嘛生前，权力在手的摄政王桑结嘉措在治理西藏地方时，就表现出才能和一丝不苟的认真态度。在五世达赖喇嘛圆寂后，他依然大权在手，并编撰书籍，且数量众多，题材广泛，如医学、星相学、佛学等。有些蒙古首领确信六世达赖不是真正的达赖喇嘛，阴谋推翻他，桑结嘉措却忠实地站在达赖喇嘛一边，竭尽全力粉碎了这些阴谋。但最后他还是死在蒙古人的手里。

对藏族人来说，这是一段痛苦的历史，人们再不愿意看到达赖喇嘛或班禅等大活佛的转世灵童出现什么问题，因此，他们在这些活佛圆寂后，总是尽可能搜集圆寂前后的种种征兆和预言，然后再借助于传统的手段来最后确定灵童转世的正确方向，而古老的西藏占卜就是其中的方法之一。藏族人认为，只有这样做才能找到无可挑剔的活佛真身。

占卜术

十二世达赖喇嘛圆寂后，出于避免遗漏达赖喇嘛真身的考虑，西藏地方政府曾两次向西藏和其他藏族地区发布了文告。1876年，噶厦首先向西藏的拉萨、林芝、阿里、藏北、昌都、察雅和康区的巴塘、理塘、德格等地发布指令，要求他们向各地传达寻访达赖喇嘛转世灵童的有关事宜，指出：灵童有何灵异征兆，出生何地等务必将实情上报。此后又再次下令西藏各地认真寻访达赖喇嘛转世灵童。

噶厦政府发布了寻找达赖喇嘛转世灵童的消息后，按照传统必须请各护法神和班禅等著名活佛进行占卜，进一步确定灵童转世的方向。

西藏的占卜是由古代的苯教徒们发展起来的，相传在赞普松赞干布以前，吐蕃的历代君王都是靠苯教徒来维持他们的统治的，而这些苯教徒统治各部落的方法之一就是占卜术，可以说他们在政治上或者是军事上都必须通过占卜来决定每一件重大的事情，这种古老的文化直到20世纪我们也依然可以在西藏和其他藏族地区看到。

从内容和形式上看，藏族人的占卜术主要有以下一些形式：

首先应该提到的是羊胛骨占卜法。这种方法藏族人称为"索玛尔"，它不仅在藏族地区盛行，其他民族也使用这种占卜法。

特别是在中亚和北美的游牧民族中极为流行。羊肩胛骨占卜法是把剔净肉的羊肩胛骨放入火中，然后根据火烧后胛骨的裂纹来判断是凶是吉、康健与否、能否出行、生意如何，等等。

这种方法是藏族人古老的占卜方法之一，苯教占卜师过去一直使用这种占卜方法。在吐蕃时期还有根据鸟的叫声，尤其是乌鸦的叫声来进行占卜的。对于一些苯教法师和不识字的占卜师来说，还喜欢用念珠占卜。进行占卜时，先念诵一段祈祷文，将一串念珠放在两手掌心，求卜者任意抓住两手拇指和四指之间的那一段念珠，然后从这段念珠的两端开始，三个一组往后数，占卜的结果取决于最后所剩的念珠数量。

西藏的男术士和女术士经常实施这样的占卜方法：将一块比手绢稍大一些的布铺在干净的地上，除了黑色不行以外，其他颜色都可以。然后在布中央放上一堆青稞粒，在布的旁边铺上一块干净毯子。焚香祈祷后，术士盘腿坐在地上，面朝地下的毯子，祈请苯教的保护神，并抓一把种子上举，手靠近自己的额头稍停片刻，再将麦粒撒到布中，如此再重复一次，然后从布的四角将布兜起，举至前额，并从焚香冒烟的烟雾中过三次，此后，术士就可以用包着青稞粒的布包来触摸求卜者的头，此时，求卜者也须全神贯注于自己所祈求神灵需要达到的事情，术士则祈请神灵降旨。最后术士将包有青稞粒的布包慢慢投在毯子上，过一段时间后，他再小心翼翼地打开布包，检查青稞粒排列组合的情况，从青稞粒形成的图案得出占卜的结果。

在西藏还有一种占卜方法，人们称它为“格萨尔王圆光占卜”。格萨尔是藏族著名史诗《格萨尔王传》的主人公。根据藏文史料记载，这种占卜方法对藏传佛教各教派的法师来说都是很熟悉的。在进行占卜前要作种种准备：将一幅画有格萨尔王的唐卡（卷轴画）挂在墙上，在唐卡下面摆上一张桌子。占卜中所用的唐卡通常需把格萨尔画成穿着白胸甲、水晶盔甲、披着白披风的白人。如果没有唐卡，可用供奉给格萨尔的朵玛、切玛供品代替。桌旁放一装满青稞或小麦的容器，内装用以占卜的箭，并让箭头朝下插入容器中的麦粒堆。在桌子的另一边还要放一面非常明亮的银镜或铜镜。并用红、白、绿、黄、蓝五种颜色的丝绸包起。

施行圆光占卜的法师必须是修习瑜伽功并获得成就和法力的男性。他坐在桌前，焚香与供奉天神后，开始吟诵赞美格萨尔王的祈愿文。格萨尔王可以满足求请占卜者的意愿，得出一个成功吉祥的卦象。此后，法师的助手将一名男孩带到正在施行占卜的屋子里，站在供桌旁边。这个男孩要求是上等贵族人家的孩子，绝对不能是屠夫和铁匠之子。男孩在占卜镜前的白色卡垫上坐下后。法师就可揭去裹在镜子外面的五色丝绸，让这个男孩盯着镜子片刻。如果此次卦象好，男孩一会儿就会说他从镜子里看见了各种神奇变幻的景色，并向法师描述他所看见的东西，法师则根据其叙述，得出占卜的卦象。

但是，如果这个男孩说他只从镜子里看到了自己的脸，那么，法师将再一次祈请格萨尔大王降下神谕。如此反复三次，圆光占卜还不成功的话，就必须换用另一种占卜方式。如果进行占卜时找不到一个合适的小孩时，法师会靠自己竭力从镜中找出一些神奇的幻象。

西藏人认为，有关未来事件的重要知识也可以通过观察和解释各种预兆“得”的方法推导出来。一位专门从事预兆解释的人被称为预言师。当人们计划长途旅行，过藏历年或者举行婚礼之时更要加倍注重预兆，因为一个人在如上的时机可能观察到的任何一个不寻常的预兆，有时标志着旅行是否顺利，来年的大吉、婚姻的美满，也许还带来不吉。从一些祈祷文来看，据说有 84 种以上的凶兆，人们可以祈求神灵，特别是保护神来禳除将来不能避免的凶兆和不吉。这些恶兆如：如果秃鹫和其他靠啄食人兽尸体存活的鸟降落到屋顶并开始大声鸣叫，那么，这个地方的人将会死亡；如果出生的小孩有两个面孔或三只眼，或者没有头，只有一只胳膊，那么，整个地方的人不久必然要遭受各种灾难；如果一只出壳的小鸟生有好几个头也被人看作是大为不吉的事。

在藏族人的占卜仪式中，还有许多释梦的方式，这里举几个例子。如果在梦中看见全身裹着盔甲，那是不会遭受突然袭击的征兆。如果在梦中看见自己手持兵器，那是自己将不会受到任何伤害的征兆。如果梦见穿戴法衣，那是受到人们赞扬享有高位的征兆。如果梦见自己成功地跋涉过河，梦见自己降落在高山之顶，或梦见骑狮，骑神马或驭天龙时，那么就预言此人将会即刻获得成就。梦见初升的太阳没有被云雾遮挡是幸福健康的吉兆。梦见喝了香甜的水是长寿的征兆。相传如果梦见了暴风雪，在沼泽地徘徊，穿不吉的衣服，那么就预示此人将会患疾病，遭受死亡的瘟疫的折磨。如果看见自己身上爬满虫子或被狼咬，那是即将患病的征兆。坠入深渊，或看见血、大火、闪电等可解释为危险将至的征兆。据说死亡讯号的最厉害的凶兆是梦见自己的肠子被一个黑色女人从肚里掏出来。

在这里我们当然不能把藏族几千年来积累的占卜术都向读者一一介绍，但我们认为至少通过上面蜻蜓点水似的介绍，读者可以看到西藏古代的占卜术是丰富多彩的，这当然要归结于它存在的特殊土壤，正是在这种特殊的文化背景下，西藏的活佛转世制度才自然而然地打上了传统的占卜烙印。而事实上，占卜在西藏活佛转世制度中所充当的角色是难以取代的，而且起着很大的作用，有时在某些达赖喇嘛或班禅及其他大活佛的转世问题上还起决定的作用。

十二世达赖喇嘛成烈嘉措圆寂后，虽然噶厦政府根据其遗体自己移动方向的征兆，认为转世灵童将出生在布达拉宫的东南方向，但并不敢就此而下断言，按照传统的做法，当时的摄政达扎活佛特请桑耶寺的护法神降神占卜。桑耶寺是西藏的第一座寺院，779 年由莲花生大师所建。相传莲师是乌仗那国人（今巴基斯坦斯瓦特河谷一带，这一地方的人擅长咒术），以咒术闻名于世，后来赞普赤松德赞派一些人去请莲花生。相传莲师一路降伏西藏的各种魔鬼来到今西藏山南地区的桑耶附近，并修建了藏传佛教史上这座著名的寺院，它的地位是后来的许多寺院所不能代替的。摄政请求这座寺院的护法神进行占卜，也说明了这一问题。根据藏文史料记载，这位护法神在占卜时是以一种特殊的方式来告诉十二世达赖喇嘛转世的方向的：向东方抛献哈达。桑耶寺护法神的意思很清楚，未来的达赖喇嘛灵童将转世在东方。

紧随其后，八世班禅丹白旺修也应噶厦政府和拉萨三大寺的请求，在扎什伦布寺为十二世达赖喇嘛转世的方向进行打卦，占卜的结果是：灵童如果转世出生在东南方向，将大有益于佛教众生。此外，其他大活佛及各护法神也先后打卦卜示，均称：转世灵童将出现在东和东南方。从这些卦的结果看，都倾向出生在东方或东南方向。

另据《七世达赖喇嘛传》记载，六世达赖喇嘛仓央嘉措圆寂后，多数侍从在梦境中，见西宁城南门外，众多天神天女，华服美饰，高奏仙乐，迎接喇嘛遗体而去。在遗体火化前后，天空出现奇异的彩虹云块，喇嘛遗体渐渐变小，直到一尺左右。清朝官员和当地群众见之，莫不生起无限敬心。火化时，遗体上方升起一朵美丽白云，飘往南方，西宁附近的不少人也亲眼目睹。这些奇异现象都说明仓央嘉措的转世灵童将降生在西宁的南方。后来，青海著名的格鲁派寺院塔尔寺的护法神在占卜中进一步预言：南方将升起太阳，意思正好与人们所见灵异现象的征兆启示相同。

当六世班禅的众侍从返回西藏后，其中有位叫额巴罗桑衮曲的高僧因对六世达赖喇嘛信仰尤深，曾秘密地请乃琼护法神、桑耶护法神、绒拉护法神等著名神谕专家占卜授记，结果他们都说将转世在东方。以后，西藏所寻访到的七世达赖喇嘛格桑嘉措正是西康理塘人。从地理位置上看，理塘正好在西宁的南部，在西藏的东部。

十三世达赖喇嘛土登嘉措圆寂后，噶厦政府和拉萨三大寺的寻访人员根据他圆寂时，面向东方暗示将转世东方的情况确定了转世方向后，又奉噶厦之命，特派人前往青海的玉树，请当时准备进藏的九世班禅曲吉尼玛指示达赖喇嘛转世灵童的地点与灵童的姓名等。班禅大师立即占卜明示，并开给噶厦寻访十三世达赖喇嘛之转世灵童的代表纪仓活佛和凯墨色二人一张清单，上面明确写着青海三名儿童的姓名和地点，并派策觉林活佛、恩久活佛二人帮助寻找灵童。据《班禅大师全集》记载，当时九世班禅还写信给马步芳，请他大力协助，早日访得十三世达赖喇嘛的转世灵童。

在《拉卜楞寺概况》中，记载有一份寻访安多地区（青海、甘肃藏族地区）大活佛六世嘉木样灵童的经过。从这份材料中，我们可以看到占卜术在灵童寻访中所起的决定性作用。

据这份珍贵的材料记载，五世嘉木样活佛圆寂后，拉卜楞地区（今甘肃夏河县）和拉卜楞寺有些权势人物意欲让河南新王之子或四川茶科红布（土官）的儿子当五世嘉木样活佛的灵童，还提出了许多有关这两个小孩的种种吉兆，在社会上大造舆论，这时寺院多数活佛，如火日藏仓、萨木察仓等活佛等坚决要按旧规办事。1949 年 2 月 11 日，在黄正清的主持下，拉卜楞寺各活佛、僧侣及所属寺院、部落的代表，以及特邀的青海佑宁寺的大活佛土观仓等召开会议，最后决定，先卜算转世方向。于是将东、西、南、北分别写于四张纸条上，藏于面丸当中，然后置于瓶内密封，供奉于历世嘉木样舍利塔前，并由寺僧在大经堂诵经祈祷。第二天当众摇瓶启封，一颗面丸跃出，落在黄缎上，启丸一看，是“北”字，由此决定在北部地区寻找。

根据卜算方向，拉卜楞寺派出雍曾仓、索札仓等活佛及随员 30 余人，于 1949 年 4 月启程，赴夏河的甘加，青海的循化、化隆、湟中、西宁、共和及甘肃省的永登等地区秘密寻访。为慎重严肃起见，在东、南、西三方也派人寻访。东方由阿却木多仓、塞里仓两活佛率随员十余人，前往今甘南的东方寻访。西方由措卡哇仓、夏日秀仓两活佛率随员十余人，前往青海的果洛、康萨、康干，四川的杂大吉寺、西康的葆绿堂、杂扎拉等地寻访。南方由郭莽仓、麦秀木多仓两活佛率随员十余人，前往玛曲欧拉、四川的毛儿盖、青海的美哇等地寻访。结果是四方的寻访人员共觅得子、亥相（鼠年生和猪年生）儿童两千余名。

1950年元月，拉卜楞寺将这些儿童名单供在五世嘉木样灵前，在中国人民解放军一野联络部部长范明和黄正清、达吉襄佐主持下，以“有”和“无”进行占卜。“无”就表示没有转世灵童，则需要继续寻找。占卜的结果为“无”，并卜出灵童应属猪年生。这样，拉卜楞寺又派嘉夏让仓、火尔藏仓、官却桑盖仓、雍曾仓等8位活佛分四路向北方寻找。途经青海同仁、贵德、共和、达至、阿采、湟源、湟中、互助、循化等地以及甘肃的永登、古浪等地，寻得儿童867名。

同年7月13日仍依原方式进行占卜，仍为“无”，即867名儿童中没有一人是转世灵童。

1951年元月上旬，拉卜楞寺的活佛及僧众以及部落代表再次集会决定，祈请班禅大师占卜。2月19日，由达吉襄佐和贡唐仓率领活佛和属寺、部落的代表70余人启程。3月1日到达班禅大师的临时驻地青海著名的格鲁派大寺塔尔寺。6天后，九世班禅额尔德尼·确吉坚赞在宗喀巴大师佛像前诵经卜卦，结果仍为北方，鼠年生。拉卜楞寺代表觉得北方的范围太大，难以寻访，请求班禅大师再次占卜，缩小范围。最后班禅大师卜定为青海共和县的郭密、恰卜加、瞎牙、瞎过日、千若宁胜木、舍那海、铁卜加、汪大海下部、刚察上下、都秀上下等地。于是寻访人员又按四路分头寻找，共寻得鼠年所生的孩童240余名。

1951年6月1日，寻访人员将名单呈送班禅大师。大师在释迦牟尼转法轮的日子——6月1日又进行了卜算。卜算的结果是这200名儿童中有嘉木样六世活佛灵童。这时著名的土观活佛也来到塔尔寺。经商讨，寻访人员决定恳请班禅大师亲临拉卜楞寺主持卜算六世嘉木样灵童的仪式。征得班禅大师的同意后，寻访人员返回拉卜楞寺。8月，拉卜楞寺派琅仓、扎油丹仓、久格仓等活佛赴塔尔寺迎接班禅大师。8月20日，班禅大师抵达拉卜楞寺，受到各族各界僧俗数万人的欢迎。21日，拉卜楞寺的活佛和僧众以及所属部落的代表举行集会，班禅大师到会。大家一致要求班禅大师全权主持卜算。

9月29日，在班禅大师的主持下，先从240余名儿童中卜选出2名儿童，然后由嘉夏让仓活佛书写人名纸条，雍曾仓活佛做面丸。面丸重三钱，由拉卜楞寺的最高负责人及大小活佛监视，将面丸置于金瓶密藏加封，然后供奉于历世嘉木样舍利塔前，全体活佛和僧人诵经五昼夜。10月1日上午8时，班禅大师首先在拉卜楞寺大经堂内念经祈祷，活佛雍曾仓吉美启封，下放有一块黄缎。这时班禅摇落一丸，打开一看，佛名为周本塔尔。当即由班禅堪布会议厅秘书长在特制的专用于书写重要文件、盖有班禅大师教印的黄纸上写道："经班禅额尔德尼大师卜算决定，六世嘉木样灵童生于青海岗察县岗察上部，父名多拉海，母名才旦卓玛，佛名周本塔尔。"并当众展示宣布，与会僧俗无不敬服，然后装封存档。

10月19日，拉卜楞寺派昂佐、雍曾仓等活佛前往岗察。11月5日寻访人员首先向嘉木样转世灵童敬献哈达，10月7日，转世灵童更换佛衣。

1952年2月11日，六世嘉木样活佛被迎至拉卜楞寺举行坐床大典。六世嘉木样灵童的寻访工作，从1949年2月11日开始，至1952年11月止，历经两年零十个多月的时间，始告结束。

乃琼护法神的法力

在西藏地区，像达赖喇嘛和班禅这样的活佛，他们的转世灵童的寻访过程比起六世嘉木样活佛的寻访要复杂得多，它不可能自始至终主要依靠某一位知名度很高的活佛的卜算来决定灵童转世的方向和姓名，它还必须经过西藏的主护法神乃琼活佛的卜算才能算数。

从藏传佛教的实际情况看，达赖喇嘛和班禅都是格鲁派的主要领袖，而该派所属的格鲁派寺院又遍布整个藏族地区和蒙古地区，也就是说他们二者的转世灵童可以出生在蒙藏地区的任何一个地方，如果不能最精确地确定活佛转世的方向，我们可以肯定就是派再多的寻访人员往一个方向走，也只能像蚂蚁置身于无边的雪域之中。前面我们谈到的六世嘉木样活佛的寻访，它还只是在青海、甘肃、四川的一部分藏族地区，结果第一次就找到了两千多名出生同岁的小孩，而第二次也是867名，就是在班禅大师缩小了寻访范围后，也还找到鼠年生的240名孩童。由此我们可以想象，如果西藏的噶厦政府要想在一个笼统的方向，诸如布达拉宫的东南方、东方或扎什伦布寺的北方、西方等等，那么，噶厦政府或扎什伦布寺的每一队寻访人员都可带回上千名同岁儿童的名单，这必然要增加寻访工作的难度，而且工作量实在太大。

也许正是出于这些方面的考虑，对噶厦政府、拉萨三大寺和后藏的扎什伦布寺来说，根据达赖喇嘛或班禅圆寂前后的征兆、某些奇文的预示以及班禅、达赖等众多活佛和护法神的卜算后，对转世灵童出生的方向还要多次请西藏最著名的“神谕所”的护法神来降神占卜，这个“神谕所”就是闻名全藏的乃琼寺，而那位护法神就是西藏护法神中的最高神乃琼活佛。

乃琼寺就坐落在离拉萨约4公里的哲蚌寺的山脚下。笔者在拉萨任《西藏日报》记者的时候，曾出于对藏族文化的狂热感情，多次来到这里，当时并没有想到几年后自己会离开拉萨，在北京中国藏学研究中心从事藏学研究，那时我们还太年轻，即使置身于这座山间小寺的庄严大殿或者是神秘的密宗神灵画像之前，也想象不到它在藏传佛教文化中的地位，更不知它曾是神秘的活佛转世制度中的一部分。今天，当查阅了一些藏汉文史料后，我们才知道了一点点有关它的知识，正像活佛转世对众人来说是一个谜一样，乃琼寺还有乃琼活佛也同样是一个难解的谜。尽管如此，我们还是想尽最大的努力先介绍一下这位活佛，以便让读者更好地理解他在活佛转世制度中的真正地位以及他的佛学和人类学价值。

据藏文史料记载，20 世纪 50 年代以前，西藏地方政府曾供奉过几位大护法神，这些护法神既是保卫佛教的神，也是预卜吉凶的神，有时他们还是西藏政治生活和宗教生活中最高决策的参与者。而乃琼活佛就是这样一位神且地位又排在这些保护神之首。所以在西藏人的信仰中，他是所有护法神中的主要护法神，人们有时称他为乃琼大法王，有时也称他为乃琼活佛。一本有关乃琼活佛的史书说，七世乃琼活佛犹如雪域的怙主，他名叫曲杰贡觉榜，他幻化于乌坚空行母女神之地，见过众多的上师和空行母女神。他因为预卜过西藏历代达赖喇嘛转世的事情，所以，从此如同檀香不离香气一样守护着达赖喇嘛。

从藏传佛教的神灵系统看，护法神的种类非常之多，诸如“贡布”“曲杰”“吉祥天母”“怖畏金刚”“马头明王”“十二丹玛女神”等。这些护法神大多被塑造在寺院里享受香火，供人敬奉，当然也有的护法神只有名称而无塑像，他们有的是人间的救主，有的可以保佑寺院、僧人平安无恙，震慑八方邪魔，有的掌握着众生之生命等，但唯有乃琼活佛这样的保护神与众不同。他不是以塑像或者是佛教传说来存在的，而是曾幻化于空行母天地，随后降世保卫佛教的神。他保护佛教的方法是预示达赖喇嘛或者是班禅的转世，使藏族人可以准确找到他们的教主；他也担负着来自宗教和政治方面的占卜任务，总之他是西藏真正的先知，只要遇到重大的事情，无论哪方面，人们都需要听听他的神谕。在寻访十二世达赖喇嘛的转世灵童时，噶厦地方政府也正是这么做的。

据藏文史书的记载，乃琼活佛曾在 1876 年 6 月，在噶厦地方政府的森穷亚索处，每逢吉日都要在达赖喇嘛灵塔前向东南方向抛献哈达，并降神示卜说：希望之果将出现在东方不动刹土。灵童出生地，后山似藏传佛教之吉祥图案华盖的形状，前面有净水长流。

从这里我们可以看出，虽然在灵童转世方位的问题上，已由桑耶寺护法神和班禅大师等活佛打卦，但还须请西藏地方政府最大的护法神乃琼活佛多次问卜验证。在十四世达赖喇嘛丹增嘉措的寻访问题上，其做法也完全相同。据一些史料记载，十三世达赖喇嘛土登嘉措圆寂时，是面向东方，按传统的解释是暗示将在东方转世。在经过班禅大师和西藏一些护法神占卜确定了转世方位后，仍然要请乃琼活佛来降神占卜，结果是达赖喇嘛转世灵童将转生在东北方向汉族居住的地方（藏汉等民族的杂居区）。

一般情况下，当乃琼活佛占卜验证了灵童转世的方向后，随之而来的是要卦卜降生地具体的地貌特征，这也是寻访转世灵童必须履行的程序。

1876 年的一天，布达拉宫热闹异常，这里正在举行传统的哲蚌寺云游僧人朝拜会，到会的有当时的摄政王功德林活佛，哲蚌寺的各大活佛、堪布、执事、僧众以及西藏地方政府的重要官员。这些要员都提前接到通知，著名的乃琼活佛将在这里举行降神占卜仪轨。最后这位先知卜示：十二世达赖喇嘛的转世灵童在此地之东方，父名贡嘎，母名卓玛，应派一学识渊博的高僧大德前往双亲所在地查找。遵照乃琼活佛的卜示，西藏地方政府将四川泸定以上凡属东方和东南各远近地方，都开列了地名派人寻找。当向护法神请示派谁去观看圣湖显影最适合时，乃琼活佛再次卜示，可派上密院堪苏洛桑达杰前往拉萨东南方曲科杰的拉姆拉错圣湖，念十万颂经，并前往观看圣湖后自然明白一切。

以此为依据，寻访达赖喇嘛转世灵童的秘密工作进入最关键的时刻。

据有关寻访十四世达赖喇嘛时的材料记载，这位灵童也是根据上述方式最后定夺方位、地点来寻访的。

到这里很多读者都会关心一个问题，这就是乃琼活佛是怎样降神占卜的。说到这个问题，我们当然也不能回避，尽管这种奇异神秘的占卜方式是很多人所不能理解的，但它毕竟是藏传佛教文化的一个部分，不管我们以什么样的心理来看待它，也不管我们站在什么样的角度来评判它，我们必须承认它是西藏活佛转世制度中的一个环节，它是藏族数千年占卜文化中的结晶，它的文化学价值是不能否认的。

要系统地叙述有关藏传佛教降神占卜的问题，是一件比较困难的事，因为它除了牵涉藏族人古老的灵魂观念外，还与藏族传统的民间宗教有紧密的联系，甚至于藏传佛教中最为独特的密宗修习也与它发生着关系，没有这方面的一定知识是难以理解的，所以我们只能拣最生动最容易被读者认识的内容来进行介绍。

前面我们已谈到过，西藏古老密宗中的“夺舍大法”可以使自己的精神和灵魂往生净土，可以使灵魂依附于任何一种动物的尸体，当然也可以依附于另一个人身上，正是这种常人所不能理解的修习，使一些实施这种密法的人为凡胎众生的利益制造了一些奇迹，而这些奇迹足以证明他们自己修炼的真实性和所用方法的有效性。对一般的宗教徒和信仰者来说，这种有效性可以确保信仰者们间接地参与神界。不光如此，这些杰出人物通过长期修炼“大圆满法”“那饶六法”等秘法后，他们可以在静修中获得一种“加持”，也就是说可以获得一种超自然的神力，并可以使它滞留在一个容器中，当那些修习这类秘法的瑜伽师或者是活佛获得这种神力后，他们便可以传授给信徒们，例如可以用向信徒摸顶的办法来传授。

这些人还可以被当作神像供奉：在神像的里侧写有三个单音节的神咒：“嗡”“阿”“哞”，有的时候画像则是喇嘛或活佛的手印或脚印记；人们在塑像内还要放一根叫作“生命之树”的轴，或者是一些有六字真言“唵嘛呢叭咪哞”的经卷。在西藏的民间宗教看来，这些都是神的“身体依附物”，信徒们只要对它们进行崇拜，就能够看到崇仰的最高神释迦牟尼或者是其他的菩萨。

正是因为在藏族人的观念里面一些东西可以成为神的依附物，所以西藏的民间宗教进一步将这种理论发展，认为有一部分人可以成为某种神灵的依附物，这些人物就是所谓的能与神灵相通的通灵者，而那些神灵则都是佛教的保护神，也就是通常所说的护法神。这些护法神一般都是战神或带有恐惧性的神，他们经常降临到一些通灵者的身上，使他们失去知觉并进入一种中魔般的失神状态（我们前面提到的降神实质上就是这种情况），他们那种作为人的自我已经消失，他们的身体成了神的附着物，神灵占据了他们的全身并通过他们的口来说道或者是占卜。所以这些通灵人和神本身一样被称为护法神。乃琼活佛正是这其中的佼佼者。

据藏文史料记载，这些护法神最初都是经过严格挑选，然后在一些特定的寺院经过数年特殊的修炼后培养出来的。他们每个人都专门精修一种特定的神（本尊），培养这类护法神的目的在于从不同的神口中得到神示或启示，所以西藏地方政府也常常使用这种办法来预卜吉凶或者是卜卦达赖喇嘛以及班禅转世灵童的方向等。

有关这些护法神降神时的情景的记载是不太多的，但偶尔也可以在一些藏文著作中看到这方面的记载：他们头部充血而变红，两眼布满血丝，舌头变厚而垂下，等等，而且这些护法神还具有超人的力气，可以头戴一顶特别重的头盔，手拧刀剑，等等。在这种状态下，护法神口齿含混不清，结结巴巴地念念有词，然后他们所说的神谕又被其信仰者加以注释。当然有些时候他们所说的神谕内容是非常清楚的。

有关乃琼活佛降神占卜的材料是不多的，我们只能依据仅有的一些藏汉文材料来介绍这方面的情况。

降神仪式前，乃琼活佛被悄悄地领进乃琼寺的大殿。但由于他有非凡“通神”本领，一入场往往立刻就会吸引所有人的注意。为了充当传递神谕的媒介，他必须先使自己的“灵魂”与

"凡体"脱离，以便使庙里的神灵附着他的肉体，利用他的嘴来传播神的旨意。只有在这段时间之内神灵才会显示出来。几乎所有的西藏人都认为这是真的……

这时大殿上香火缭绕，浓烟呛鼻。乃琼活佛从他的禅房里被专人领了进来，胸前挂着一面闪闪发光的大铜镜。侍从给他穿上了缎袍，然后领他登上神坛。此时只有鼓乐在大殿里萦绕回荡。按仪式的程序他开始"显灵"。他两眼一合，身子往旁边一歪，一动也不动地躺在了软垫上。面部失去了血色，生命好似已经从肉体上飞离。突然间，就像遭到电击一样，他全身弯曲，四肢抽搐，身子痉挛得成了弓形。据说这时神灵已经附着了"凡体"。不一会儿乃琼活佛又开始颤抖，脸上布满豆大的汗珠。侍从们从里边抬出一顶巨大而古怪的法冠给他戴上。法冠非常的重，必须两个人才能抬起它。戴上法冠，乃琼活佛几乎会被压倒在地，动弹不得。

这以后，乃琼活佛颤抖得越来越凶猛，沉重的法冠也开始左右摇摆起来，他的面容会变得越来越恐怖：眼球被压出了眼窝。两腮肿胀往往还会出现块块红斑，牙缝里还发出"咯咯"的咬牙声。猛然间，好似僵尸复活，乃琼活佛突然会变得力大无比，竟然能顶着法冠摇摇晃晃地站立起来，在鼓乐的伴奏声中手舞足蹈地旋转起来。如果没有毛骨悚然的鼓声，他的呻吟声与咬牙声将是大殿中的唯一声音。他一面蹦跳着，一面用拇指上的大戒指猛击胸前的铜镜，叮当声几乎把鼓声淹没，虽然头顶两个人才能抬起的法冠，他仍然能以芭蕾舞般的敏捷动作在神坛上打转，而且只用一脚。旁边的侍从不断地往他的手里放青稞粒，他再把青稞粒投向那些弯腰伫立、目瞪口呆的文武官员（据说得到这些青稞，便可以得到其中所表现的神力）。在场的人吐舌屈膝，敬畏万分。这以后乃琼活佛渐渐地平静下来，几位侍从迅速将他抓住。这时，按照降神仪轨的程序，一位噶伦会走上前去把一条哈达围在他的脖子上。随后，这位噶伦就把噶厦会议将要讨论的一些问题，如对于一位重要官员的任免，某位活佛转世灵童的寻找等问题，一一提出来请求菩萨作出启示。有些问题需重复数遍，这位乃琼活佛才会发出神谕。但乃琼活佛的声音一般都含糊不清，只有他身旁的一位专职僧人才听得懂他在说什么，所以由他手里拿着笔做速记。其记录就是乃琼活佛的神谕，或者说神卦的结果。

8. 圣湖的秘密

拉姆拉错圣湖

前面我们已经介绍过，在甘肃等涉藏地区，由于活佛寻访制度不如西藏那么完善系统化，所以在确定转世灵童的方向上往往不能精确到某方向中一个具体的地方，因此，在六世嘉木样活佛的寻访过程中，耗时费力，并且一访就是上千个儿童，很难准确地有目标地寻访。而西藏地方政府和三大寺的僧众在达赖喇嘛转世灵童的寻访上却不这么做，其最有效的办法就是观看圣湖，它既神圣又神秘，并且由西藏最具权威的乃琼活佛在降神问卜后确定专人观看，所以一下就把寻访的地点形象化，寻访人员只要照此寻找到类似的地貌，达赖喇嘛转世灵童自然就在此地了。从实际的效果看这种方法使西藏的活佛转世制度更为完善。

从藏文史料上看，十二世达赖喇嘛圆寂后，乃琼活佛经过占卜，指派上密院堪苏洛桑达杰前去观看圣湖显影。随后，堪苏带着做佛事的一班人马，秘密地离开拉萨，直奔拉萨南面的拉姆拉错圣湖。几天以后，上密院的僧人们开始在圣湖边举行十万颂经佛事。

在西藏境内，藏族人朝拜的此类圣湖数量颇多，他们相信一切问题都可以从圣湖中获得答案，所以多少年来，来自藏族地区的信徒们，在朝拜了拉萨后，往往都要到这里焚香祈祷，以解开他们心中的疑惑。

拉姆拉错湖像雪域所有的湖泊一样湛蓝湛蓝，在风和日丽的季节，湖面平静，周围一片寂静、安详的气氛。天空总是没有一丝云彩，空气极为纯净。透明的湖水中有漂亮的蓝天倒影。每当一个藏族人怀着纯洁、虔诚的心境来到湖边，寻求对自己的一些特殊问题的答案时，这座圣湖是不会让他们失望的。就像有一股神秘的魔力似的，湖水流动，在圣湖正中会出现一幅清晰的倒影，随即出现一些幻影，据说这些幻影给善男信女的问题提供了充足的线索。即使是湖面上盖了一床雪被，忠实虔诚的信徒也绝不会一无所获。

1876 年 9 月底，当堪苏来到拉姆拉错湖畔时，他的面前就是这样一种情景：往常湖面早已结上薄冰，而这次的冰却很快在他的面前化去，蓝蓝的天际下，蓝蓝的湖水依然异常清澈。这时，湖面上显出一个东西相距较长的地方，东部上方田地重叠，东北面有一座较大的古塔，东南面围着较大的四方围墙，离此不远好像有一座三四层楼的房子。后来堪苏又在楼房和古塔之间看到连成一片的村庄。不久，湖面上大部分冰又开始自然合拢。堪苏又看到南面一角有不少骑马的人往东面走着，似乎又像是往西走。而后湖冰合拢，但上面看到的佛塔、方围墙以及房舍等依然清清楚楚地展现在冰上，再后来，冰开始变得像玻璃一般清亮，山之间显得狭窄，有几个村庄和许多像草场的地方，堪苏又看见一个有草坝、片岩石山和柳树的地方。

由于乃琼活佛在降神问卜时，明确指定只能让堪苏一人在拉姆拉错湖观看显影，所以，其他随行人员只能在湖畔做佛事，看到这一切的，只有堪苏一人。

观看圣湖显影，这对一个外族人来说几乎是天方夜谭。但在西藏，类似的情况却非常多。

当然如果我们要从科学的角度来解释圣湖显影的现象，那只能与沙漠中或者是大海上出现的海市蜃楼相比较，也许我们可以从它们之间找到某些相似的地方，我们同样可以认为圣湖中所出现的种种幻景，都是“海市蜃楼”，是一种实际存在，同时又是虚无缥缈的，它们之间的不同只是海市蜃楼是常人可以看见的，而圣湖中的某些显影却非凡人的眼力所能观见，只有那些被乃琼活佛指名道姓的高僧大德才有此殊荣。正像十二世达赖喇嘛圆寂后，担任观看圣湖显影的是哲蚌寺的高僧堪苏洛桑达杰，而十三世达赖喇嘛圆寂后，获此殊荣的却是西藏著名的热振活佛，他当时正好担任西藏的摄政王。

据史料记载，热振活佛在拉姆拉错圣湖观看显影时，湖面显现一户农家，它位于马路将尽处，门前有一棵巨大的柳树，旁边系有一匹白马，一位藏族妇女抱一小孩立在树下。热振活佛迅速将湖中所见的情景，命画匠详细绘出，返回拉萨，并将图画交给了寻访人员。

一般说来，观看完圣湖显影后，寻访工作就进入了另外一个阶段。

寻访灵童

通常情况下，观看圣湖显影的人员返回拉萨后，经过噶厦政府和三大寺代表秘密讨论，一些高级喇嘛和显要人员开始被分别派往西藏各地，当然主要是灵体移动的方向和各大护法神、达赖或班禅及乃琼活佛等卜卦的统一方向，他们的心中将牢记圣湖中幻影的秘密，然后在没有边际的雪域高山和河谷中寻访观湖者在湖水中见到过的那块地方。

据史料记载，寻访十三世达赖喇嘛转世灵童的僧俗官员们被派往西藏东部以后，于冬季来到了达尕让地区，他们远远地看见了青海著名的寺院塔尔寺周围的绿色，还有它高高的金色屋顶。在扎色村，他们当即发现了一座青绿色瓦房。这一寻访组向人们打听住在这家屋子里的人家是否有孩子，回答是这家正好有一个差不多两岁的男孩。

得知这一重要情况后，寻访队的两名成员带着一个仆人稍做伪装来到了这户人家，随行的还有两位当地寺院的喇嘛，他们在前面领路。寻访队中有一名低级僧官叫洛桑才旺，他假装成带队人，而真正的带队人是色拉寺的活佛格桑仁布且。他穿得破破烂烂，并以仆人的身份一直走在前面。从外表上看，他们只是藏地经常都可以看见的云游僧，或者是前往圣地朝佛的僧人。

在这户人家的门口，这些陌生人像所有经过这里，并希望得到布施的喇嘛一样，受到了男孩父母的热情欢迎。这已是他们的习惯，他们从来没有拒绝过任何一个希望获得帮助的外乡喇嘛或者是外乡人。寻访队被请进了屋里，洛桑才旺被客气地让在了主子的座位上。因为他穿的是缎袍袈裟，而色拉寺的活佛格桑仁布且和其他的人却被安排在仆人就座的地方。在屋里，寻访人员默不作声，带着外人难以觉察的心理搜索着这间房子里每一块昏暗的角落，众人的眼光很快集中到了一处，他们在惊喜中发现了那个小孩。这时那小孩也正在注视这些不速之客，他的眼睛盯住了一身烂衣的色拉寺活佛并走了上去，要坐在他的大腿上。

格桑仁布且用以伪装的破烂衣服是一件大长袍，在长袍的边缘上缀了一块羔羊皮。他的颈上戴一串属于十三世达赖喇嘛的念珠。小男孩的眼光落在了他的脖子上，他似乎认识这串念珠，张口就要。格桑仁布且感到非常吃惊，这可是一种吉祥的预兆，他预感到接下来将发生什么事情，但他还是控制住自己此刻的心情，没有立刻摘下念珠，只是答应将念珠送给他，但条件是要先猜出他是谁。小男孩没有半点犹豫，张口说出了四个音："色拉阿嘎"。这四个音，如同夏日里的一阵清风，让那些早已在长途跋涉中累得筋疲力尽的寻访人员们一下恢复了精神，他们开始预感到这男孩必将给他们带来希望，也许从这一时刻开始，他们就不需要再继续往东走了，因为所有的人心里都明白，"色拉阿嘎"是安多方言，翻译成拉萨话就是"色拉寺的喇嘛"。

格桑仁布且尽管也像众人一样知道这四个音意味着什么，但他的脸上却仍然毫无变化，他必须谨慎小心。他继续问男孩谁是这些云游僧人的头领，男孩说头领叫格桑，真仆人的名字叫洛桑。

格桑仁布且留了下来，整天观看这位小男孩的活动，越看越觉得有趣。直到最后父母要让小男孩上床睡觉时他才罢休。这一行人在这户人家过了夜。翌日清晨，当他们正准备离去时，小男孩也醒了，他爬起来坚持要跟他们一块走。经过好一阵哄劝，他们才离开这一户人家匆匆上路了。

男孩的父母到这时并不清楚他们所布施招待的这一行人的真实身份，还有他们此行的真实目的。但是几天以后，一支由高级喇嘛和显要人物组成的寻访队再次光临扎色村的这户人家时，他们大惑不解，他们不明白这些曾经使他们的小儿子依依不舍的普通僧人们，怎么突然都变成了达官贵人和活佛，但很快他们就知道了这是一支寻访活佛灵童的队伍，他们顿时恍然大悟，知道他们的儿子也许是一位灵童。因为藏族地区的活佛数量很多，他们的大儿子已经成为其中的一员。他们曾听说过，前不久塔尔寺有一位活佛圆寂了，根据他们的知识，男孩子的父母知道来访者也许就是在他们的家找到了那位活佛的转世灵童。但他们从未想过，他们的儿子后来居然会成为十四世达赖喇嘛。这一年那男孩正好是4岁。

有关寻访十三世达赖喇嘛转世灵童的说法颇多，据一位亲自参加了寻访的藏族人讲，由大活佛格桑仁布且带领的寻访队伍经过长途跋涉之后，有一天他们来到了青海湖畔的安多地区。这一带寺院很多，藏传佛教的大改革家宗喀巴就诞生在这里。这里是蒙古、藏、汉三个民族杂居的地区，他们世世代代和睦相处，亲如手足，这批喇嘛在沿途遇到了不少的男孩，但没有一个拥有十三世达赖喇嘛圆寂时所提示的外貌特征。他们怀疑是否走错了方向，白跑一趟，经过一段徘徊之后，他们突然看到远处出现了一座三层金瓦寺院，这不正是摄政王热振活佛曾经在圣湖中所看到的那座寺院吗？他们把目光一转，在寺院的旁边果然又看到了一座卷檐的农舍。整个寻访队伍欣喜若狂。急忙下马朝着农舍的方向叩拜。接着就脱下袈裟与官服，换上佣人穿的布衣，这样做的目的是为了避人耳目，便于观察。农舍的主人把缎袍袈裟的佣人迎到了正堂，而把衣着褴褛的活佛安排在厨房。这正合活佛的心意，因为在厨房里他们能更容易地接触小孩。

一进厨房，他们的心中犹如燃起了一盏明灯，立即产生了一股自信感，总觉得神童就在身边。他们一面烤火，一面静静地注意观察周围的动静，觉得好像有什么事就要发生。果然，一个约莫两岁的男孩蹦蹦跳跳地从院子里朝着厨房跑来。小孩一进屋就朝着一位喇嘛扑去，顺手抓住了他的衣角。恰恰就在这位喇嘛的脖子上挂着一串十三世达赖喇嘛留下来的佛珠。这位小孩在这位喇嘛面前毫不怯生，甚至一见如故。他高声喊道：“色拉喇嘛！色拉喇嘛！”小孩一眼认出这位“佣人”是位喇嘛，这使得在场的活佛们十分愕然；他竟然又道出这位喇嘛的来历，又使得他们万分惊诧。这位喇嘛果然是来自色拉寺的高僧！这个男孩又去牵动他脖子上挂着的佛珠，于是他把这串佛珠解下来递到小孩的手里，小孩竟毫不迟疑地把佛珠戴到了自己的脖子上。在场的活佛们全都惊呆了，赶忙跪倒在地，朝着这个小孩叩起头来。他们再也不用怀疑了：这就是达赖喇嘛！不过他们还要依照既定的规程对小孩做进一步的验证。

这群乔装打扮的喇嘛悄然告别了这一户人家。过了数天，他们又返回这里，现在他们已经脱掉了伪装，而是僧袍袈裟，衣冠楚楚。他们首先参拜了这一家的主人，说明了来意。这一家的大儿子已经被附近的一座寺院认定为转世活佛，早就领走了。经过主人的同意，这个小孩从睡梦中被轻轻唤起，然后被四位活佛领进了一座佛堂。他们要在这里对小孩作进一步的验证。他们在小孩面前摆下了四串佛珠（其中最旧的一串是十三世达赖喇嘛生前戴过的)，要他来挑选，小孩毫不犹豫地把那串旧的佛珠戴在脖子上，就像是他自己的一样。戴上了佛珠，他高兴地在房里跳来跳去，犹如失物复得。接着喇嘛们又在地上摆下了四面小鼓，其中一面是十三世达赖喇嘛呼唤佣人用的。小孩正好选中了这一面。最后又在他面前摆上了两根手杖，供他挑选，一根是镶金嵌银的珠宝龙头手杖，另一根是达赖喇嘛用过多年的渍满油垢的木头棍子。这位小孩恰恰又是抱起了后者，对于那根宝光四射的拐杖连看都不看。这四位喇嘛又观察了小孩的身体特征：肥大而翻翘的耳朵，身上还有两块黑痣。这黑痣被认为是佛的另外两只胳膊的痕迹。

经过反复验证以后，这批喇嘛终于认定了这个小孩便是他们所要寻找的达赖喇嘛的转世灵童。他们通过印度向拉萨拍了密电，把这一发现向摄政王汇报。摄政王立即向他们作了“严守机密以防意外”的指示。这四个活佛在一幅“舍利子”神的唐卡前默默地宣了誓，随后就到别处去观察另外的小孩了。

十三世达赖喇嘛的寻访过程大致是这样的：

就在堪苏洛桑达杰和他率领的人马在拉姆拉错圣湖作十万颂佛仪式快要完成时，拉萨东南部达布地区的一位官员急匆匆地赶到了拉萨，向噶厦地方政府密报了该处发现灵异孩童的情况。他声称：在顷科杰地区的塔布朗顿家，当家的叫贡噶仁青，女主人叫洛桑卓玛，于火鼠年（1876）五月初五，山顶日出时，生下一个婴儿，据说事前发现了预兆：木猪年（1875）七月三日，一个酥油包突然胀裂酥油四溢，这象征着吉祥。另外，该年的九月间，门前几株梨树中的一棵大树开满了鲜花，该地男女百姓可能都看到了。这家人的房顶上，彩虹像支起的帐篷。同时还报告了其他的征兆，如灵童母亲的梦兆等。

当堪苏洛桑达杰看完圣湖幻影回到拉萨就在噶厦听到了有关顷科杰地方发现灵童的消息。堪苏立刻会见了这位官员进一步了解了有关的细节。数日以后，堪苏领着他的寻访人马秘密地从拉萨古渡口渡过拉萨河，然后顺着河谷直奔顷科杰官员所说的地方。

等他们进入顷科杰官员管辖的地区后，沿途景物证实了堪苏洛桑达杰在圣湖中所看到的显影图像。从地理位置上看，这里属于拉萨东南部的塔布地区，它的四周被群山环绕，山清水秀。要是稍微留心观察，就会发现在许多山梁里面，有条山形状如象鼻，所以当地人就把这条山梁和山脚下的村庄命名为朗敦，意思就是“象山之前”。再仔细观察山形，堪苏和他的寻访人员都意识到它像华盖的形状，但除了堪苏以外，别的人并不知道其中的意义。当寻访人员跟随堪苏来到山脚下时，堪苏看到了一条河流，他停下来仔细观察后，知道这就是他在圣湖里见到的那条河。

堪苏来到朗敦村头，转身环视早已收割的青稞地时，他开始喜欢起这地方来。临行前他打听过这里的情况，他知道这是块气候温和、物产丰富的地方，他甚至还知道这儿盛产蜂蜜。进到村子，他又看见了一座山间小寺院的佛塔，他毫不犹豫就确定了这是他在圣湖里见到过的古塔。堪苏满怀希望穿过村里一幢幢普通藏族人家的农舍时，他觉得这里的一切与湖中所见太相似了。这里难道就是十二世达赖喇嘛转世的地方？

一对青年夫妇在土木结构的小屋里接待了这些不速之客，他们只是像所有善良而乐于布施的信徒一样，真诚而热情地为这些不认识的僧俗过客熬茶，准备食品。从他们的装束和言谈可以知道，这间小屋主人的骨系既不是高贵的贵族，但也不是所谓“杀生作恶”的下等人，他们只是村子里几十户普通农家中的一户。

堪苏看到了当时才 5 个月的婴儿，当这家主人请求这位光临寒舍的喇嘛为他的孩子祝福时，堪苏抱起了这个小孩。婴儿用手指摸着堪苏的额头和脸，好像是圣者在给这位喇嘛摸顶。当堪苏问婴孩：您上拉萨去吗？婴儿立刻露出喜悦的神色。后来，堪苏告诉婴儿说：我告辞了，不久再见。听完这话婴儿露出了喜悦和要跟过来的样子。数日后，当堪苏离开这家农舍返回拉萨时，他的心情显得轻松而舒畅，他知道此行的收获太大了，因为从这次初见灵童的情况来看，许多预兆与以前的卜示完全一样。

堪苏洛桑达杰返回拉萨后，迅速向噶厦和有关方面汇报了寻访的详细情况。摄政王功德林活佛和各大噶伦、基巧堪布等僧俗官员认为，为寻访十二世达赖喇嘛的转世灵童，各大活佛及四大护法神均打卦卜示，尤其是主要护法神乃琼活佛明确卜示指出的灵童转世方向、父母的名字、出生地景物等与实际寻访的情况完全符合，找到了令人满意的灵童。更为重要的是出生日期又逢良辰吉日，均极为圆满。众人一致认为，塔布朗敦出生的婴儿极其灵异，符合僧俗一致的意愿。

比起十三世达赖喇嘛和十四世达赖喇嘛来，有关寻访班禅转世灵童的记载就相对要少一些。

据《六世班禅洛桑巴丹益希传》[①] 的记载，五世班禅罗桑益喜圆寂后，他的司膳师饶旦巴和医师格敦顿珠请求七世达赖喇嘛祈祷班禅灵童早日转世。不久，藏王索朗多吉迎请拉穆护法神到释迦牟尼佛祖象前禀告化身转世情况时，护法神预言："不久于酉年（1741）之前……登上狮子宝座。"根据这位护法神的卜示，六世班禅将于藏历铁鸡年（1741）登上扎什伦布寺的无畏狮子宝座。

当时一位青海将军王启也启禀达赖喇嘛："班禅化身是否尽快来世请明言告知"，达赖喇嘛预言说："还须虔诚祷告，不久会有谒见班禅化身之福运。"以后扎什伦布寺的高僧也向达赖喇嘛问到此类问题，结果回答都一样。这样，扎什伦布寺一面派人前往拉萨一带寺院发放布施，向各佛殿广行供养，同时派人前往

① 嘉木央·久麦旺波：《六世班禅洛桑巴丹益希传》，西藏人民出版社，1990年。

各地秘密查访。这时，扎什伦布寺得知南木林宗扎西则谿卡唐拉家生了一个神奇男孩的消息后，当即派卓尼萨贵巴、罗桑宗周前往拉萨，并向当时主持西藏政教事务的颇罗鼐请示。颇罗鼐得知这一情况后，指示卓尼说，可以由扎什伦布寺派遣可靠的僧官，携带五世班禅用过的和没有用过的器物，让这个小孩分辨。

高僧洛桑尊哲奉命离开扎什伦布寺后，假装去夏嘉温泉沐浴，然后悄悄赶到了南木林宗。为了慎重起见，洛桑尊哲没有先去扎西则谿卡，而是在宗（相当于县）驻地秘密了解奇异男孩家的历史、社会关系、平日为人等情况。同时还对这个小孩的出生经过及目前的表现进行调查，没有发现什么不吉祥的地方。随后，这位密访的高僧到达扎西则谿卡，然后马不停蹄地来到了唐拉家。会见时，灵异小孩不停地呼唤洛桑的名字。当另一个高僧将班禅大师前世的白度母像、铃杵、念珠、餐具等拿出来请他辨认时，他看后确认无误，而且还直呼他的法名。见到这种情况，两位僧人深信这位男孩就是五世班禅的转世灵童。于是带着轻松的心情旋风般地赶回了扎什伦布寺，当天，这一吉祥如意的消息就在寺院上下传开了。几日后，一位叫班觉坚赞的密使在布达拉宫向七世达赖喇嘛和颇罗鼐报告了秘访扎西则谿卡小灵童的情况。秘密寻访五世班禅转世灵童的工作也基本告一段，当然最后还要经过一些最严格的测试和有关护法神的确定，这些内容我们将另述。

十三、十四世达赖喇嘛和五世班禅转世灵童的寻访，基本上都有一个明确的寻访目标，所以一般来说只要找到这个灵童，往往就会是前世的真身。但是有的时候并不都是这样，假如说各地呈报的灵童有好几位，或者更多，而且他们之间的差异最初并不明显，那么，寻访时，可能就会出现几个达赖喇嘛或班禅的转世“灵童”，在这种情况下，寻访工作就会更复杂。像七世班禅丹白尼玛，并不是一下就被选中的。据记载，六世班禅圆寂后，当时寻访到的班禅转世“灵童”共有四个，扎什伦布寺派出六世班禅的近侍苏本堪布前往四个“灵童”的家庭进行明察暗访，并拿出六世班禅曾经用过的茶杯、铃杵、念珠等，让“灵童”自己挑选，结果只有日喀则白朗宗吉雄谿卡的“灵童”拿的东西全是六世班禅的，于是苏本堪布肯定这个小孩是六世班禅的转世灵童，而其他三位“灵童”自然也就被放弃，至于他们是哪位活佛的转世谁也不关心了。

当然，采取这种方法来进行择“优”录取是再简便不过了，但这只有凭借寻访者的良知和德行才能确保其中没有私情或弄虚作假，为此，清廷在西藏活佛转世灵童的寻访问题上，不得不采取“金瓶掣签”的方法，它对每一位“灵童”都是公正的，机会相等，只是看谁最有机缘。像八世班禅、十二世达赖喇嘛等都是这样选中的。

达赖喇嘛和班禅转世灵童的寻访程序除了非常严密以外，其难度也是非常大的。这也难怪，这两位活佛都是藏传佛教格鲁派的领袖，而且在政教合一的西藏政治体制中又是身兼政教大权的人物。要寻访这两大活佛转世世系的灵童，就不能不设置道道“险”关，只有那些闯过了最后关口的“灵童”才能走上西藏的政治和佛教舞台。与达赖喇嘛和班禅比较起来，藏传佛教所弘传的区域内还有许许多多大小不等的活佛，尽管这些活佛转世灵童的寻访同样少不了道道周密的程序，但政治对他们的束服要相对少些，因此，在寻访这些活佛的转世灵童时，其制度则相对自由，也更具传奇色彩。三世章嘉活佛若必多吉的寻访也许就算一例。

据史料记载，章嘉活佛满两岁时，由于吃了不洁的食物，浑身出泡，非常痛苦。他的父母就请来了一位叫马喇嘛的瑜伽师诊治，喇嘛说：“出了污斑，要尽量多给小孩洗浴，要请僧人诵经祈福”，言完而别。父母准备翌日带小孩到夏日楚（山庙）的喇嘛丹玛曲杰那里擦洗治疗。那天晚上，丹玛喇嘛梦见日食，他带头和所有的僧人沐浴，不久，又重见天日。第二天，他见有人领来一个小孩请求洗礼，心想：从我的梦境看，这个小孩决非等闲之人，给他洗浴，必有效益。于是这个有预见的喇嘛用“摧破”密法为小孩做了上百遍洗礼，另外还传授了一些密法，并祈告神灵保护这个小孩，果然，不久这位小孩就康复了。后来这位喇嘛心想：自己有一位重要的上师，看来已经转世，可能就是这个小孩。于是，他做法事，又请求马喇嘛查看这孩子是否是自己的上师喇嘛的转世。马喇嘛回答这位僧人说：“这孩子长到 4 岁时，就会像太阳一样分明，现在不能清楚辨认。”

有一次丹玛喇嘛做了一个奇怪的梦：“一条碧绿清澈的溪水流满了一条叫扎西塘的山沟，而且水势越来越大。他想，如果这溪水继续涨，沟里肯定容不下，应往别处疏导才是，就用锡杖柄敲打岩石，想使河水流向佑宁寺①。果然锡杖落处，山岩开裂出一个窟窿，整个溪水都向里流去。”丹玛喇嘛和孩子的父母议论道：这水将成为养育众生的依靠，这不同寻常的孩子是不是我们喇嘛的转世，只要从佑宁寺请来一位识别者就能见分晓。

这些奇闻渐渐传到了佑宁寺僧人们的耳朵里，他们都认为这孩子八成是章嘉活佛的转世，但是还有一些别的疑问确定不下来。此时，佑宁寺有一位受人敬仰的喇嘛在山间静修时，一天晚上，他梦见佑宁寺后山上升起一座太阳坛城，比太阳明亮，这坛城的大小约为三四寸，光色特别。第二天他与一起修行的僧人议论说，“凉州地方的那个幼童是活佛的真正转世，应当设法把他接来”。

据《章嘉国师若必多吉传》记载，二世章嘉活佛圆寂时，他并没有明确向弟子表明要转世的意愿。但他的弟子们都认为他该转世。1715 年正月，他的弟子将佑宁寺的护法神请到佛塔内，

① 佑宁寺位于青海省海东市，是青海较大并具有一定影响的藏传佛教寺院。雍正十年（1732）雍正帝下诏修复，并赐额“佑宁寺”。佑宁寺原有大小 20 多位活佛，其中最有影响的是章嘉、土观、松布、却藏、王佛等五大活佛，其中章嘉活佛是青海驻京呼图克图首领，被封为大国师。

请他卜示章嘉活佛是否转世。护法神在一条长幅的“有寂安乐”哈达上面放了一条黄色“吉祥八瑞”相哈达，又在它的上面放了一条洁白的“镇日吉祥”哈达，长短宽窄叠放得均衡整齐，然后交给了噶钦喜饶达杰，说：“请鉴查吧！”众人一起观察后，议论说：“活佛的转世不久就会降生，新降生的活佛在寿数、功业上都很广大，由于他的善业，将会得到有寂安乐。”

以后，人们又请求佑宁寺的大活佛却藏活佛祈祷章嘉活佛早日转世，他为此撰文写道：“祈愿吉祥瑞兆放射白光，使得教法睡莲开放。”这时，正好佑宁寺吹响集会的螺号，他想，这是活佛一定会转世的好征兆，因而十分欢喜。这一年，五世班禅也向拉穆护法神和乃琼活佛等护法神求示有关章嘉活佛会不会转世的预言，他们都说将会转世。由此人们都确信真正的章嘉活佛将会出世，但不知将在什么地方转世。一些护法神说他将在青海、甘肃藏族地区转世，至于转世在安多的什么地方，乃琼护法说：“按他的驻锡寺院算，当在西北方向，以后会逐渐显明。”另一位叫珠旺赛化仁布且的活佛卜示说：“将在寺院的北面出世。”人们问：“指的是哪一座寺院？”答：“好像是佑宁寺。”佑宁寺的护法神在1717年正月二日指着佑宁寺西北方向说：“这位活佛将从这个方向来。”这样，所得卦示和预言相同，僧徒们肯定章嘉活佛转世在佑宁寺的北面或西北方向的某个地方。但这还不够，还必须知道转世地方的特征和父母的姓名，人们又去请求嘉木样协白多吉活佛明示，他说：“活佛转世在一个北面高，沟岸北向的狭谷附近。”夏玛札德寺的噶栋护法预言说：“北面似座帐幔，边沿指向南边，巨石像凶恶的岩妖，一眼间歇泉水缓缓冒出，名字族姓中有噶、达、哇、那、阿等字母。”

史料上说，依照这些授记，僧徒们寻访活佛的疑问基本上解决了。尽管在地望上还有一些问题，但是众护法神和喇嘛对于转世在凉州以及父母的名字等说法都是一致的，因此众人都兴高采烈，十分欢喜。

不久，佑宁寺准备派几个僧人去寻找活佛，临行前他们又去向却藏活佛请示，却藏活佛点起神灯，吹奏长号，说：“因缘甚善，征兆亦佳，尽快前去寻认。”嘉木样大活佛也说：“活佛转世的地方如预言所示，卜卦所得的结果亦很可喜，请带上衣物用品等前去寻认吧!”佑宁寺的护法神卜卦后也说了相同的预言。随后，佑宁寺的僧人罗桑开珠、噶居伦珠嘉措、格隆楚程嘉措等，携带前世章嘉活佛的经卷、念珠、修证佛像以及与这些遗物形状相同的东西，前往寻找，让灵童辨认。到了凉州，祁家仓巴的孩童，也就是我们前面提到的小男孩见了前世章嘉活佛的经卷、念珠等物后，立即拿起说：“这是我的东西”，对其他相似的东西并不理会。请他给众僧人当中他认识的人摸顶时，他把大家细看一遍，最后将手放在前世章嘉活佛的索本伦珠（负责管理活佛饮食的主要执事）的头上，又将前世活佛赐给伦珠的一串念珠和样式相同的一串念珠放在一起献给他，让他把其中认识的一串念珠戴在父亲的脖子上，而将另一串念珠还给原主，小灵童也都准确无误地完成了。寻访人员返回后，向拉卜楞寺大活佛嘉木样活佛禀报了这些情况，经过反复考察所有的疑点后，最后认为祁家仓巴古茹单增的小儿子扎巴索朗确结为章嘉活佛的转世。

据同一本传记记载，在三世章嘉活佛生活的时代，活佛的寻找并不是都这么严格地恪守某些传统的规定，而是真真假假叫人难辨，正如土观·洛桑却吉尼玛在《章嘉国师若必多吉传》中所说：“现今多数寻认活佛转世者，总是努力在前辈活佛去世后不久出生的有钱有势的家族的孩子中寻求，一经找到，就不顾护法神和活佛圆寂时的授记，真伪莫辨，互相串通，即行认定。另外在执行问卜认佛等程序时，有的以重金贿赂活佛的左右侍从和扮护法神者，让他们按自己的意愿作出预言，甚至伪造盖了印的假文书等，种种舞弊，花样翻新，不胜枚举。由此可见，现在不要说寻认一个真正的活佛，就是像寻访章嘉活佛那样仔细认真一丝不苟的正直僧人也是比青莲花还稀少。此外，现在某个地方出了一个地位较高的活佛，其他大小活佛就像鹿聚草山那样都在那里转世，安多（青、甘藏族地区），卫藏（今西藏自治区除阿里和昌都以外的地区）都盛行这种风气，这到底是一种凡夫俗子所难以理解的大德圣贤的特点，还是一种浊世的明显迹象呢?”

土观·洛桑却吉尼玛6岁被认定为今青海省互助土族自治县佑宁寺土观活佛阿旺却吉嘉措的转世灵童，迎请到佑宁寺坐床，成为三世土观活佛。他曾任该寺法台，乾隆二十八年（1763）奉诏进京，在北京任掌印喇嘛、御前常侍禅师等职，颇得乾隆帝赏识。他与章嘉国师有师徒之恩，交往甚密。土观大师在这里敢于公开藏传佛教活佛转世制度的一些问题是很大胆的，尽管他没有进一步分析这些问题的原因，但留给人们的思考却很多。我们认为，自从活佛转世制度形成以来，它一方面随着各教派活佛转世世系的不断实践而逐渐完善和系统化，但另一方面这种制度又成了地位和权力的象征，这样，随之而来的是活佛转世灵童的寻访、认定必然要受到某种功利观念的影响，这是不奇怪的。

9. 投胎转世

藏传佛教活佛转世制度中，最富有神话和传奇色彩的莫过于投胎转世。从一些藏文史料的记载来看，当一位知名的活佛圆寂后，他并不是随便在一个地方转世，而是要选择一个吉祥的地方，同时对投胎的父母还要进行选择，并不是任何一个藏族家庭都可以作为投胎转世的对象；另一方面，从理论上讲，像达赖喇嘛、班禅、章嘉活佛、嘉木样活佛这样的大活佛，无论他们转世投胎多少次，他们始终都是一个人，谁能说五世班禅和十世班禅，六世达赖喇嘛和十三世达赖喇嘛不是一个人呢？

但是根据藏文资料来看，在上述这些大活佛的转世制度还没有完全形成以前，一世达赖喇嘛或一世班禅的前世是很多的，也就是说是某些高僧或菩萨经过多次投胎转世后，才有了达赖喇嘛和班禅。他们可能曾经是这位高僧的转世，同时也可能曾是那位高僧的转世，由此可知，在某一派系某一活佛转世体系没有形成和固定以前，西藏的活佛转世还是比较自由的，当然有一点我们也要想到，那就是后来的人们为了使某一活佛转世系统具有非同一般的政治或宗教地位，而有意抬高其身价，把他们与某些高僧大德或历史上某些著名家族联系起来。按照藏族古老的习惯，这种在名门望族和高僧大德中寻根的做法是人们普遍可以接受的，这也是弘扬佛教的手段之一。下面我们就从两个方面介绍一下活佛转世的寻根问题，以及充满神话色彩的转世投胎。

活佛的前世

我们在前面已经讲过，达赖喇嘛是观世音的化身，也就是说是观世音的转世活佛，那么在七世达赖喇嘛以前，观世音菩萨在雪域西藏曾投胎转世为哪些著名人物呢？

据《七世达赖喇嘛传》记，观世音菩萨在他的教化地首先转世为西藏的第一位赞普（君王）聂赤赞普，后来又转世为松赞干布，当藏传佛教形成活佛转世制度后，他又分别转世为各教派的一些高僧。

相传拉萨北面著名的热振寺①，有一棵奇异的柏树，该树长有七层树皮，一位高僧解释说，这树是观世音菩萨所为，它表示这位菩萨要在兜率天转世七次，变为七代高僧弘扬佛教。一份叫《噶当书》的藏传佛教史书进一步解释说，这七代名僧就是一至七世达赖喇嘛。

在《六世班禅洛桑巴丹益喜》传中记载，在一世班禅克珠杰以前，这位无量光佛的化身（转世）就已转世过多次，据传说克珠杰的前世光在印度就有 5 位，第六代以后才开始在西藏转世。这位无量光佛的第六代转世就是西藏著名的萨迦派高僧萨迦班智达·贡噶坚赞（1182—1251）。他生于后藏萨迦地方的昆氏家族，幼年能爬行时便会梵语，未投师而懂多种文字。年轻时跟从当时的高僧扎巴坚赞受灌顶学习显密经论，成为学者。27 岁以后，他精通西藏的密宗和显宗，成为全藏最著名的学者。一次扎巴坚赞对贡噶坚赞说："有一位口操异族语言，头戴飞鸟网帽，足蹬猪鼻靴的人从北方前来请你，此时，务必清除疑虑前往

① 热振寺由噶当派创始人仲敦巴创建于 1057 年，是噶当派的第一座寺庙，坐落在距拉萨北面 240 公里的林周县唐古乡境内。热振寺最著名的活佛是热振活佛，噶当派的始祖为阿底峡（982—1054），宗喀巴以噶当派主要教义创立格鲁派。

会晤，这会给佛法带来很大的利益。”后来，萨迦班智达·贡噶坚赞按此遗嘱答应了蒙古阔端汗王的邀请，63 岁时从萨迦启程，行程 3 年，65 岁会见于凉州，从此西藏正式归入中央政府的行政管辖之下，贡噶坚赞也为萨迦派取得了它在西藏的政治、宗教领袖地位。

无量光佛在西藏的第七代转世是雍顿多杰巴，他于 1284 年在夏鲁寺（后藏日喀则）附近的一个贫寒咒师家转世，取名多杰本。成年后开始专攻密法，其咒术超群，能使万物服从。后来他应蒙古王室的邀请，在内地传授佛法。享年 82 岁。

无量光佛的第八代转世才是一世班禅克珠杰。据史料记载，西藏最著名的佛教大师莲花生、阿底峡、塔布拉杰（噶举派创始人）等众多高僧也被认为是班禅的前世，莲花生和塔布拉杰在西藏佛教史上占有相当重要的位置，他们的情况在有关章节已作过介绍，这里从略。

阿底峡又称觉颐杰，生于公元 982 年。出身于孟加拉王族，他幼年学佛，29 岁出家，当了超戒寺的大住持。后受阿里古格王的邀请，于 1042 年到达西藏，在藏传法十多年，对西藏佛教的复兴有重大影响，1054 年在拉萨西边的聂塘圆寂。后被噶举派尊为祖师。在噶当派的主寺热振寺以及聂塘等寺院中都建有阿底峡的佛像。

像达赖喇嘛和班禅这样的西藏宗教领袖，其地位是无人比拟的，所以一些藏文著作要把他们的前世说成是西藏最著名的高僧，并寻根到观世音菩萨和无量光佛是完全符合僧俗心愿的。另外，像章嘉活佛这样的藏族大活佛，由于其地位不如达赖喇嘛和班禅，所以其前世前生的影响也相对达赖喇嘛、班禅的前世前生要小一些。

当然，在西藏，每一个不同宗教地位的活佛，都有自己的前世（或转世），但这些前世的地位与他们本身的地位是基本一致的。

据藏文史料记载，章嘉活佛的根被追溯到释迦牟尼的弟子祖达尊者。拉卜楞寺第二世嘉木样活佛晋美旺波在他的《奇异诚信宝树》中赞扬祖达尊者说：

佛陀在世上聚起教法祥云，
又以三乘法从容播响春雷，
建立担任解脱重任的僧伽，
你是摧毁愚昧的祖达尊者，
犹如天空群星中的金星，
犹如地上树木中的旃檀，
你是佛陀弟子中的上座，
你是调伏烦恼的尊者勇士。

接下来的转世是：印度的大成就者释迦喜年、龙王达巴拉、吐蕃高僧噶哇贝则、宁玛派高僧濯浦巴、嘛呢师斯斯日巴、噶举派高僧多吉僧格，元代帝师、萨迦派教主八思巴，高僧索南坚赞，明朝大慈法王释迦也失、高僧却吉坚赞、高僧班觉桑布。自释迦牟尼的弟子祖达尊者开始，经过12次转世才是第一世章嘉活佛扎巴俄色。

这里有两个人物需要简单介绍一下。

章嘉活佛的第八代前世八思巴，生于1235年，出身于萨迦昆氏家族，为萨迦派的第五祖。他10岁时随伯父萨迦班智达去凉州，会见蒙古皇子阔端，后来就在元世祖跟前作近侍，很受信用。1260年忽必烈即帝位后，封他为国师，领总制院事，统领天下佛教。1265年回萨迦，主持西藏政教事务。1269年到大都，奉命创制蒙古新字[①]（八思巴字），加封为帝师。藏文史料说，忽必烈将藏族地区作为传授灌顶的供养奉献给他，就是元廷册封他为藏族地区的宗教领袖和政治领袖的标志。八思巴时开始的政教合一地方政权形式对后来藏族地区的历史影响很大，所以他受到各派僧人的崇敬。1280 年，八思巴在萨迦圆寂，元廷追封他为“大宝法王”。

从这些情况我们可以看出，藏文史书把八思巴作为章嘉活佛的前世转生是很有道理的，无论是宗教地位，还是政治地位都与章嘉活佛相差无几，正如二世嘉木样活佛晋美旺波在《奇异诚信宝树》中所赞扬的那样：

出自光净天的昆氏家族，
像佛法明月升上东山顶，
在这雪山般洁白的地区，
用利乐光芒使它分外素净。
你以智慧和慈悲的力量，
教化汉地、西藏以及蒙古，
释迦牟尼之教弘遍各方，
尊你为法王八思巴名实相符。

我们再看看章嘉活佛的第十代前世转生。

大慈法王释迦也失[②]（1352—1435）是宗喀巴大师的主要弟子之一，对格鲁派的兴起和发展起过重要的作用。1409 年，明永乐帝遣使召请宗喀巴进京，宗喀巴因病辞谢，派释迦也失代替

---

① 蒙古新字史称八思巴文。蒙古人最早是没有文字的，成吉思汗深知创立文字的必要，他让塔塔统阿给他的儿子教回鹘文，而且还将回鹘文改成蒙古文，1264 年西藏萨迦派首领八思巴被封为元朝国师，1267 年他创制了蒙古新文字：八思巴文，以后人们以巴思八的名字命名了这一文字。

② 释迦也失（1354—1435）是第一世大慈法王，也是宗喀巴大师的高足弟子，藏传佛教格鲁派兴起时期的重要人物。

其前往北京朝见。1414 年释迦也失再次进京，第二年被封为大国师。1419 年他在明朝的资助下，在拉萨兴建了色拉寺，并使之成为格鲁派在拉萨的三大寺之一。1434 年明宣宗封他为大慈法王。释迦也失在京时一直住在嵩祝寺的东寺，1435 年圆寂于返藏途中。

据史料记载，三世章嘉活佛也曾于 1751 年被乾隆皇帝封为振兴格鲁派的大国师，并在京城负责管理各寺庙的喇嘛，从各方面的经历和生前的宗教地位及政治地位看，章嘉活佛都与八思巴和释迦也失相近，人们有意将他们作为一个转世系统是说得过去的。

由于章嘉活佛属于清代四大活佛之一，名气极大，所以在藏族民间，有关他的前世的传说是很多的。噶举派创始人玛尔巴大师在一些高僧眼里也被认为是章嘉活佛的前世转生。《章嘉国师若必多吉传》中就有这样一段文字：

“上师（指三世章嘉活佛）最后一次去西藏时，有一天，他吩咐一位画师为他绘一幅吉祥胜乐金刚的佛土庄严图。当时，我（传记的作者土观·洛桑却吉尼玛）在他的身边，亲耳听见他说：‘画面上诸天神中一定要现出玛尔巴译师来，这是有缘故的。’另一天，我去拜见他。在我行礼时，他开玩笑说：‘你向我行礼是出于敬仰，还是恭维奉承？’我说：‘当然是出于敬仰。’上师说：‘你懂得用敬仰的目光观看吗？如果懂得，就会看到我头上日月座上坐着状如清净佛身的玛尔巴译师。’关于此事，上师仅对我说过这一些。但是上师确实对嘉木样协白多吉活佛、扎萨克活佛格列南喀等说过：‘我可能是玛尔巴译师的转世，此事不可对别人讲起。’”

由于章嘉活佛曾说过这些话，所以在《章嘉国师若必多吉传》看来，章嘉活佛肯定是玛尔巴译师的转世。这种推断有无道理不得而知。

在西藏或者是其他藏族地区，有关活佛前世的民间传说或藏文史料记载是很多的，这里不再举例。

转 世

我们在谈到西藏第一位活佛的转世情况时曾说过，按照藏传佛教的转世理论，人死后，必须在 49 天内，投入母胎才能转世成功，所以照此看来，西藏的活佛在圆寂后，都有 49 天的时间（藏文称为“中有”）来选择他们各自的母胎，这说起来实在是太玄了，但对一个不信藏传佛教的人来说，活佛转世本身就不是常人的知识所能认识的，所以我们不能用理性的思维来分析它，我们认为，这种选择投胎地点的做法是活佛转世理论中的一个环节，其合理性是相对这一理论来说的。

从藏文史料看，多数活佛转世的地点都有两个明显的特点，一是地理环境吉祥如意，二是投胎的父母善良信佛。据《六世班禅洛桑巴丹益喜传》记载，六世班禅的父亲塘拉，聪明勇敢，心地善良。母亲是贵族的后裔，正直善良，信奉佛教，聪颖贤惠。桑耶寺的护法神曾对藏王颇罗鼐说：“此孩之父将作有益于我的善事。”一日塘拉梦见自己主仆 13 人同往北方巡视，见前面有座五峰大山，他视最高峰为自己的孩子。又一次梦见一座金、银、水晶制成的佛塔光彩奕奕。母亲梦见前五世班禅洛桑益喜赐一长寿瓶，当她接到手时变成三粒长寿丸。正式投胎时，南木林扎西则谿卡四周彩云环绕，每逢宗教节日，天空布满彩虹，每一菩提树分长五枝，结五瓣花蕾。禾苗生长三穗，当地群众兴高采烈，视为难见之吉祥。

在《七世达赖喇嘛传》中，也有一些关于六世达赖喇嘛投胎地点及父母的记载。六世达赖喇嘛投胎的地方是理塘，他父母居住的村子正好在著名的理塘图钦强巴林寺的山脚下，从外形上看，这座村庄具有吉祥的善相，环境优雅，而村民也虔诚地信仰佛教，善施忍辱，勇敢聪颖，风俗纯良，族姓也非常圆满。相传六世达赖喇嘛投胎的家庭，属于藏族地区十八大族中的“仲”族，是噶当派祖师仲敦杰维迥尼的子孙，该家族是当地所有密咒师中最为高贵的族姓。

七世达赖喇嘛的父亲叫索南达吉，自幼出家，曾担任哲蚌寺大僧官的助手副僧官，在巡视庙宇，检查僧人遵守寺规时，十分尽职，而且不贪财物，秉性温良，忠实无欺，很受僧众拥戴。同时，他体态威武，神采奕奕，比起他人，皆高一筹。后来他因管理俗人事务，就退戒还俗，但他更勤于供奉三宝（佛、法、僧），广施财物，供养僧侣，不做恶事，从不做杀生狩猎之类的凡夫事。后来当七世达赖喇嘛坐床以后，他仍然大做善事，相传他还在日若代钦寺塑了大小弥勒佛像，由于他一生大积善德，去世后遗体火化，心、舌、目和头盖骨自成海螺，舍利也很多。对此，当时七世达赖喇嘛的经师曾大加赞颂其德行。

七世达赖喇嘛的母亲罗桑群措，生于理塘一户普通农民家庭，自小善良，敬信佛教，很有慈悲心，乐于施舍，没有一般妇人之恶习，经常诵读经文，她去世火葬时，也曾有各种殊异征兆，后来被人称为智慧空行女化身。

七世达赖喇嘛就是在这样一个善良正直的佛教徒家投生的。

下面我们再看看二世章嘉活佛投胎的地望和父母的情况。二世章嘉活佛圆寂后，他把自己投胎的地方选择在甘肃凉州四寺之一的西莲花寺附近，这里清净优美，柏木茂密，满山遍野是各种芳草鲜花。在莲花寺的后山，是被称为“白崖海螺七兄弟山”的山形秀丽、但不太高的七座山崖，这里有一片草场，山崖和流水相衬，充满了和谐和吉祥。

三世章嘉活佛的家族是霍尔人（土族），他的父亲是一位咒师，后来迁居到凉州成为牧民。他为人秉性正直，口中常念六字真言，立誓修炼金刚怖畏不坏瑜伽，他的母亲叫布吉，无妇人之缺点，具有诚信，经常努力行善。一首诗歌曾这样赞美过三世章嘉活佛的家乡和他的父母：

此处的草原如洁净的云裳，
此处的溪水发出悦耳声响，
此处的鲜花如盛装的少女，
此处的各种树木枝叶挺拔，
成群蜜蜂在这里轻声歌唱，
羽毛美丽的飞鸟婉转啼鸣，
悠闲的野兽互相追逐嬉闹。
海螺白崖正符合七宝之数，
像排列着演奏仙乐的乐队，
笼罩四边原野的浓密森林，
像帝释天陈列的排排供品。

在这吉祥瑞兆的地点，
父亲母亲家族都不低微，
家境富裕具有各种功德，
父亲聪明尊贵为人称道，
母亲虔诚犹如神变天女……

类似的例子还很多，但大致的情况基本都相同，可以说不论是大活佛还是小活佛，他们在选择投胎的处所和家庭时，都有一个基本的标准：在地理环境上，追求的是一种象征吉兆的意境；在投胎的家庭选择上，则是完全遵循藏传佛教文化圈中根深蒂固的宗教伦理道德规范，也就是说活佛投胎时选择的父母都必须是虔诚的信徒，必须是以藏传佛教伦理道德为行为准则的信徒。这一点与西藏或其他藏族地区独特的历史、宗教和文化背景是极为和谐的，对于任何一个活佛来说，他都不会违背这一准则。从寻访活佛灵童的角度看，任何一个活佛转世世系都必须以此为标准去寻找本派的转世灵童，像十三、十四世达赖喇嘛，九世和十世班禅等活佛，在寻找他们时，都秘密私访过他们父母的德行等。

我们应该承认，在藏族民间，有关活佛转世的思想相对要灵活一些，人们尽可以把活佛转世的理论与现实中某个活生生的人物联系起来，像年羹尧曾攻打了藏族的寺院，[①] 杀过一些僧人，人们就认为他是某位凶神的转世，并且与一些历史传说附会起来，使活佛转世这种神圣的文化延伸到了民间的文化当中，成了传说的素材。

从藏文史料看，活佛诞生转世的前后，往往伴随着一连串的奇梦和瑞兆出现，这种现象无疑给神秘的活佛转世蒙上更加玄幻的神秘色彩，可以说每一个活佛诞生的前后，都有这种奇异情况出现，不同的只是梦和瑞兆的奇异程序不同而已。

六世班禅转世时的时辰是日出东方之时，当时日光伴随着彩云射进屋里，就在这一瞬间，五世班禅转世来到了人间，成了第六世班禅。看到自己的儿子在这种奇观中降生，六世班禅的父亲塘拉高兴地说："日出生子，家中粮满仓；天气温暖，言语甜绵绵。"作为一个普通的农民，塘拉也觉得这孩子是在吉祥的时辰诞生的，它会预示家中丰衣足食，夫妻和睦，但他哪里会想到这个伴随着日辉来到人世的婴儿竟是五世班禅的转世灵童呢？

乌鸦在不同的民族中代表不同的征兆，汉族就把乌鸦看成凶兆，或者是不吉祥，尤其是乌鸦降临屋顶或在树上栖息，都认为

① 康熙六十一年（1722），清圣祖康熙去世，雍正六年（1723）罗卜藏丹津在察罕托罗海举兵叛清，并胁迫青海蒙古诸部随其共同举兵，但遭拒绝。罗卜藏丹津只好煽动青海格鲁派寺庙参与叛乱，雍正帝决定坚决镇压，特任命川陕总督年羹尧为新任抚远大将军，并击败罗卜藏丹津和参叛寺庙。

不吉利。在西藏乌鸦的地位就不同了，它成了吉祥的象征。

据我们在西藏各地生活多年的经验，乌鸦并不是随处都有的，在西藏东部的昌都县，乌鸦的数量很多，它们有时就像麻雀一样生活在房屋上，人稍少的时候，他们就可飞到地上找食。可是在拉萨市区，我们就很难看到这种鸟，也许是大都市的繁华喧闹吓跑了它们。

根据六世班禅传看，他降生的南木林扎西则一带的乌鸦也不是很多，而且从不在此地筑巢，可就在他投胎后快要出生时，人们突然看见一对黝黑的乌鸦飞临塘拉家，并且开始在他妻子居住的屋檐上筑起巢来，这在当地人看来可算一大奇观，被认为是吉祥无比的。

六世达赖喇嘛仓央嘉措投入母胎后，未来的七世达赖喇嘛的母亲和父亲就开始作一连串的奇梦。临产前，这位父亲梦见约在黎明时分，一位体相庄严，留有胡须，肤色发紫的僧人手持三枚金刚向他叫卖，他回答说不要，僧人说："要买"，只见是一杖金制九尖金刚。又有一天夜里，他梦见第六世达赖喇嘛移驾理塘，设座于一青色布帐中，两侧分列众多华丽佳人，他疑为主妇（妻子）。尔后，六世班禅去寺院的路上，与一位叫做拉旺勒的人并辔飞奔，行至寝舍东侧下马，正要入内，他迎上去说："仁布且（对高僧或活佛的尊称）来家了，请坐。"说着摆好了座位，六世达赖喇嘛在佛堂西侧就座，喝了半碗茶，半碗留放在那里，说这是缘分，然后要走，他想献拜见活佛的见面礼，一时又找不到哈达，就献上了一些茶叶。这时，理塘寺僧众吹起了螺号，由仪仗队迎请六世达赖喇嘛去寺院了。不久，塘拉又梦见颜洪台吉（固始汗的子孙）主仆300多人来到理塘，颜洪台吉将一碗圣水献给理塘寺的堪布，堪布以头碰碗，祈愿诵经后转交给塘拉，全部喝下，还有一次他又梦见了日食，众人都去房顶观看，他说："从天窗看即可"，有的人在碗里盛水观看，他又说："不必如此，手心即有日轮。"

七世达赖喇嘛的父亲到底还做了多少奇特的梦也许只有他本人才清楚，但这些梦在寻访人员看来，都可能是灵童转世的吉兆。

七世达赖喇嘛的母亲做的梦与塘拉相比则另有特点。她曾梦见理塘寺一位活佛向她献上用菩提树做的念珠；她还梦见一位额布怒纹，红色面庞，自称是乃琼护法神的怪人。在梦里她还看见房屋上空两次升起日月星辰。自从六世达赖喇嘛投入她的胎宫后，她除了每夜梦见一位发辫长到脚跟的女子使她深感恐惧外，每日心境安适，身体轻捷。在降生的前夜，她梦见在拉钦达地方有一泉，泉眼向东，大如理塘寺的煮茶锅口，她取了一瓢泉水，带回家中，这时她看见房屋四周天人膜拜，现出许多殊异的吉兆。

藏历第十二饶迥土阳鼠年（1708），在百花结果的七月十九日，火星遇合娄宿，就在这一圆满的时刻，七世达赖喇嘛平安降生，这时天空细雨蒙蒙，夏雷轻鸣，无数的白云围绕着两道彩虹。

二世章嘉活佛圆寂后，立刻投入三世章嘉活佛的娘胎，从此后，三世章嘉活佛的母亲多次梦见自己的身体变化成金身，腹中怀着一座金山。相传，三世章嘉活佛父亲的舅舅是一位精通经文的格西（藏传佛教学位中的博士），当他住在一位蒙古施主的家里时，一夜梦见章嘉活佛诞生地白崖沟南面一个叫朗多的山谷上彤云密布，雷声大作，这时，在那座巍峨的白崖附近出现了一道彩虹，当彩虹在石崖上消失时，石崖上出现了一座门，有声音说弥勒佛将从这座门里出来。于是，他与自己的叔叔格隆阿库干布一起竭诚顶礼膜拜。

第二天，他向当地一位名叫那舒喇嘛的素食苦行僧请教，那舒喇嘛告诉他：此梦甚佳，它可能预兆叫做白崖的地方有一位很有名的伟人出世，或者有一个伟大的活佛在那里转世诞生。后来这位苦行僧梦见祁家仓巴家有一只母狮给一只小狮哺乳，他想自己曾听说狮子的奶头在蹄掌心，应去看看是不是这样，他去以后，母狮逃跑，遂失其形。第二天这位喇嘛觉得此梦奇怪，就问别人有没有一个名叫祁家仓巴的人，认识的人回答说：“有。”于是他就找到祁家仓巴家，并见到了那个婴儿，他对三世章嘉活佛的父亲说：“照我的梦兆看，这幼子是个不同寻常的人，希望保持洁净，为他多做法事。”说罢，布施了茶叶等物才离去。

拉卜楞寺坐落在今天的甘肃夏河县，是藏传佛教格鲁派六大寺院之一。该寺的寺主一直由历代嘉木样活佛担任。三世嘉木样活佛罗桑图旦季美嘉措，是青海同仁县保安镇托乎人，其父仁钦嘉措，是当地的世袭土把总。母亲名卡毛吉。第二世嘉木样活佛圆寂后，经著名的土观活佛寻访后，由达赖、班禅主持，清嘉庆皇帝派员参加，在拉萨大昭寺掣签认定为第二世嘉木样活佛的转世灵童。第三世嘉木样活佛曾被道光皇帝颁赐敕印，封“扶法禅师”称号。他对自己的生活要求极为严格，一生从不穿新衣，不用金银器皿，不坐绣垫，所以相传他那清静戒行的体香，经常充满经室。

从一些藏文史料看，有关三世嘉木样活佛降生前后的记载也是奇异独特的。二世嘉木样活佛圆寂以前，对他所要转世投生的地点是非常关心的，他常向内侍们说：“我下辈子转世到何处好呢?”有一次，二世嘉木样活佛的司膳僧官开玩笑说：“就像头上的帽子脚上的鞋，当然应该是昂拉。”这位僧官为什么要这么说呢？原来三世嘉木样活佛早就看中了昂拉这块地方。相传他有一次外出，坐骑正巧在半途死了。这本来是很平常的事，但一些曾跟随过二世嘉木样活佛的内侍立刻看出，这匹马死的样子同上一世嘉木样的坐骑卧在昂拉的姿势一模一样。当二世嘉木样活佛来到隆务寺前山的山冈时，他下了马向四方观望后，觉得这里的地理环境很合自己的想法，口中念念有词，大加赞美。按当地人的说法这里是巴云十三峰之一的牛秀直朵尔神山。二世嘉木样活佛选择的投胎转世家庭就在神山的脚下。

这一家的主人是皇帝敕封的高级官员，种姓圣洁，妻子行为高尚，性情善良，相传她还是佛的化身。二世嘉木样活佛投胎前，这位妇女在梦中梦见：一位香灯师呼喊着她的名字，说道："您家里来了一位喇嘛。"她走上前去观看，只见有一位年长的老喇嘛上前拜见。老喇嘛用手抚摸着她的头和身子，然后进入帐篷。又有一次她梦见：一轮红日升在天空，一朵乌云遮住阳光。她走到乌云的前面时，阳光照射到她的身上，顿时觉得身心舒畅。

据《安多政教史》① 记载，二世嘉木样活佛圆寂后，一位叫曲吉尼玛的高僧在他的灵塔前写早日转世的祈祷文时，曾做过一梦：一座东向的石山的平坦坡地上有一座房子，房中坐着一位身着和尚衣饰的白胡须喇嘛，这位喇嘛说："屋子后面是嘉木样协巴（一世嘉木样活佛）的宝座。"据说这个梦兆与其母梦见香灯师呼唤的梦兆完全吻合。而另一位叫赤仁布且的活佛说得更玄："佛有千千万万，我不知道这些，但是，我不但知道会出现一位毫无疑问的转世灵童，而且还知道他（三世嘉木样活佛）将于十一月二十三日投胎。"果然从此日至次年降生之时，包括闰月，共为九个月又十日，恰与他所说的相符合。

在《安多政教史》中，我们还发现另外一些关于活佛投生转世的材料，从其吉兆和梦境看，有些内容我们还没有介绍过。

噶桑土丹旺曲白桑布是拉卜楞寺的一位转世活佛，1856 年出生在四川的德格地区。他降生前，父母等人的梦境中出现了一些好梦兆。当他降生时，大地动摇，房顶上出现瑞气彩虹，房子附近开出了前所未有的各种鲜花。一生下来，经堂里能点一夜的供灯却一连亮了三夜。

我们前面所介绍的一些活佛，在转世前或转世当中（诞生

① 是智观巴·贡却乎丹巴饶吉（1801—?）于 1865 年完成的。内容是有关安多地区（青海大部分藏族地区）藏传佛教和政治史方面的内容。青海人民出版社，2017 年。

时）出现的吉兆大多是彩虹或者是日出等，而这位活佛转世时却出现了大地动摇、鲜花争艳的奇兆。根据这些记载，我们可以看出，不同的寺院在寻访不同的转世灵童时，无论什么样的自然现象，诸如地震等，只要出现在灵童降生的时辰或前后，都可能被联系起来，成为考察灵童的内容。

10. 雪域神童

藏传佛教的活佛，一般来说都是从神童中挑神童，灵童中又选灵童，最后又经过一系列的考察、密访后才被认定的，所以每一位活佛，在他们的童年时代所表现出的灵气、奇才都是普通人所无法比拟的，甚至可以说是望尘莫及的，也许这就是活佛转世灵童不同于常人的佛性所在。

七世达赖喇嘛转世灵童

七世达赖喇嘛格桑嘉措转世降生后不久，就显出喜欢出家当僧人的征兆。他与一般凡夫的孩子完全不同，不喜欢在母亲怀抱中入睡，只有把他放在枕头上，才显出快乐舒适的样子。据记载，七世达赖喇嘛降生后第 7 天，他父亲让舅父阿格札西带一条洁净的哈达到一位叫喇钦然坚巴的喇嘛那里去。这位喇嘛是当地著名的观相家，他对阿格札西说，如果这孩子能讲说“噶哇桑布”一遍，就可以取名格桑嘉措，若不能，就取名萨达旺秋。没想到这婴儿很流利地就读出了“噶哇桑布”四个字，于是取名格桑嘉措。藏族高僧一般认为，这件事与佛祖净饭王子降生后，婆罗门观相家预言他出家则为清净圆满佛，而在家则为转轮王的情况相一致。在常人看来，请观相家取名，这不是极普通的事情吗？但此事出在一个灵童的身上，再被人一渲染，自然就有了奇特的象征意义了。

据《七世达赖喇嘛传》载，这位灵童降生后，一位叫拉钦维丹噶布的大护法神附体于理塘寺僧人扎巴班觉，说这位婴儿是童瓦顿丹大师的真正转世，众人不可放逸不尊，他不能住在俗人家里，必须请到寺院。于是理塘寺的僧人将这位婴孩迎请到了寺院。大护法神拉钦维丹噶布毕恭毕敬将他请入怀中，问他要法衣吗？婴儿点头。又问我是白哈尔王（宁玛派和格鲁派的护法神）吗？婴儿又点了一下头。

就这样，有关这位婴儿的奇异传说开始在信仰善法的人中传扬。不久，传到驻牧青海湖滨的格鲁派大施主亲王巴图尔台吉，郡王噶丹额尔德尼济隆等人的耳里。这些人十分敬仰六世达赖喇嘛，如饥似渴地盼望他早日转世降生。当他们听到这些奇闻后，都非常的激动。尤其是这位济隆，他曾多次得到过五世达赖喇嘛的指点和帮助，对六世达赖喇嘛又极有崇敬心，算得上是位忠实的施主。当他听到有关灵童的传闻后，十分担心婴儿被他人控制，就派人到四川德格附近探听，不作声张，秘密防护，同时审查是否是真达赖喇嘛。

七世达赖喇嘛出生后 3 个月，就开始向人做摸顶姿势，从右牙床依次生出牙来，并开始说话。问他是谁，回答说："我是佛的化身"；问他要不要剃发，回答说"你们不能剃，有位上师要剃"；问他去哪儿，回答说"去寺院"，问他寺院在何处，回答说"在西方（意指拉萨）"。当他看见五世达赖喇嘛像时，说"这是阿阇梨"（意为传授知识的导师）。同时，他还用敬语称呼长者，经常阅读文字，讲说佛法，作奏法乐和坐高座的姿态。他一旦见到僧人，就显得兴奋和高兴，无论父母怎么强求，决不向任何僧人请求摸顶，因为他将成为新一世达赖喇嘛，任何一位活佛或者是高僧都没有资格给他摸顶，相反只能由他给别人摸顶。七世达赖喇嘛一生下来就聪慧过人，而且天生就是神童，人们从未教过他读诵经文，但他却能自己背诵吉祥天女咒[①]等，与一般孩子迥然不同，俨然是智者气度。

很快他的父母和乡亲就发现这位婴儿的生理特征非同一般，可以说有些不同于凡人。他的头如圆伞，天庭饱满，秀眉细长，鼻梁挺立，右臂有莲花印迹，左耳轮呈白法螺状，左手心有法轮图形，肩头手腕上钏镯形状明显，下身虎裙形象突出。上面这些奇异特征按佛教徒的解释完全就是大悲观音菩萨的体态。据说凡见过他的人都是这么认为的。

铁兔年（1711）十一月初六日落时，这位灵童正在入睡，忽然站起开门，说佛陀来了，并用手指着天空观看。听说他的这种举动，人们都想那一定就是某位菩萨。这一年，他的母亲梦见月食后落地，以为是恶兆，担心自己的孩子会有厄运降临，心情久久不能安息，哪知这位灵童竟将一切看在眼里，安慰他母亲说："没有关系，不必发愁。"一个还不到 4 岁的小孩就能如此体贴父母，在邻居们看来实在是难以置信。

很快，这位灵童的名声就传到了拉萨，当时噶厦地方政府和三大寺的高僧们正在四处寻访达赖喇嘛的转世灵童，拉藏汗就派代本（藏军的官衔，可带 500 人）诺布俄智、维孜比铁式、蒙古人加诺颜等赶到了理塘，当这些不速之客突然推开小灵童的家门，要求看看传说中的小灵童时，他的父母因不知这些人的底细婉言拒绝了。这些拉萨来的官员们立刻找到了附近的理塘寺寺主，请他出面介绍。理塘寺寺主索木坚赞堪布在当地是极有名望的高僧，灵童的父母也非常信任他。最后经过小灵童本人的同意，来自拉萨的远方客人终于如愿以偿，他们向灵童提了许多问题，灵童都泰然自若，对答如流，最后他们又问灵童的父亲这是

① 吉祥天女咒又称为大吉祥天女咒、大吉祥天女"功德天"。她是除了财神以外，专门赐予财富、吉祥的重要天神之一。大吉祥天女咒是"早晚课诵集"中十小咒之一。此咒出自《金光明经》，这是善天女说的咒语。念诵此咒，可使修行者克服各种困难，早日修成正果。

谁的化身。回答说，理塘寺的护法神说他是六世达赖喇嘛仓央嘉措的转世。当时代本诺布俄智已在拉萨听说六世达赖喇嘛仓央嘉措不是真正的转世灵童的消息，所以当他听说这位灵童是仓央嘉措的转世时，心里也没有多少把握，只好不加褒扬离开了灵童。但他私下仍然暗派理塘寺的管家哲雄顷则带礼物到灵童家，说此化身非寻常人，应送寺院。小灵童的父亲哪里会放心呢，他怕其中有诈，连夜背着小灵童，全家人秘密地躲到深山去了。一直到那些来自拉萨的官员们离开本地后，他们才回到家里。

5 岁时，这位灵童已经在家乡的普通农舍待不住了，在藏历水龙年（1712）七月二十三日这天，他不思饮食，匆匆忙忙剪了一张黄纸，说是在为去拉萨制作行装。嘴里还说："法王宗喀巴也很快要去西藏，措卡（青海湖地区）的一百多人已去西藏为我铺座。"这些话在当时，只被当成了小孩的戏言，但当他成为七世达赖喇嘛后，人们才解开了其中之谜，原来这是今后他将被拥立为佛陀圣教教主，以格鲁派显密双修教法普度众生的吉祥征兆。

就在水龙年，巴图尔台吉派遣然坚巴和达颜台吉的侄子额齐率 100 人来理塘拜见小灵童。因然坚巴为万户王①的人，灵童的父母就专为他设一高座，而小灵童则坐在下方一块方布上。没有想到这位客人竟然一下就从高座上跌落下来，原因是一位普通的俗人，怎么能经受得起六世达赖喇嘛转世灵童的威严呢。

在藏族地区，一般说来只要有人传说某地出了一个小灵童，人们都会感到兴奋和吉祥，并有意无意地要设法去证明这种传闻，这也许是普通人的心理，人们当然也想从这些灵童的身上获得某种信仰上的满足。理塘附近一位叫卧姆娃却旺的部落头人也

---

① "万户"之名出自历史上藏族的"乌斯藏十三万户"。元朝在西藏设立了十三万户，各万户设万户长一人，须要得到元朝皇帝颁发的诏书、印章才算合法。万户之下设立若干千千户，千户长也须得到元廷的任命，乌斯藏是元代设立在今西藏地区的行政区。元时乌斯藏设有十三万户，而青海藏族地区也设有类似的万户长和千户长。

许就抱有这种心理，他听说有灵童出现的传闻后，也来到了七世达赖喇嘛家，并拿出十个护身结让他见到的小灵童辨认，小灵童毫不迟疑地就认出六世达赖喇嘛赐给头人的那根护身结。这位头人一阵惊喜，立刻倒地顶礼膜拜，请求灵童赐福。

看见自己的小孩如此灵气，七世达赖喇嘛的父母当然是无比欣慰，但他们也担心这孩子给他们带来的美好曙光会像流星一样一闪即逝，他们开始为孩子的今后担惊受怕。一天，七世达赖喇嘛的父亲找到一位据说有神灵附身的观相家，请他为孩子的未来指点迷津，这位喇嘛告诉他说："你那位能满足人们需要和愿望的如意宝贝（指灵童），生平多有坎坷，很让父母不安。历代转世由吉祥天女摩索玛和乃琼两位护法神保护，应经常向他们作满足心愿的供养和忏悔。你们应住在霍尔或其他地方，但无论何地都很安稳。要记住懒惰会使珍宝失落，要对三宝勤作供养。我的这些话比世间的金子还要贵重，以后便会见分晓。此次请带好这条护身结，为不遗忘我的预言请作记录。"这位天才的预言家再一次向灵童的父亲暗示，他的儿子就是六世达赖喇嘛转世，因为只有达赖喇嘛才是由摩索玛和乃琼两位护法神保护，尽管我们不知道这位灵童的父亲是否领悟到这些真谛，但预言家的卜算还有那根护身结总算使他的心安宁下来。

木马年（1714）春节，七世达赖喇嘛转世灵童因受邪气，喉咙疼痛。当时，他的父母听说拉藏汗派遣格敦和达吉加来此地的传言，就问灵童是真是假，灵童回答是真的。他父母考虑到西藏来人善恶难测，决定暂时外出躲避。藏历正月初四，父亲扶小灵童上马，向四川藏族地区重镇德格出发。当时山谷一片白雪，人们认为这是非同寻常的吉兆，它预示凭借七世达赖喇嘛的法力，佛教会像柔软洁白的丝绢铺盖大地。一路上，有两只乌鸦一直紧紧跟随。

据藏文史料记载，灵童一家离开理塘后，当地一位僧人传言说灵童被500名身披铠甲的德格兵请去了。这应该说是随意猜测，但是西藏的佛教徒却认为这件事可以从另外一个角度来进行解释。相传二世达赖喇嘛根敦嘉措时，在曲科杰（今西藏山南地区桑日县境内，二世达赖喇嘛于明正德四年在此建寺，寺下有湖，名吉祥天女湖，又称拉姆拉错湖，就是我们前面介绍过的观看圣湖显影的地方）出现了工布兵，人们都称这是大护法神乃琼活佛的幻化兵。佛教徒认为，上面两件事都说明了一个问题，即达赖喇嘛的各位大护法神时刻都不离开这位灵童。于是这又从另外一个角度暗示这位孩童的佛性和灵气。

4 月以后，灵童一家来到了一处叫达宗萨的地方，由于小灵童的名声早已在外，当地的僧人和信徒蜂拥而至，前来参拜。小灵童对一位来自麻苏仓的僧人说：“你的手痊愈了吗?”这位僧人听完此话，心里涌起一股热流，连连叩头。原来他曾在哲蚌寺学习过，一次甘丹颇章僧院发生兵乱，他的手被枪打伤，现在已经愈合。这不是前世达赖喇嘛的转世灵童，还会是谁呢?当人们从这位僧人的口中得知这一情况时，无不顶礼膜拜，请求摸顶赐福。藏文史书上说，这位灵童能回忆起前世所说过的话，乃是佛力所致，不足为怪，再说前世活佛和转世活佛都是一个人，前世说的话，后世当然可以回忆起来。

数日后，这一家人动身前往德格龚垭的姜拉寺。当时寺内正在举行焚香仪式，往日香烟升起后，很快就在寺院上空散去，可今日却奇了，那股香烟腾空而去，然后飘向灵童的马前，好像是在欢迎这位佛教至尊的光临，随后，这些香烟又飘回寺院在经堂内外曼舞缭绕。当这位小灵童来到姜拉寺前时，天空突然架起了彩虹，白云也开始在寺院的上空云集。有数万名来自四面八方的信徒亲眼目睹了这些吉祥气象后，更加坚信这位来自理塘的灵童就是他们的精神领袖。他们都是专门赶到此地想一睹民间传说中的灵童尊容，此刻这位观音菩萨的转世灵童正从他们身边走过，人们群情高涨，顶礼膜拜的人群潮水般涌向灵童的脚下，一条一条的哈达不断飞向他们心目中的太阳。

就这样，这位人间的小活佛在德格土司丹巴才仁派来的众多僧俗迎接者的簇拥下，来到了姜拉寺的拉隆佛殿。有一位叫珠卧霍尔仓曲结的僧人曾朝见过五世达赖喇嘛，这天他也来拜见小灵童。灵童对他说道："今天真像在布达拉宫和哲蚌寺，你有天女和怙主护法像，请给我，我的天女像给你。"这位僧人确有五世达赖喇嘛所赐的这两幅唐卡（卷轴画）画像。灵童的话使他喜悦万分，他流着信仰和崇敬的泪水立即取来画像献给了灵童。

很快，这位神奇灵童来到德格的消息就传到了各地。当青海的万户长巴图尔台吉从一些高人的口中得知这一消息时，他感到自己以前所种的善根到了成熟的时候，高兴之至，命令手下立刻插上吉祥的彩旗，吹响白海螺。这时青海的另一位郡王噶丹额尔德尼济隆也得到了这个消息，他立刻在青海湖王族大小头人的集会上宣布了这一消息，众头人都觉得这是一桩重大事情，应派心腹使者前去审查庆贺。于是巴图尔台吉和郡王济隆等人派亲信拜见了小灵童。虔诚敬礼后，这些人又献上了巴图尔台吉所写的六世达赖喇嘛对他慈悲看护，现在希望尽快见面的信件和大批财物。一位亲信问灵童："巴图尔台吉有无五世达赖喇嘛的赐物?"灵童回答说："有。"亲信又问："是供物呢还是衣饰?"回答说："是供物。"郡王济隆的亲信接着问道："济隆有无六世达赖喇嘛所赐神物?""有。""何物?""衣饰。"

就这样，这位理塘灵童记起了前世先后两代的业绩。流利的回答，使众亲信惊奇不已，喜悦和信仰之心油然而生，他们确信这位灵童是真正的莲花手（即观音菩萨）。据藏文史料记载，这些亲信拜会灵童之时，天空也同样升起了彩虹和白云等吉兆。就在他们来到此处的头一天晚上，灵童梦见自己向一块磐石射去了三支箭，其中一支落地。拜会时，这位未来的七世达赖喇嘛也将此事告诉了大家。相传这支落地的箭成了巴图尔台吉年迈去世的预兆。

在青海王族、各头人及数十万信徒的盛情邀请下，灵童一家决定启程去青海。几日后，一支由德格喇嘛为主的千余名僧俗队伍护拥着灵童踏上了北去的山道。有一天，小灵童吩咐一位叫喀尔克达尔罕的僧人去抓一只地老鼠来，喀尔克在外面抓了一只送到了小灵童面前，可他又让把地老鼠放了。在灵童的身边有许多鼠洞，但地老鼠仍然待在原处不往洞里钻。这时，小灵童指着自己小便的一个窟窿说："到这边来"，地老鼠乖乖地钻进了那个窟窿。

当小灵童一行来到察曲卡（今青海省海南藏族自治州兴海县温泉）时，一日，小灵童在水边全神贯注地凝望天际，他父亲见他久久没有低头，就问他在看什么，灵童指着天空说："上面那块云层间有许多各种形态的老幼比丘，我在看他们。"据说这是天神在庆贺他成为佛陀圣教的教主。此后，有近万名来自阿力克的僧俗来朝见。朝见时，众人信仰心切，纷纷拥入灵童的帐篷。

从史料上看，灵童在去青海的途中，一路都受到众多僧俗群众的欢迎和拥戴。据说青海著名寺院塔尔寺的护法神曾预言这位灵童是前世达赖喇嘛的真正转世，并声称僧众应去隆重迎接，拜见礼要献白法螺，可是个别人却不愿作这样隆重的欢迎。传说对这种人，塔尔寺护法神都给予了惩罚，令其生病忏悔。

1716 年，9 岁的理塘灵童格桑嘉措终于被青海蒙古僧众迎到塔尔寺供养，12 岁时，被康熙皇帝册封为七世达赖喇嘛。

六世班禅转世灵童

六世班禅洛桑巴丹益喜的童年，与其他孩童是大不相同的。他出生以后，最高兴的事情是见着扎什伦布寺的僧人。此事尽管被他父亲看在眼里，但这位父亲也许是考虑的问题太深远，依旧假装不知，没有对外张扬。两个月以后，这位小灵童就开始合掌沉思，7 个月后就可以诵颂六字真言，8 个月后就能诵读《长寿经》。这时，小灵童的父亲还意外地发现自己的儿子能识别扎什伦布寺的藏药七生丸及灵物丸的颜色、大小，能辨认格鲁派与其他教派的僧衣，世系图中的阎罗像他也能分辨出来。

这时，六世班禅的父母开始真正意识到自己孩子的身上有着不同于普通孩童的奇特灵气。有一次当小孩偶然看见了班禅的画像，竟然对他们说这是自己时，两个大人不由得大吃一惊。作为一对虔诚的佛教徒，再加上他们土生土长在后藏，在他们的心灵深处，除了神圣的达赖喇嘛外，他们最信奉的就是班禅，他们依然还清楚地记得五世班禅罗桑益喜圆寂时，他们同众乡亲一起呼天喊地的情景。五世班禅在他们的眼里实是太伟大了，他们在自家的小经堂前，千遍、万遍地祈祷过这位人间怙主再来人世作他们的主人。但他们想不到自己的儿子竟会说他是班禅，他们不敢相信那位无量光佛的化身会转世到自己家来。不管怎么说，他们也是最善良的佛教徒，五世班禅为什么就不会选择他们家投胎呢？这对年轻的夫妇开始更加仔细地注意儿子的言行。

他们发现，当他看见度母佛像时，就会口诵“度母，度母”。看见印度僧人的画像时，就会说“巴拉，巴拉”。在以后的日子里，他们进而发现，自己的孩子也经常像别人家的孩子一样哭泣，不爱侧身卧息，常常合掌于胸前结跏趺坐。后藏人喜欢喝青稞酒，但他见酒就不高兴。相反他酷爱音乐，还能摇铃击鼓。见书和纸时，他会自然地诵读藏文字母，有时还手持书本作出宣讲经文的样子。

尽管六世班禅的父母不愿让人知道这孩子身上的灵气，但慢慢地乡亲们也看出了这一点。一些人还有意要考考他，就指着被遮盖的佛母像问他在哪，他用小手指着佛像说在那里。人们感觉到了他的灵气。

六世班禅的家离扎西则佛殿很近，他平时不是像其他幼童在家里或农舍的四周玩，而是跑到佛殿里，同喇嘛一起作酬神的仪轨（一种酬谢恩泽以娱神佛，从而弥补祭祀亏缺以消罪过的宗教仪式），要么就是在佛殿跟着喇嘛们修习禅定，击鼓奏乐，在他的身上见不到多少幼童的稚气。

一次六世班禅的哥哥拉达王子海莫活佛有事要去拉萨，父母也同往。启程前一天，他叫喊“马、马”，母亲听说后说：“此子具有神通，昨日叫马，是为去拉萨的预兆。”为了去拉萨朝拜佛殿，临行前给他戴新做的绿袍豹帽，但他就是不戴，父母一再坚持，他就开始流泪哭喊。乡邻见着这种情况，都议论说，要去拉萨远行，不穿暖和点怎么行呢，一个叫益希的尼姑知道其中的原因，就对灵童的父母说：“这个小孩子不爱穿其他衣饰，唯独喜欢比丘的短顶帽。”但是，六世班禅当时还只是一个小孩，邻居们都说穿僧人的衣饰显得过于显赫，与孩童的身份不相配。父母又去劝小孩，但仍然不穿，没有办法，只好给他赶做了黄氆氇帽和黄缎衣，这才高兴地穿上。启程那天，薄云蔽空，五色花雨飘落不停。祥瑞之兆令扎西则人难以相信。

六世班禅稍大一点后，表现在佛教方面的灵气越来越明显。据记载，一次偶然机遇，他从扎西则鲁当九欲神殿的墙顶上得到一尊无量寿佛像。从此，他每时每刻都要佩戴佛像。

一天，小灵童和姐姐卓玛等在佛殿附近一棵大树下的水边玩，他们突然发现有三只从未见过的红、白、黄颜色的蛤蟆。再仔细一看，那只白蛤蟆两腿直立，前面两足作出讲经的姿势。看见这些奇异的小灵物，小孩子们都想去抓，姐姐卓玛急忙拦住说：“这些蛤蟆不属于我们，是我弟弟的。”据后来寻访六世班禅灵童的知宾等的解释，说那只白蛤蟆是护贝龙王，其余的蛤蟆都是他的随从。

六世班禅如此年少却超出了一般孩童的言谈举止，信奉三宝，正直善良，供养祈祷，诵读密咒，完全就是一派小活佛的风度。

六世班禅被认定为转世灵童后，扎什伦布寺及其属寺，后藏大小寺院，西藏地方政府以及全藏的僧俗群众都沉浸在一片热烈欢庆的气氛当中。有权有势的人也派人或亲自前往后藏南木林的扎西则庄园，向灵童和他的家人敬献厚礼。这时藏王颇罗鼐[①]也不愿落后，秘密地派艾勒琪前去敬献祝贺信、无量寿佛像、僧衣、金轮、海螺、金刚杵等物。当艾勒琪献上这些礼品时，六世班禅灵童突然三呼："颇罗鼐台吉"，令在场的人惊奇不已。因为小灵童当时还不知是谁送的大礼，却能张口说出送礼人的大名，这在凡人看来实在是太神奇了。

在六世班禅传中，还记载了一段传奇的故事。藏历铁鸡年（1741）的六月二日，太阳刚刚从东方升起，刚被认定为转世灵童的六世班禅离开了南木林的顿珠通墨卡，启程去日喀则。乘马送行的有日吾格佩寺、达杰禅院等近 20 所寺院的仪仗队和附近的僧俗。此时，数万信徒人声鼎沸，载歌载舞，以各种传统的方式来表达他们的喜悦心情。当送行的长队出发后，天空的白云开始飘移，它们有的形如雄狮，有的状如猛虎，形状各异，更有许多人形显现。它们顺着人流的方向，也徐徐相随。如此奇观，目睹之人无不顶礼称道。

当灵童一行途宿托曼雄时，清廷使者喀钦差知宾大喇嘛、加果琪、笔帖式和摄政王索郎多杰等进帐献礼，灵童热情地接待了来使，登座后汉藏高僧和各位官员敬献哈达，请求摸顶。当灵童为颇罗鼐摸顶时，颇罗鼐问道："认识我吗？"灵童回答说："认识。"并拿起颇罗鼐颈项上的念珠。颇罗鼐说："要是喜欢，我愿意奉献给您。"哪知小灵童回答说："不是，这本来就是我的念珠。"原来这串念珠是前世班禅赠送给颇罗鼐的。转世灵童再次显现了宿住随念的智力（佛经中说，能详细知道他前生的出生地、父母、业、命、资财等一切情况的智慧）。此时，颇罗鼐崇敬之心油然而生。事后他将这件事告诉钦差、父母和诸高僧

① 颇罗鼐，清代西藏贵族，本名索朗多结。曾任孜本（审计官），掌管财政。乾隆四年（1739）他在担任首席噶伦期间因为政绩突出，封为郡王。

时，闻者张口结舌，感叹不已。

六世班禅灵童虽年幼体小，但在僧俗大众之中犹如猛虎跃入众兽之中毫无惧色，钦差和诸位高僧见后，都说：“真有福德。”

第二天，在托曼雄，小灵童为扎什伦布寺的高僧等迎接者摸顶。他的气度和神韵给在场的人留下了深刻的印象。一首藏文诗歌是这样赞颂当时的盛况的：

从吉祥圣地东方山顶，
迎来了再世灵童明月，
无数群星的大贤僧众，
闻听佛法而围绕其旁。
犹如觉悟的僧伽集团，
聚集弥勒座前听教诫，
手捧供品的仪仗队伍，
使大地着黄色的僧装。

班禅转世灵童莅临扎什伦布寺，足登宝座，就开始环视四周的画像。众僧人不明其意，默默地跟着他的视线转。一会儿小灵童突然发问道：“其余的画像都供在何处？”五世班禅的随从急忙回禀说：“大师所喜爱的佛陀十二业绩等几幅画卷已收藏。”灵童听后要他去取无量寿佛像。因为有好几种这样的画，随从不知这位灵童指的是哪一幅，就问道：“是卧室中供奉的那幅无量寿佛像吗？”灵童回答说：“不是，是小的那幅。”随从听后取来佛像呈到六世班禅灵童的手上，灵童端详后高兴地说：“就是这幅”，并吩咐侍从用奶茶供养。

就这一件小事，扎什伦布寺的僧人们顿生敬仰，他们相信班禅又回到了他们中间，他们用自己的眼睛和耳朵亲自证实了高座上的那位小孩就是他们寺主的真正转世，对他们来说，这是多么难忘的时刻啊！这一年，这位转世灵童还不到3岁。

很快，又到了天降节的日子，这是藏传佛教最为隆重而庄严的节日。相传每年的藏历九月二十三日，是佛祖释迦牟尼在三十三天[1]为生母说法以后，回转人间的日子，这一天，无论是僧人还是俗人，都要朝佛供神。这天，才两岁多一点的班禅小灵童用五种供品敬奉了诸神和佛像，并给每个寺僧发放了白银两钱二分半。事隔不久，扎什伦布寺上下又传颂起灵童的一件奇事来。

据六世班禅传记载，天降节过后，班禅转世灵童返回了故乡，一直居住在扎西则的纳拉岗。就在此处，他看见了宗喀巴大师稳坐在山冈之上与他对视。几天以后，灵童移居西藏地方政府赐给他家的园林，这时，他又看见吉祥天母降临扎西则城头俯视他。礼赞赞神是西藏传统的仪式，在扎西则居住期间，小灵童也参加了这种仪式，那天，所有参加仪式的人都在叩头祈祷，唯有他仰望天空微笑，他对侍从益希曲宗说道："请看吧，益希曲宗！乃色娃护法神手捧鲜花在向我顶礼膜拜。"过了一会儿又说："照此征兆，从此将要返回扎什伦布寺。"

很快，六世班禅又移住歇鲁东庄园。一日小灵童未用早点，近侍益希曲宗再三劝说请求，他才说："今天早晨我已喝过乃色娃护法神供奉的酸奶，现在不想吃了。我的念珠也送给了护法神。"当时益希曲宗发现念珠真的不见了。他四处寻找了几日还是不见踪影，后来在灵童手摸不到的高大嘛呢轮（一种大转经筒）上发现了那串念珠，众僧惊叹不已。

班禅灵童移住扎什伦布寺后，一日大管家很快要来侍奉他，这时，他对尼姑益希曲宗说："管家到来时，乃色娃护法神也要来献帽，你可能在卧室门口出现。"一次，小灵童环视卧室噶丹宫门后，告诉益希曲宗等近侍说："此处有时天女莅临，有时姊妹护法神光临，有时拉穆护法神驾临，不要居住此殿。"小小灵

---

① 三十三天，是佛教对欲界第二天即三十三天的称谓。三十三天也称作忉利天。后形容最高的地方，乃六欲天第二层天。在佛教的观念里，此天位居欲界第二天之须弥山顶上，对三十三天的信仰，在印度吠陀时代即已盛行。

童竟能未卜先知并能看见天界的神灵，益希曲宗等近侍谁不大惊。这以后，类似的奇事又出现过好几次。一次，近侍发现他在内库向什么东西顶礼叩头，觉得很新奇，就问他是怎么回事，小灵童说："在内库居住有救度佛母，你们找到我时我正在顶礼。"此事没隔多久，近侍又看见他走到卧室时，到大宝座前顶礼叩拜了多次，然后合掌祈祷。管家洛桑次旺问道："座上无人，您在向谁敬礼呢?"小灵童回答说："宝座中有宗喀巴大师，两边是文殊菩萨和金刚手菩萨，我正在向他们祈祷。"

这就是班禅灵童的灵气，慧眼能识天神，哪一个凡胎俗子能做到其中一点呢？请听二世嘉木样活佛是怎样赞美这位非凡灵童的：

远离庸俗污垢的沾染，
如明镜晴朗的星空中，
布满诸佛菩萨群星斗，
在心海中如皓日明显，
欲见释迦牟尼的尊容，
拥有谨谒瞻仰的神能，
慧眼睹视诸天神形体，
对此众人皆生惊奇感。

在藏文史料中，我们还可以看到一些有关六世班禅灵童的材料，如：五世班禅在世时，天气干旱，雨水稀少，而自从小灵童住进扎什伦布寺后，灵童的瑞气使各地普降大雨，昼夜雨水流淌，大江小河水位高涨。

三世嘉木样活佛转世灵童

三世嘉木样转世灵童出生以后，不知从何处跑来了一条狗和一匹马，后来，当来自拉卜楞寺的寻访人员看到了它们后，三世嘉木样活佛洛桑图丹吉美嘉措的父母才知道它们是拉卜楞寺的神马和神狗，都是拉卜楞寺的护法神幻变的化身。据有关三世嘉木样活佛的秘传记载，当这位灵童降生转世后，观音菩萨、大黑天等神灵每时每刻都守护在他的身边；那匹宝马负责守护他家的财物，而那条神通多变的神狗则守望着他的家。

小灵童出生 3 个月后就到了冬天。一天他的叔叔诺门汗的寝宫里，一枝夏天供奉的枯花，忽然开了三朵鲜花，房间的一盏小酥油灯，一连长明了 7 天。诺门汗在梦中梦见：一个人送来一只大铃。那人说是拉卜楞派他送来的。诺门汗心想这样的大铃真罕见。只听那人又说："真是罕见，它能发出整个世界都能听见的响声。"诺门汗心想，这是预见未来的梦兆。于是他对灵童的父母说道："你们对小孩要精心抚育，注意干净，这是你们出头的希望。"

转眼到了 3 岁。这年的夏天，三世嘉木样活佛的家乡常下暴雨。一次房屋漏水，小灵童对父母亲说："你们的这座帐房不好，我住的是房子"，完了他又笑着说："我不是你们家的人。"听见孩子说这种话，父母也不生气，只当他在说着玩，才 3 岁的孩子能知道什么呢！可是有些时候这小孩说的话却让他们吃惊："我要去寺院"，"我向东方去。"虽说乡邻有把小孩送到寺院去当小喇嘛的习惯，但那都是些懂事的孩子，一个 3 岁的孩子，怎么会想到去寺院呢？这对年轻的夫妇百思不得其解，他们哪里知道这是小灵童生来就有佛性，热衷教法的行为举止呢！就像有关这位活佛的秘传所说，三世嘉木样活佛虽然是寒冬降生的，可是奇特的鲜花却竞相开放，这都是神灵献给他的供品。他是降临人间的佛子，是金刚勇士幻变的化身。他不像别的村童身带恶习，他的所作所为，都是围绕佛法。

藏历木兔年（1795）六月二十日，让小灵童认上世遗物时，负责考察的人将两个相同的法铃和一个真的法铃混在一起摆在他面前。他先取了一个给了自己的父亲，这时，霍尔仓赛赤仁布且问道：

“那个铃是不是您的？”

“不是，我的铃是这个。”

说着将上世嘉木样活佛用过的法铃揣到怀里。据藏文史料记载，当时参加认定的还有其他几位孩子。昂拉百户长和尼玛两人的儿子，虽然也摸了摸上一世嘉木样活佛的每一件用品，但只是像普通小孩一样随便摸摸就算了。而另一位是安·都拉加的小儿子，他虽然摸了上一世用过的三件物品，但还要仔细辨认，因此有怀疑者说：“他是拉卜楞寺密宗上院堪布松州·阿旺扎西的转世灵童。”

三世嘉木样活佛被认定为转世灵童后，拜著名的拉然巴格西[①]洛桑丹增为经师开始学习读写等。所有学业，不需督促，毫不困难。学习《法王赞》时，一位叫阿莽道扎的上师为了了解他对课文的掌握情况，进行了一次测试，结果小灵童除能熟记文字，还能作出正确的讲解。记述他一生经历的秘传说，他开始学习时，还显出不熟悉的样子，但很快就知道读写，并能深刻理解仪轨的要领。在他学习的时候，不光词语，就是老师所讲的事情，也能准确无误地复述。

一天晚上，具德大威德金刚（一种护法神）显现了圣容，小灵童惊恐地站在寝室里说道：“噢，是大威德金刚么！”

有一天，小灵童久久凝望天空，近侍问他在看什么，他回答说看见空中有许多文字，接着流利地读出《佛说文殊师利一百八名梵赞》中的一些词句。一个叫克珠丹增的苦行僧，一天对拉卜楞寺的僧众说，他在三世嘉木样小活佛的身上发现了一个奇

① 拉然巴格西，在西藏又被称为大召格西，即拉萨传大召法会期间，在三大寺僧众大会上以藏传佛教五部大论为题目，进行佛学辩难或者辩经所取得的格西学位。格西一般分为四级，即多然巴格西、林赛巴格西、措然巴格西、拉然巴格西，而拉然巴格西为最高学位。

迹，众僧一再请他讲一讲，他才说出这一天刚发生的一件奇事。原来他在三世嘉木样活佛座前进行祈祷时，看见小灵童的胸前清楚地出现了“吽”字，但是还不像二世嘉木样活佛胸前的“吽”字那样熠熠发光。

拉卜楞寺的贡塘·嘉贝样活佛一生爱好著述，是藏传佛教格鲁派学贯三藏、精于中观的著名高僧，也是嘉木样活佛之下的四大赛赤（法座）之一。他幼年在拉卜楞寺出家，7 岁时被认定为贡唐仓二世转世，并拜二世嘉木样活佛为师。贡塘活佛尽管著述颇丰，但词句生硬，为此他的恩师二世嘉木样活佛曾再三告诫他说：“著作需辞藻流利而内容易懂。你的著作内容难懂，词句生硬。”三世嘉木样活佛开始学经后，贡塘活佛送给他一本书看，不久这位活佛问小灵童说：

“这是什么书?”

“是我上一世的《秘传》。”

“写得怎么样?”

“看起来似乎生硬一点。”

听到此话，贡塘活佛立刻回忆起恩师二世嘉木样活佛的教导，心中对这位小灵童顿然起敬。

一天，拉然巴格西洛桑丹增等学者在一起谈论著述方面的问题，小灵童突然插入一句：“著述是怎么样的?”格西回答说：“新编偈颂散文就叫著述。”随后众人请求道：“请您赐撰一篇。”小灵童拿起竹笔，一气呵成：

“敬奉菩提道野兽，敬奉圣菩提萨埵，顶礼无上之菩萨，顶礼不动佛陀尊”。

众学者争着看后，瞠目结舌，大为震惊。他们看不出来这位小灵童竟然可以把《大乘经庄严论》所述的全部内容融为菩提道体，概括为四句偈文。这与二世嘉木样活佛过去所说的“若要把一切经论归结为一句话来讲述，是可以做到的”的说法完全相同。以后贡塘活佛在他写的三世嘉木样活佛秘传中，还专门赞颂三世嘉木样活佛说，虽然他的文中没有华丽之词，但是义理深刻就如同佛陀的圣旨，他那简明扼要的奇文善言，就如右旋白螺，被僧众称道。

小小灵童，四句诗行，就使得拉卜楞寺的大学者们五体投地，这真是世上罕见的事情。

下面是拉卜楞寺另一位小灵童的故事。

贡却嘉措瓦活佛是拉卜楞寺的第四十一任堪布，他于1790年出生在翁则夏吾那尔地方的塔秀家族之中。4年后，一位叫绕丹觉巴的拉卜楞寺大学者突然来到塔秀家，因为有人告诉他这里的一户人家诞生了一位转世灵童。绕丹觉巴的脖颈上戴着一串桃核念珠，腰间插着一把胫骨号筒。他刚在灵童家坐下，一位小男孩就从背后走过来，指着他那把胫骨号筒说："这是我的，我需要他。"说着强行拿走，交给了阿尼塔秀才丹的妻子和阿莽·洛桑坚参的侄女阿玉。两人将胫骨号筒放在一个小箱中盖上了盖子。绕丹觉巴并不生气，他一眼就能感觉到这孩子就是传说中的小灵童，他心想看来自己这次会不虚此行。晚上，灵童的母亲给他喂奶，然后哄他睡觉，最后又从阿玉的手中拿过胫骨号筒还给了绕丹觉巴。灵童睡醒后，看见胫骨号[1]筒不见了，哭了好一阵。后来，小灵童被迎请到拉卜楞寺坐床后，绕丹觉巴将那把胫骨号筒还给了灵童，因为它本来就是小灵童的上一世暂借给他的。

关于这把胫骨号筒，据说还有这样一段神秘的来历。前一世尊者到一个静处进行七日闭关修行后，将一片帐篷布缠在腰间，把糌粑口袋挎在肩上，拄着用帐篷杆做的手杖上路后，一连几

① 胫骨号是藏传佛教密宗的神秘法器之一。主要用于佛教庆典、宗教节日、活佛坐床等重大喜庆法事活动中。另外它也是修无上瑜伽时必备的法器，用来驯服鬼神。胫骨号的用材多取自难产而死的妇女的胫骨。它由死者家属捐献给寺庙。佛教信徒认为，一个妇女因难产而死，是前世的罪孽，用其胫骨做成法号，就能洗清她前世的罪孽，以求得来世的转生。胫骨号的使用源自古印度。

日，天降大雪，靴子也烂了，脚上冻裂了，裂口里凝着血珠。一天夜里，他躺在雪地上梦见一个人说："明天，对面的那条山沟里，将有一位得道者背着一具死尸前来。若能得到这具死尸的两根胫骨，此生就可修得殊胜成就；若能得到一根胫骨，这一生就可以修得较高的成就；若一根也得不到，这一生就修不到任何成就。"第二天早晨，这位僧人在去对面山沟的途中，真的看见了一位得道者背着一具死尸走来。可是到了跟前一看，那两根胫骨早已被两个修道者买走了，据说还是用一块红绸包着拿走的。他非常懊恼，心想自己的一生也许就是这个样子了。过了几天，他在途中拣到一个红绸包，打开一看，竟是那两根被人买走的胫骨，心中充满了喜悦。后来他用此骨做成了两把胫骨号筒。一把送给了他的弟子，另一把交给了绕丹觉巴保存。现在这位小灵童既已认出了旧物，他正好可以奉还了。

据其他藏文史料记载，当拉卜楞寺的僧人让这位灵童认定前世用过的东西时，他看见一块旧包袱包着《知识虚空论》《佛号赞》等经书和一件用布缝成花斑的红毡雨衣，这两件物品依然还散发着往日戒香的气味，他认出了这些旧物，内心非常怅惘，哭泣了好一阵。最后，这位小灵童经贡塘活佛用糌粑团占卜后，被认定为活佛，5 岁时被迎请到拉卜楞寺坐床。相传这位活佛从 8 岁开始学经，他学习勤奋，经常 10 天或 20 天不食一口糌粑。这也许也是灵童的一大特征。

三世章嘉活佛转世灵童

三世章嘉活佛被认定为转世灵童后，噶钦喜饶达杰和德木齐等主仆一行于 1720 年 5 月赶到了这位转世灵童的诞生地，准备迎请他去塔尔寺。六月初一日出之时，噶钦喜饶达杰一行开始在寝帐为灵童举行盛大的宴会。这一天，天空碧蓝，风和日丽，几道彩虹飞跨山谷。宴会结束后，众人走到帐外，坐在马兰草丛中，开始享受高原夏日的风光。这时，小灵童在一簇马兰草上铺上一条白绫新手巾说：“这是伞盖、法幢和旗幡。”然后玩起游戏。一会儿他又对这些远方的客人说：“以前，皇帝带着满山遍野的侍从前来，击鼓吹号，法螺喧天。皇上进屋后，立即献茶。”这是二世章嘉活佛圆寂的前一年，康熙皇帝御驾光临多伦诺尔章嘉活佛寝宫用茶时的情景，灵童身边的人无不坚信他是前世章嘉活佛的真正转世，不觉虔诚顶礼，热泪盈眶。著名的藏族学者土观·洛桑却吉尼玛活佛曾写过这样一首诗来记述当时的情况：

前世的经历像一幅图画，
清楚地映现在灵童心中。
人说洛桑却丹已经圆寂，
由此看来所说全是假的。
灵童讲说往事犹如惊雷，
震动弟子信徒们的心灵。
欢喜和信仰像聚集浓云，
泪水如雨丝不断地滴落。
不要说是回忆前世经历，
那些智力平凡的小童子，
今生所学也很难不忘记，
却喧嚷自己生来有知识。

两天以后，塔尔寺的僧人们带着小灵童离开甘肃凉州（今武威），前往青海省互助县著名寺院佑宁寺。一路上，所经村舍、牧场和大小寺院，都受到众多僧俗的热烈迎送。一天，主仆们议论说：“明天是吉祥日子，应去禅房做顶礼和供养法事。”此时，小灵童也显得很高兴，他认真地对身边的僧人说：“六月初四是佛陀转动法轮的日子。”僧人们大吃一惊，无言以对，从心眼里敬佩他们未来的寺主。这一日，迎请活佛的队伍来到霍尔寺，全寺僧众列队欢迎，隆重迎请灵童到大经堂，举行僧人独特的欢宴仪式。宴会中间，小灵童看着右排一尊释迦牟尼塑像的帽子说："我要那尊佛像的帽子！"霍尔寺的卸任住持丹炯闻言，立刻取下帽子，口中赞道："吉祥瑞光普照十方。"小灵童得到帽子后，显得异常高兴，马上用多种样式戴在头上玩起来。据说这是吉祥圆满的因缘，在场的僧俗都惊叹灵童的佛性。

小住一夜，迎请队伍又骑马上路了。高原的6月要算最美的时刻，那些5月前后才发出的新芽，现在已把山谷连成了一片绿色；周围的山腰上，缠绕着巨大的云龙，一切都神秘而又新鲜。小灵童今天的兴致也很高，凝望着山峰的云海，他好像又想起今天是佛陀转动法轮的日子，口中高声念诵起观音菩萨陀罗尼咒来。噶钦喜饶达杰骑马上前请示灵童说："我们去嘉雅寺吧！"灵童问道："我们要去嘉雅寺，那嘉雅寺的全名叫什么呢？"左右的僧人都不知，不知如何回答。灵童说："嘉雅寺的寺名有噶丹两字。"过了一会，嘉雅寺的僧俗欢迎队伍同他们相遇了。一些僧人还没有忘记刚才的事情，他们向嘉雅寺的僧人打听后，对方回答说："叫噶丹德钦林"（直译为具喜大乐洲），果然寺名中有"噶丹"两字，众人都很惊愕。

在嘉雅寺经堂举行的盛大宴会上，灵童看见法座右面的三世佛像造得不太精美，便仔细询问道："这些是什么佛像，手执什么法器？"寺僧回答后，他说塑像的工艺粗劣，随后又仔细看了一遍壁画，说："这些是汉族绘制的。"小灵童的聪明精细和天才般的佛像鉴赏能力顿时在嘉雅寺一带传为佳话，当地的僧俗百姓都争先恐后来拜见这位灵童，小灵童一时高兴，张口为众人念诵了赞颂宗喀巴大师的"穆则玛"和观音菩萨陀罗尼咒，令广大信徒心满意足。

六月初七，迎请灵童的队伍来到了仙米寺，受到仙米活佛丹增赤列嘉措及寺僧的盛情款待。仙米寺的夏茸仁布且与小灵童一见如故，心心相印，十分融洽。当一名僧人敬上一盘冰糖时，灵童先拿起几块放在口里，然后也给了夏茸大师几块。当时，仙米夏茸仁布且向僧俗解释此事时说："小灵童的这种做法表明，他虽然没有直接说是我们的上师，但实际上他是我们的上师的真正转世。"说完合掌向灵童深深地致敬。宴会时在座的还有一位僧人叫热坚巴，从前他有缘曾与二世章嘉活佛交往过，小灵童一眼就认出他来，并当众叫他热坚巴，这使仙米活佛、夏茸仁布且为首的所有参加集会的喇嘛和信徒更加敬信。

离开仙米寺前，灵童的母亲来见他，小灵童说："我们去佑宁寺以后，您同索南、才让卓玛一起回家去吧，我和父亲在佑宁寺小住一时然后就回家来。"一个年仅 4 岁的小孩，说起话来完全就像一个成熟的青年，对此人们纷纷议论，说他必将成为一个聪明睿智的大活佛。

这一天，他们将在甘钦寺小息。早有准备的甘钦寺僧俗打着伞盖法幢，敲锣击鼓，把小灵童迎至甘钦寺的大经堂法座上盛情款待。宴会期间，三世章嘉灵童擂鼓击钹，玩得饶有兴趣。甘钦寺的老僧高兴地对众人说："二世章嘉活佛生前从西藏一回到安多（藏族称青海、甘肃一带藏族地区为安多），就在甘钦寺创立了曼却法会，亲自为我们教授敲鼓击钹的方法。现在真是旧景重现。"全寺上下的喇嘛和当地的贵族百姓代表听说此话，谁人不惊！谁人不信！

离开甘钦寺后，途中下起暴雨，近侍们收起了伞盖，披上雨衣，缓慢地往前走。章嘉灵童有好几次提醒道："佑宁寺的人迎接来啦，把伞盖撑起来吧！"喇嘛们只好将表示身份和地位的黄色伞盖撑开。没行多远，他们就在雨雾中与佑宁寺却藏学院的管家噶居洛孜达杰带领的欢迎队伍相遇，章嘉灵童的随行人员都为之一惊。第二天，小灵童为佑宁寺来的活佛和喇嘛摸顶祝福后，两路人马重新上路。途中经过一条小河，灵童说："我要洗浴，但这里不行，那边山背后有一条大河，我要在那洗澡。"走过这条路的喇嘛都很清楚，灵童说的那座山叫香达，香达山的背后有一条叫喀利其的大河。小灵童是头一次出远门，也从未有人给他讲过路途中的山水地名，他怎么会知道得这么详细呢？只有二世章嘉活佛的转世真身才有如此神通，因为这条山道，他生前不知走过多少次。那些头一次见到灵童的佑宁寺喇嘛一下就被他的灵气震得目瞪口呆。

据三世章嘉活佛的传记记载，他被认定坐床后，一直住在佑宁寺的章嘉拉章佛殿，此时他才 4 岁。一次章嘉拉章的管家在小章嘉活佛的身边说：“想把二世章嘉活佛修持的释迦牟尼佛铜像捐献给寺院，可我就是不知放到哪个佛像箱子里了。”小活佛看到管家的满脸愁云，没有说话，拉着管家走进佛堂，指着一个箱子说：“在这个箱子里。”管家打开一看，那尊铜佛像果然在里面。

小章嘉活佛的生活圈子很多时间都是被限制在佑宁寺的章嘉拉章佛殿，所以他只能对身边的事物感兴趣，而且人小心细。1721 年 6 月的一天，他看见经堂上二世章嘉活佛捐献的铜锣时，问近侍楚臣达杰：“那是什么？”楚臣达杰回答说：“是铜锣。”小活佛说：“这个铜锣是我献给佑宁寺的。”另一位叫噶举阿旺伦珠的喇嘛半开玩笑地说：“您可不要说假话。”小活佛很认真地说：“天神可以作证，这是我从皇宫里带来献给寺院的。”尽管这是二世章嘉活佛所做的善事，但这位转世灵童依然还是记得清楚。

1721 年 7 月 17 日，佑宁寺一带下了一场大雨。小活佛望着深深的泥水对他的近侍们说：“我去皇宫[①]时也下了这样的一场大雨，走路艰难。”噶居喜饶达杰喇嘛问道：“当时您说了什么？还记得吗？”小活佛说：“当时我说：‘天降大雨，我们是走好，

① 据历史记载，年羹尧平定青海之乱后，按皇帝的旨意将二世章嘉活佛接到西宁后又护送到京城。乾隆皇帝从小就拜二世章嘉活佛为师，学习藏传佛教。所以在这里三世章嘉活佛有这样的回忆。

还是停留下来好?”噶举喜饶达杰没有再说什么，当初二世章嘉活佛去皇宫时，他也是随行人员，途中遇到的那场大雨和当时的情景他都记忆犹新。

在佑宁寺期间，三世章嘉活佛有时也喜欢在寺院里到处转转，从神情上看好像是在寻找他以前的什么东西，一天，他同近侍们在寺内巡视，他指着佑宁寺的一些喇嘛房舍对侍从们说：“这中间修了些我没见过的房子。”便走过去，站在以前居住过的一间房屋前说：“这房子我认识，我在这里住过好长时间。”认出了自己的故居，小活佛显得很高兴，他侃侃而谈，向身边的喇嘛讲述了许多当时的情景，一些曾跟随过二世章嘉活佛的喇嘛无不惊叹小活佛的记忆，而那些新来的侍卫们则不敢言声，静听他们闻所未闻的古老故事。

土观·洛桑却吉尼玛曾在三世章嘉活佛的传中引用了一些经文来赞颂这位小活佛的超凡记忆。他说：“《无尽智慧佛经》中说：‘彼忆故居，虽过百世，亦不忘记。’《大方广经》中说：‘彼今世无迷而去，来世又无迷而生。’其他典籍也多处说明了转世活佛的菩萨特征。但是如今一些自称为活佛转世的人，这方面的特征连一点也看不到。”由此可见，在藏族信教群众和众多僧人的眼里，三世章嘉活佛也算名副其实的活佛转世真身。

从藏文史料看，三世章嘉活佛在佑宁寺住下以后，不久，他就开始跟随二世章嘉活佛的弟子阿则曲杰罗桑却增巴学习。为了更方便小活佛的学习，这位前世章嘉活佛的弟子就住在小活佛的身边，教他学习藏文楷体的读写，他稍学即会，老师毫不费劲。很快，他又学会了《法行祈祷》《胜乐集密金刚畏怖三密修习法》和《护法神酬供仪轨》等急需的常识。小活佛天资聪慧，才智过人，在温习课文时就能讲出词意，并说出学后的体会。

因为常在小活佛身边，罗桑却增巴发现他说法时的神态同二世章嘉活佛一模一样，这使罗桑却增巴有些不相信自己的眼睛，可小活佛讲习课文的样子，分明就是恩师再现！

据土观·洛桑却吉尼玛本人的回忆，三世章嘉活佛曾亲口对他和其他弟子说，他年幼时，在梦幻中见过印度的一位大成就者说：“我派人保护您。”以后，他常在睡梦中感到有两位瑜伽咒师每天夜里轮流守护他，一直到他成年后方才消失。后来土观大师推想，才知那两位咒师可能是怙主和天女的化身。土观大师曾有一诗是这样赞颂小活佛的：

童年佛子话语的浓云中，
对先世的记忆犹如春雷，
在弟子们耳边一再震响，
显现出生来智慧的美妙。

娴静高雅的举止，
如芳香从无数代旃檀树的枝干，
不断散发出无穷奇妙，
今生从幼时即显出法力。

如果不是护持这佛陀幼苗，
我们呼唤护法应感到羞愧。
护法主尊依怙兄妹俩，
日日夜夜都将您守护。

历代转世都未曾离却，
尊胜功德如不旧金饰，
文字读写和修法仪轨，
自然是早已熟记心中。
……

我们知道，土观·洛桑却吉尼玛在藏族群众中是极有影响的大活佛和大学者。他1737年出生在今甘肃省天祝藏族自治县松林乡，6岁被认定为佑宁寺土观呼图克图阿旺却吉嘉措的转世灵童，被迎请到佑宁寺坐床，成为第三世土观活佛。他年轻时在佑宁寺学习佛教典籍多年。19岁时前往拉萨，入哲蚌寺郭莽扎仓经院学经，主要在二世嘉木样活佛门下学习。他曾为佑宁寺第三十六任法台，清乾隆年间在京城还任过掌印喇嘛、御前常侍禅师等职，以后又任塔尔寺法台。像他这样有名望的高僧都不惜笔墨赞颂三世章嘉灵童的灵气和佛性，一个普普通通的信徒或者是僧人，他们的信仰当然更不会游移。

全国人大常委会副委员长十世班禅额尔德尼·确吉坚赞在他圆寂前曾说过，一个僧人或一个活佛，要讲真话，这才不违背释迦牟尼的教义。在藏族群众看来，活佛，尤其是那些著名的大活佛，他们就是圣洁或者是真理的化身，他们所说的一切都像是佛的圣言，是不容怀疑的。所以，像土观·洛桑却吉尼玛活佛所写的《章嘉国师若必多吉传》，或者是由其他高僧大德活佛所写的有关某位活佛转世灵童的记载，都像是神圣的真言，藏族群众是深信不疑的，这是数百年来，藏传佛教文化所积淀的心理特征之一。

据《章嘉国师若必多吉传》记载，1723年，青海首领丹津亲王反叛清廷，年羹尧和岳钟琪率部平定青海蒙古。当时有色科寺的色钦然绛巴等人协助蒙古军队，致使清朝雍正皇帝下令惩治色科寺，随后其厄运累及佑宁寺等众多大小无辜寺院。此时是雍正帝即位的第二年。以前，雍正帝曾从二世章嘉活佛阿旺罗桑却丹处听受过佛法。作为祈愿即位执政的因缘，他曾赐给章嘉活佛一副珍奇的坐具。后来他果然夙愿实现，由此对章嘉活佛极为崇拜信服。这时雍正皇帝突然想到章嘉活佛的转世灵童正处在兵荒马乱之地，大为不安，立刻谕令年羹尧和岳钟琪两将军：朕之上师章嘉大国师之转世尚在彼处，应火速送来京师，不得有分毫伤害。

青海兵乱时，三世章嘉活佛被喇嘛们藏到了离佑宁寺有两日路程的山洼里。这里森林稠密，无边无际，山崖与激流相接，地势极为险峻。此处一座叫恰斯的山顶上，暗藏有一石洞，小活佛就躲在这里。另有两名随从守护在身旁。为了不被人发现，他们白天不敢做饭，只有到深夜才匆匆烧水煮饭。两位随从整天提心吊胆，而小活佛却毫不在意："我们不必这样藏起来，还是到一个宽阔的地方坐下来，舒舒服服地吃一顿饭。"

年羹尧和岳钟琪得到圣旨后，下令 15 岁以下儿童一律不准伤害，并勒令小灵童藏身的附近部落和寺院交出灵童，否则将村落寺院夷为平地。在此关头，佑宁寺只得派管家前去迎接小章嘉佛。

管家来到恰斯山的前一个晚上，小章嘉佛梦见一个人对他说："明天有人来接您，还是大胆地跟他们回去好。"翌日，他给侍从们说后，坚巴古仁巴不高兴地说："依您的梦看，我们还是把头送去为好。"小活佛爬到一面山崖上往远处眺望，突然，他看见几匹马从远处奔来。小活佛高兴地把这个消息告诉了侍从。坚巴古仁巴说："像您梦见的那样，取我们头的人来了。"说完倒地大哭。

转眼间，这群人马来到了洞里，坚巴古仁巴破涕为笑。管家来到小活佛跟前说道："现在不但隐藏不住，若不马上回去，地方和寺院还要遭殃，最后还是得回去。"章嘉活佛说："我看回去不会有大难，就是遇到灾难，也只是我一个人，没有什么可后悔的。我若不去，为我一人累及无数生命，却典塘寺也将被捣毁，最后我也保不住，还是马上回去为好。"众侍从和喇嘛既敬仰又悲伤，泣不成声。其后，两三个侍从轮流背着小活佛，沿着崎岖山路来到一个比较开阔的峡谷时，佑宁寺的人早已在那里支起帐房，等候小活佛的到来。

三天以后，章嘉活佛一行来到了清军军营附近。章嘉拉章的管家巴燕昂索哀叫道："现在小活佛被迫去军营，僧人中若有愿随行服侍者太好了。这是去赴杀场，如果答应也难勉强……”阿则曲杰说：“我从活佛4岁就跟随到现在，在此紧要关头，不忍相弃，死则同死，生则同生，没有什么不能去的。”于是主仆共11人来到营房前。

士兵将其他9位僧人挡在帐外，只让阿则曲杰领着小活佛去参见岳钟琪将军。士兵们让小活佛跪在地上，岳将军高声喝问：“活佛，你是章嘉呼图克图的转世吗?”小活佛答道：“神佛和可信赖的上师们说我是章嘉活佛的转世，所以居于此位。”将军又问：“你的前辈极受大皇帝的眷顾，赐给无数赏赐，你为何要反叛大皇帝?”活佛说：“凡有心肠之人，谁会控告一个8岁小孩会反叛大皇帝?”岳将军看了看其他将军，微微一笑，说：“你既然没有反叛，为何不待在自己的住处，却逃匿到深山老林?”小活佛说：“谁不爱惜生命，听说来了一支杀人的大军，感到害怕就逃走了。”那些军官们听了此话，都忍不住笑出声来。

当小活佛一行被岳钟琪带到西宁后，年羹尧宣示了雍正皇帝的谕旨，佑宁寺的喇嘛们这才放下心来。到西宁不久，小活佛得了天花病。这以前阿则曲杰曾对小章嘉活佛说过：“汉地的城市容易染上天花，早晚要念诵叶衣佛母咒和各种佛母的咒语。”小活佛却说：“何必费力去念咒！我今生大概要在汉地度过，这次要是出了天花，从此就放心了，难道不好吗?”小活佛的这些话，实际上是预示了他今后一生的道路。从历史记载看，三世章嘉活佛一生的大多数时间确实都是在北京度过的。

章嘉活佛到达北京后，当时的掌印喇嘛土观活佛派管家远道相迎，北京的僧侣等各方代表也亲往或派人前去迎接。据记载，当章嘉活佛离开西宁的奏章呈给雍正皇帝时，他对土观活佛说：“章嘉转世灵童到北京后，暂居你处，待学会礼仪，朕再召见。”当时土观活佛是北京的掌印喇嘛，极受清帝宠信，政教地位很显赫。但是，二世章嘉活佛曾是土观活佛的恩师，所以转世灵童前往旃檀觉卧寺（弘仁寺）的土观拉章佛殿时，土观活佛亲自到寺院大门迎接。两人相见，犹如多年离散的父子相见，十分兴奋。

在这里，土观活佛每日教给他觐见皇上时，如何以敬语称呼，甚至如何站跪，如何迈步等礼仪。一日，雍正皇帝传谕将驾临旃檀觉卧寺，届时要召见章嘉活佛。章嘉小活佛站在佛殿院外的僧众队伍前头，当皇帝驾临时，章嘉活佛便跪在地上，呈献一尊无量寿佛铜像和一条长哈达。皇帝下轿，拉着小活佛的手扶他起来，说："活佛先进屋!"章嘉活佛又跪下，熟练地按照礼仪说："请大皇帝先进!"雍正皇帝将小活佛抱在怀里走进房内，让章嘉活佛坐到坐垫的中间，皇帝自己坐在坐垫边上，拉着活佛的手，想起二世章嘉活佛，不觉流下了眼泪，一时说不出话来。此后，雍正帝把年羹尧召到跟前，说：你将青海、蒙古全部收归治下，朕并不怎么高兴，而你把朕之喇嘛的真正转世灵童延请至京，与朕会面，却使朕高兴之至。以后雍正帝还下令，这位小活佛享受前世章嘉活佛一切尊贵的生活待遇，可按前辈所授封赐乘皇帝御用的黄幨马车，坐黄龙金座。从此，章嘉灵童开始了他一生的京城生活。

11.活佛与机缘

一个灵童虽然有满身的灵气，但并不是说他就可以当然地成为活佛，他必须经过一些必不可少的环节以后，才能被僧俗接受和承认，这个环节就是转世灵童的认定。从西藏和其他藏族地区的情况看，不同级别的活佛，其认定手续也是大不相同的，可以说越是大活佛，其认定手续越复杂，而一般寺院的转世活佛，其认定手续相对就要简单得多。

在西藏，或者说在整个藏传佛教传播的区域，达赖喇嘛和班禅无疑是至高无上的宗教领袖，是蒙藏僧俗崇信的最大活佛，同时又是集政教大权于一身的显赫人物，所以认定这样的活佛，不仅要有复杂的宗教手续，同时还要有严格的政治法律手续，只有两种手续都完成后，一个真正的达赖喇嘛或班禅转世灵童才能得到承认。

灵童真身

十二世达赖喇嘛圆寂后，虽然经过占卜、观看圣湖显影和密访找到了拉萨东南的塔布朗敦灵童，但认定手续并没有完成。据史料记载，从五世达赖喇嘛开始，以后的每一世达赖喇嘛都是由中央政府认可或册封的。这就是说达赖喇嘛转世灵童的最后确认权在清朝皇帝，这是清廷的明确规定，谁也不能违背。正是依照这一传统，西藏地方政府将十三世达赖喇嘛灵童寻访的进展情况报告了驻藏大臣。当时的驻藏大臣叫松溎，他立即将此事转奏光绪皇帝，光绪帝要求西藏地方政府继续考察审核。据记载，清乾隆皇帝时，曾多次谕示说，达赖喇嘛是宗喀巴大师的大弟子，他执掌藏传佛教，是西藏的政教领袖，深受蒙藏人民等的尊崇，所以达赖喇嘛的转世灵童必须真实，才能倾服众心，兴隆黄教。正是根据乾隆帝的这些思想，光绪帝才谕示噶厦政府要从严查核。

接到中央政府的批示后，噶厦政府、拉萨三大寺都认为事关重大，于是由当时的摄政王功德林呼图克图出面，再次邀请西藏各大活佛和一些著名护法神打卦卜示。

摄政王功德林呼图克图打卦卜示：塔布朗敦所发现的灵童极嘉。

温杰色呼图克图卦示：塔布朗敦出生之子的卜卦结果最佳。

甘丹寺寺主甘丹赤巴卦示：第一个灵童的卦最好（指朗敦灵童）。

昌珠寺昌珠仓巴护法神卜示：真身怙主至宝莲，降生东方喜妙界，自当释疑弃二端。意思也是指朗敦灵童为活佛真身。

噶洞寺护法神卜示：吾等寻访慈悲导师之转世灵童，各护法神所示一致，再没比这更可信的了。

桑耶寺护法神里靖哈热也作了卦示，结果也相同。

根据上面诸位大活佛和护法神的卦示，噶厦政府和三大寺又派遣居堆堪苏洛桑达杰及近侍堪布等活佛和喇嘛，携带十二世达赖喇嘛的遗物秘密来到朗敦村。他们首先代表噶厦政府和三大寺向婴儿献了一条长哈达、一尊佛像、七大包干果，还有两小袋“丹对”和“麻尼日布”藏药丸。

献礼完毕，这些活佛和喇嘛们取出十二世达赖喇嘛生前用过的遗物，放在婴儿面前，看婴儿取什么东西。

这些遗物有手铃、小鼓，都是经常放在达赖喇嘛面前小桌上供礼拜念经用的物品，还有念珠、茶杯、手绢和其他物品。另一些则是前者惟妙惟肖的复制品。

十三世达赖喇嘛灵童经受住了这次检验，他在洛桑达杰摆的众多物品中，随手拿了一个小瓶，于是居堆堪苏洛桑达杰告诉婴儿的父母，对婴儿要很好的保养，尤其要注意他的清洁，禁止外人与婴儿接触。

洛桑达杰在朗敦村中停留了4日，仔细询问了婴儿降生时的情况，又仔细观察了婴儿的行为。他还为灵童洗礼并做了长寿仪轨等佛事，在他安排好人在附近借房长住观察和保护婴儿后，他满意地回到拉萨。

在藏文史料中有一份关于灵童的复察报告中写道：

灵童现在长得更加灵异。去年燃灯节时，两条彩虹从南山上降落在灵童家楼上，两条彩虹之间显出白缎子似的幢幡，出现的时间较长，这些瑞兆众人皆知。今年正月二十五日，灵童长出了两颗珍珠般的下门牙。经详细查看，灵童身上没有一丝毛病。双脚心有不同的纹路，颇似法轮，手脚的20根指纹突出发亮，头发乌黑，顶端有一根白发竖立。近来，灵童已会发出“阿达”“阿达”的声音。还能站立拉着别人的手走来走去，有时大人从背后扶着他，两只小脚还会跺着学跳舞的样子。灵童常笑，一般不哭。对前来朝拜他的人，会用小手去摸头。这一带的老人和孩子都说，在塔拉岗布山顶，新出现了一颗星星。

这份报告还写道：十二世达赖喇嘛头顶也有一根白发，无论从哪一方面察看，确实找到了真正的达赖喇嘛，决无出入和虚假。

居堆堪苏洛桑达杰返回拉萨后，向噶厦政府和三大寺的代表作了详细的汇报，摄政通善呼图克图、四大噶伦、三大寺代表等人，又到拉萨西郊的乃琼寺，请乃琼活佛降神问卜。降神时，乃琼护法神向东南方向叩头，献哈达，看到这种情况，各位僧俗官员都知道这是表示东南方向寻到的这个灵童是达赖喇嘛真正的转世灵童。

达赖喇嘛转世灵童的寻访日趋明朗化。为此，噶厦政府按照惯例把朗敦灵童的详细情况报告了八世班禅，班禅回信说朗敦村的灵童确为达赖喇嘛的转世真身，朗敦灵童得到班禅的认可。同时，噶厦政府又向清廷报告了灵童寻访的全过程。

十二世达赖喇嘛圆寂后，噶厦政府曾向全藏发过寻访灵童的通告，此时，各地寻访到的灵童报告也陆续到达拉萨。据藏文史料记载，大部分的小孩都是父母按照各自的“梦兆”或瑞相上报的，并没有经过寻访人员的证实，不可相信。但是也有一些小孩的征兆比较好。据远离拉萨一千多里的东部达宗官员的报告：该地区边巴拉章管辖的地方，有一户人家，父名拉旺达杰，母名平措白吉，于藏历十二月二十七日生一子。另外，在离拉萨以西2450里的普兰宗，也有官员呈报说：普兰地区科恰乃曾地方，父名仓巴江白丹增、母名次仁贡宗一家，于藏历火鼠年八月七日生一子。对上报的这两个灵童经打卦问卜后认为：这两个灵童身语意尚虚，不宜认定入瓶（指金瓶掣签），均被否定。另外，在史料中还提到两位灵童，一个是拉木曲杰家的灵童，一个是塔布拉绥地区的灵童，这两个也未被选上。

为了确保不遗漏灵童真身，噶厦政府又请乃琼活佛打卦问卜，护法神降神后又面向东南朝天抛献五彩哈达，并祈祷愿善神得胜！最后乃琼活佛降神卜示：考察与卜卦相符的是第一个灵童（指朗敦灵童）。

经过反复的筛选查验，这时剩下的灵童只有朗敦灵童一人，余下的手续还剩下金瓶掣签最后一项。但十三世达赖喇嘛灵童最后是免予金瓶掣签的[1]，有关这方面的详细情况，我们在后面将

① 光绪元年（1875）十二世达赖喇嘛圆寂。经过一系列宗教仪轨和政治手续后，达布朗敦出生的灵童被认为征兆殊异，举止非凡，为众人所瞩望，故祈请转奏皇上恩准免于金瓶掣签，予以认定。此后又由各呼图克图、噶伦、三大寺堪布等僧俗大众盖印画押，向驻藏大臣呈递公禀，恳求免于掣签。经松溎转奏，光绪帝批准其继任十三世达赖喇嘛法位。

集中作专节介绍。

十三世达赖喇嘛转世灵童的寻访认定是最为复杂的，而十四世达赖喇嘛的寻访认定则要简单得多，这其中的原因很多，但主要是因为十四世达赖喇嘛灵童是远在青海省湟中县南20公里的祁家川寻访到的，十三世达赖喇嘛灵童却是在西藏本土转世，而且又在拉萨附近，噶厦政府、三大寺随时可以派人暗访或多次审核，但寻访十四世达赖喇嘛时要这么做恐怕就困难得多。

十三世达赖喇嘛土登嘉措圆寂后，藏族群众对他的哀悼就开始了。在哀悼期间，男男女女没有一个穿新衣服的。男人们把左耳上表明身份地位的长耳坠取了下来，妇女们卸掉了她们的装饰品，如头饰、带在胸前的噶乌（护身盒）等等。传统的藏戏演出被禁止了，男女歌舞也禁止了，甚至干活时也不许唱歌。人们只穿各种颜色的旧衣服。

拉萨的房屋都是平顶的平房或楼房，这时每家都要在各自的房顶上点起一排酥油灯，至于拉萨的大喇嘛们则在十三世达赖喇嘛的遗体前不停地进行祭祀。撰写灵童尽快转世的祈祷文，并巧加装饰，分发给各个寺庙。

对达赖喇嘛的哀悼一般要延续7个星期，但藏族群众对十三世达赖喇嘛的哀悼，只进行了4个星期就结束了。据说这样仓促地终止哀悼是个好兆头，有利于转世真神尽快到来。

达赖喇嘛圆寂后两个月，噶厦政府任命热振寺的堪布热振活佛担任了摄政。这位年轻的摄政此时才23岁。

据《十三世达赖喇嘛传》记载，噶厦政府和三大寺的代表开了一次重要的会议，商议为十三世达赖喇嘛修建一座灵塔。因十三世达赖喇嘛的政教业绩和声望都可与五世达赖喇嘛相媲美。

按照习惯，每个达赖喇嘛都要为建造自己的灵塔筹备资金。十三世达赖喇嘛几乎比以前所有的达赖喇嘛活得都长，也比他们任何一位统治的时间长。因此，他所聚集的财富相当可观。据藏文史料记载，他的宝库中放满了取之不尽的金银、丝绸和各色珠宝，像天宫的宝库一样，其中有藏族群众大量的捐赠。因此，所有的官员一致同意用金子来为他建造一座灵塔，而且要和五世达赖喇嘛的灵塔一样大。

一位活佛已经圆寂升天，而另一位活佛班禅又远在青海。人们一个劲地进行祷告，因为他们真心实意地相信祷告的效力，相信达赖喇嘛转世灵童很快就会被找见并回到他们中间。

实际上就在十三世达赖喇嘛圆寂后的第一年，噶厦政府就派三路人马按乃琼活佛降神时，把一条白哈达朝着太阳升起的方向投去的神示，在藏东的方向一连奔波了两年，但寻访毫无结果。后来经过摄政热振活佛观看圣湖显影，另外三个寻访小组中的一组，才在青海湟中找到了转世灵童。小灵童乳名叫拉木登珠，出生在一户农民家庭。父亲叫祁却才仁，母亲叫德吉才让，大哥叫土登晋美诺布，二哥叫嘉乐顿珠，三哥叫罗桑三木旦，小灵童是老四，他有一个弟弟是阿里活佛，一个姐姐叫才仁卓玛。他另外还有一个妹妹，叫吉尊白玛。当小灵童被认定为十四世达赖喇嘛后，他的一家人都跟随他到了西藏，噶厦政府按照旧规也拨给他家许多封建庄园和农奴，于是小灵童一家也成了西藏的大贵族，民间一般称为“达拉”。

当格桑大活佛率领的寻访队伍对小灵童进行反复验证之后，这批喇嘛终于认定这个小孩便是他们要寻找的达赖喇嘛的转世灵童。随后他们向西藏噶厦政府发了一封密报。大约在 1938 年的夏天，西藏地方政府给了格桑活佛答复，叫他把那个小孩带到拉萨，以进一步查验。

找到灵童以后，格桑活佛等人向青海省政府要求，迎回西藏“供养”，但遭到马步芳的拒绝。从中国第二历史档案馆的档案记载看，在灵童确定之后，西藏最初是想秘密地将这位灵童迎回西藏。这份档案说：

“新达赖喇嘛行将秘密返藏。西藏拉萨当局于上年派高僧喇嘛格桑、克迈赛、索安旺德等来青寻访达赖喇嘛，历时半载，于塔尔寺附近汉族赵某家中找出。据拉（护法神）占卜及去岁班禅太（大）师之探访，确证系再生之达赖喇嘛。故来青之高僧等，即负责供给一切。惟恐将来迎返时发生阻碍，故至令严守秘密，以便今夏秘密迎请返藏……”

但是青海省主席马步芳终于获得了这一消息，格桑活佛只得向青海省政府公开提出了迎请灵童的要求。但马步芳仍然迟迟不给答复。这位青海省主席为什么要这样做呢？据目前所知的材料，说法是很不相同的。

从《十三世达赖圆寂致祭和十四世达赖转世坐床档案选编》[①] 提供的许多鲜为人知的档案看，当时的情况是比较复杂的。当马步芳获得寻访人员将密迎灵童回西藏的情报后，于1938年6月5日，给当时的行政院院长孔祥熙去了一封密函，内称："近闻新达赖喇嘛将有秘密返藏事情，殊属不合，亟应严密注意，并婉劝寻访人员将经过情形呈报政府，听候核办。在未经呈报办理各项手续以前，严防其秘密迎往西藏，以免意外。"

国民政府得知这一消息后，根据清廷的传统，命令蒙藏委员会迅速与西藏地方政府取得联系，商谈灵童掣签的有关事宜。1938年12月18日，经噶厦政府同意，西藏驻南京办事处向蒙藏委员会委员长吴忠信发出了噶厦接受中央所定达赖转世掣签办法的电文。但是马步芳仍然一再拖延灵童启程的时期。摄政热振活佛只好亲自出面给吴忠信去了一封急电，电文如下：

吴委员长勋鉴：

祭密。关于西宁灵儿，前承中央电令马主席催促纪仓佛立即送藏；并奉钧会电令，该灵儿今年内定可启程入藏，此事决能办到，无庸注念各节，欣感奚如。惟近据马主席转来塔尔寺僧民妄称欲将未签定之灵儿先要就

① 中国藏学研究中心、中国第二历史档案馆合编，中国藏学出版社，1991年。

地定妥，又称要照七辈达赖，行种种支离荒诞措词推诿；马亦借故迁延，至今尚未启程。现藏历新年已过，若再如此，则对各护法所示达赖本身大有灾殃之忏语，尚不知出何不祥之事，则谁负其咎？事关重大，请中央派员立即飞青，速将灵童督促送藏，至感至祷。特此电陈，敬候示复。

西藏摄政、司伦、噶厦公叩。

正是在这一重要关头，当时任中央政府首脑的蒋介石开始出面干预此事，他亲自电令马步芳速护送灵童入藏，至此，这场迎请灵童纠纷案才得以解决。

1937 年 6 月，国民政府再次致电马步芳，令其派兵护送灵童入藏，并拨给灵童护送费 10 万元，马步芳这才派了一营骑兵，由师长马源海率领，护送灵童启程。这一年正好是 1937 年的 7 月。

3 个月以后，四位寻访活佛，偕同他们的佣人、商队、灵童以及灵童全家，浩浩荡荡地抵达了离拉萨还有 10 天路程的那曲藏北草原。在那里，他们受到一个噶伦和一些官员的迎接，他们还带来了达赖喇嘛的轿子。在那曲镇一个精心搭起的大帐篷里，这个小孩被引上了一个临时的金座，那位噶伦在他面前磕了三个长头，呈上了摄政王热振活佛的一封信。

10 月初的一天，灵童和随行人员到达拉萨，西藏僧俗欢喜若狂，入城之日，远道来此朝佛的人远远超过万人。当他们来到西郊的罗布林卡园林时，小灵童受到拉萨僧俗的公开朝拜，俨然像一位小达赖喇嘛。

但此时，这位青海灵童的命运还没有完全确定，他现在还不能算正式的十三世达赖喇嘛转世灵童，按照传统惯例，还需完成金瓶掣签这一政治手续。

金瓶掣签

金瓶掣签制度是乾隆皇帝亲自制定的，这是对藏传佛教活佛转世制度的一项重大改革。我们知道，西藏自形成活佛转世制度以来，到乾隆年间已有500多年的历史，并且已形成了比较完善和系统的体制，可是乾隆皇帝为什么会在1792年要进行这一改革呢？此事还得从沙玛尔巴活佛叛国一案说起。

早在1788年，居住在西藏日喀则聂拉木边境南端的廓尔喀人就开始侵扰西藏边境。1788年以后，一个自称是廓尔喀国国王的拉特纳巴都尔，派兵2000余人突然侵入西藏，他的理由是聂拉木边境的西藏税务官增加了对廓尔喀商人的税收数目。很快这支来自喜马拉雅南麓的异族人攻占了济咙、聂拉木等三个宗，并围困协噶尔宗。

八世达赖喇嘛强白嘉措和驻藏大臣庆麟向乾隆皇帝上奏告急，很快一支由3000人组成的清军踏着高原的冰雪到达了拉萨。然而这支远道而来的清军的首领理藩院侍郎巴忠却没有再命令他的军队西进，而是只派噶伦丹津班珠尔前往聂拉木议和，秘密答应每年由西藏赔偿廓尔喀人元宝三百锭，合银9600两，并私下给了对方一张字据，廓尔喀人才心满意足地离开了他们占领的土地。尽管八世达赖喇嘛和噶厦政府都不同意这样做，但巴忠和他的另外两名军官却为了将就了事，贪功邀赏，向乾隆帝报告说已将失地收复，准备凯旋。

一年以后，廓尔喀人拿着那张字据讨取赔偿来了。达赖喇嘛和噶厦政府无意支付。1791年7月，廓尔喀人重新占领了聂拉木和济咙宗，抓走了噶伦丹津班珠尔，并一直打到日喀则和扎什伦布寺。要不是驻藏大臣保泰在慌忙之中提前把七世班禅移到拉萨，这场灾难的后果就不堪设想了。

当时八世达赖喇嘛的弟弟正好在北京，经军机大臣询问，才将巴忠等人调停贿和的情况报告了乾隆皇帝。此时巴忠随皇帝正在承德避暑山庄。听到这个消息后，畏罪跳湖自杀。

巴忠虽然死了，但促使这次廓尔喀入侵西藏的真正的帮凶却是噶举派噶玛巴第十世红帽法王沙玛尔巴。据藏文史料记载，六世班禅有弟兄三人，一个是当时扎什伦布寺的札萨喇嘛仲巴呼图克图（活佛），掌管扎什伦布寺的政教大权，另一个就是沙玛尔巴，法名确珠嘉措。

1777 年，六世班禅由西藏到达青海，第二年又由内蒙古到达热河承德避暑山庄，为乾隆帝 70 大寿祝寿，沿途获得蒙藏僧俗群众供奉的金银财宝和牛羊马匹不可胜数。当六世班禅在北京圆寂后，这些财产都由仲巴活佛运回西藏，除将一部分牛羊马匹交给扎什伦布寺外，其他珍宝全部占为已有。沙玛尔巴因属不同教派，没有得到分文。他为此十分愤怒，遂萌发了投靠廓尔喀人的念头。1784 年，沙玛尔巴到达加德满都后，将西藏防务空虚、扎什伦布寺财富甚多等情况告诉廓尔喀王，竭力怂恿他出兵西藏，抢夺扎什伦布寺财宝。

1791 年，廓尔喀人直扑扎什伦布寺时，事先仲巴活佛已得到消息，携带贵重之物弃寺逃之夭夭。这时七世班禅也已移驻拉萨，全寺人心惶惶，只好降神占卜，卜曰：十日不可与贼拒战。于是寺僧四散。

这时驻藏大臣保泰和雅满泰在惊慌中竟奏乾隆帝要将达赖喇嘛和班禅移到泰宁。清高宗见两位驻藏大臣竟是无能之辈，如此心慌胆落，一怒之下，将他们革职。1792 年，封嘉勇公福康安为大将军，超勇公海兰察为参赞大臣，率兵 1.7 万名收复了所有失地，廓尔喀人投降，沙玛尔巴服毒自杀。战争结束后，遵照乾隆皇帝的命令查抄了沙玛尔巴住持的寺院，并不准其转世。

就在这一年，福康安遵照乾隆皇帝的旨意，与达赖喇嘛和班禅两方面的重要僧俗官员共同研究，议定了《钦定藏内善后章程二十九条》[1]，并得到了乾隆帝的批准。就在其中的第一条中，乾隆帝提出了金瓶掣签认定达赖喇嘛、班禅及其他活佛之转世灵童的制度：

“关于寻找活佛和呼图克图的灵童问题，依照藏人例俗，确认灵童必须问卜于四大护法，这样就难免发生弊端。大皇帝为求黄教得到兴隆，特赐一金瓶，今后遇到寻认灵童时，邀集四大护法，将灵童的名字及出生年月，用满、汉、藏三种文字写于签牌上，放进瓶内，选派真正有学问的活佛，祈祷七日，然后由各呼图克图和驻藏大臣在大昭寺释迦牟尼佛像前正式抽定，假如找到的灵童仅只一名，亦须将一个有灵童名字的签牌，和一个没有名字的签牌，共同放进瓶内，假若抽出没有名字的签牌，就不能认定已寻得的儿童，而要另外寻找。达赖喇嘛和班禅额尔德尼像父子一样，认定他们的灵童时，亦须将他们的名字用满、汉、藏三种文字写在签牌上，同样进行，这些都是大皇帝为了黄教的兴隆，和不使护法弄假作弊。这个金瓶常放在宗喀巴佛像前，需要保护净法，并进行供养。”

根据一些学者的研究，乾隆皇帝当时之所以要这样做，其原因主要是看到六世班禅、扎什伦布寺的札萨喇嘛仲巴呼图克图、噶举派噶玛巴第十世红帽活佛沙玛尔巴都出自一家，而且都是通过“降神问卜”寻访认定的，其中必有串通作弊的事情，所以才制定了金瓶掣签制度。

据汉文史料记载，1792 年，乾隆皇帝谕军机大臣：

“……向来藏内出呼毕勒罕（转世灵童），俱令拉穆吹忠降神附体，指明地方、人家寻觅，其所指呼毕勒罕不止一人，找寻之人各将所出呼毕勒罕生年及伊父母姓名一一记明，复令拉穆吹

---

① 《钦定藏内善后章程二十九条》是清朝治理西藏的重要法律依据。1791 年，廓尔喀（今尼泊尔）因与西藏盐税银钱纠纷，在噶举派红帽活佛夏玛巴的唆使和帮助下，派军入侵西藏。1792 年乾隆帝令福康安率军入藏驱逐入侵军队。福康安按照乾隆指示，订立了该章程。

忠降神祷问，指定真呼毕勒罕，积习相沿，由来已久。朕思其事，近乎荒唐，不足凭信。拉穆吹忠往往受人嘱托，假托神言任意妄指，而藏中人等因其事涉神异，多为所愚，殊属可笑。此等拉穆吹忠即系内地巫师，多以邪术惑人耳目。而拉穆吹忠降神时，舞刀自扎，身体无害，是以人皆信之，此等幻术，原属常有。但即使其法果真，在佛教中已最为下乘。若使虚假，则更不值一噱。其妄诞不经，岂可仍前信奉？福康安等现在整饬藏务，正应趁此破其积弊，莫若在藏即令拉穆吹忠各将其法试演，如用刀自扎等项，果能有验，则藏中相沿日久，亦姑听之。若福康安亲加面试，其法不灵，即当将吹忠降神荒唐不可信之处对众晓谕，俾僧俗人等共知其妄，勿为所愚。嗣后出呼毕勒罕，竟可禁止吹忠降神，将所生年月相仿数人之名，专用金奔巴瓶令达赖喇嘛掣签指定，以昭公允。”①

乾隆皇帝的想法很清楚，拉穆降神一不可信，二易被人操纵，必须改革。但他并不急于行事，而是先礼后兵，让福康安亲自面试拉穆护法神的法力，然后再视其结果具体处理，从这些方面看，乾隆帝的考虑是很有道理的，西藏自佛教传入以后，到乾隆帝执政时，已有1000多年的历史，而独特的活佛转世制度就是产生于这块独特的佛教文化土壤，并且经过500多年的发展，已经系统化、固定化和理论化，人们基于自己的信仰从来没有怀疑过他们的护法神和活佛转世制度本身。现在一下要完全冲破这个传统是不现实的，再说乾隆帝也没有亲眼见过拉穆护法降神，真伪如何他也把握不准，只能根据福康安进行面试再酌情沿袭旧制或实行金瓶掣签。

一年以后，乾隆帝得到了福康安的消息，他于乾隆五十八年三月辛丑，指示军机大臣说：

“至藏内拉穆吹忠一事，前据福康安等续奏，亲加试验，俱

① 《清高宗实录》卷一四一七。

不能用刀自扎，以舌舐刀。但若竟革去吹忠，势不能将前后藏略具聪明之幼孩遍加试验等语。所奏尚属未当。吹忠等所习幻术尚不及内地之师巫，积习相沿，最为可笑。若仍由该吹忠等降神指认，伊等皆可听受嘱托，假托神言，任意妄指，虽由金奔巴瓶内签掣，而所掣之人仍不能无徇情等弊，不过系一二权势之人主谋，而吹忠四人内大约即系拉穆一人主持，其弊亦也概见。”①

基于福康安面试的结果以及拉穆吹忠四大护法存在假托神话，弄虚作假的实际情况，乾隆皇帝在谕示中明确指示，今后指定转世灵童，不准拉穆吹忠等人插手，完全由金瓶掣签最后决定。于是，他决定制造两个金瓶，一个放置在北京雍和宫，供蒙古藏传佛教活佛“转世”认定使用，另一个放在拉萨大昭寺，供西藏及青海、西康等地认定转世灵童时使用。

金瓶制好以后，乾隆皇帝又专门谕示福康安等说：

“今朕送去一金瓶，供奉前藏大昭寺内，嗣后达赖喇嘛、班禅额尔德尼、哲布尊丹巴、噶勒丹锡勒图、第穆、济隆等，并在京掌印大呼图克图及藏中大呼图克图圆寂，出有呼毕勒罕时，禁止拉穆吹忠看验龙单（占卜一类的预言），着驻藏大臣会同达赖喇嘛、班禅额尔德尼将所出呼毕勒罕有几人，令将伊等乳名各书签放入瓶内，供于佛前虔诚祈祷念经，共同由瓶内掣取一签，定为呼毕勒罕（转世灵童），如此佛之默佑，必得聪慧有福相之真正呼毕勒罕。能保持佛教，朕尚且不能自主，拉穆吹忠更不得从中舞弊，恣意指出，众心始可以服。”②

1792 年（乾隆五十七年）9 月，乾隆帝特派御前侍卫惠伦等人把金奔巴瓶送往拉萨。据福康安的奏折看，御前侍卫惠伦、乾清门侍卫阿尔塔锡等，经过 3 个多月的长途跋涉，于 11 月 20 日护送金奔巴瓶到达拉萨，福康安率领清官及济隆呼图克图、各

---

① 《清高宗实录》卷一四一七。

② 《清高宗实录》卷一四一七。

寺的活佛和大喇嘛、噶伦等前往迎接，这一天，八世达赖喇嘛强白嘉措为感谢乾隆帝的圣恩，也提前离开布达拉宫，在大昭寺恭候。当迎接金瓶的队伍来到大昭寺后，达赖喇嘛特派喇嘛等执香花幡幢在前引路，福康安与惠伦等恭送金奔巴瓶在大昭寺佛楼上的宗喀巴佛像前，敬谨供奉，随后，达赖喇嘛率领僧众顶礼赞颂，极为虔诚严肃。

我们应该怎样看待乾隆皇帝制定的“金瓶掣签”制度呢？著名的民族学家、藏学家牙含章先生在他的《班禅额尔德尼传》[①] 中是这样说的：

“……从世界观的角度来看，‘金瓶掣签’与‘吹忠降神’（护法降神）并无本质上的区别。因为清高宗并不是无神论者，他也承认人死以后‘灵魂’继续存在，而且还可以‘投胎转世’，在这个佛教的‘神不灭论’的基本观点上，清高宗与拉穆吹忠是一致的，并无分歧。

但是从政治的角度看，就有很大的不同。拉穆吹忠‘降神’，特别是在决定达赖继任人选时，‘降神’一般都是事先由西藏的大贵族暗中决定的，哪位贵族权大，钱多，拉穆吹忠就会被哪位收买，就会指定这个大贵族，或与这个大贵族有亲密关系的家庭中出生的孩子，成为达赖的继承人。但往往发生下述情况，即几大大贵族势均力敌，各不相让，在这种情况下，争夺达赖的大贵族之间采取妥协的办法，即让达赖‘转世’到西藏以外的地方，十世达赖楚臣嘉措‘转世’在西康理塘地方，十一世达赖凯珠嘉措‘转世’在西康康定地方。只有十二世达赖‘转世’在西藏。但是以上四世达赖的寿命都不长，九世达赖只活了11岁，十世达赖只活了22岁，十一世达赖只活了18岁，十二世达赖也只活了20岁。班禅的情况与达赖的情况有所不同。在宗教上，达赖、班禅虽然平等，但实际上，正如作者在本书

① 牙含章：《班禅额尔德尼传》，华文出版社，1999年。

‘序言’中指出的，西藏地区的政教大权主要在达赖世系，所以班禅一般都较长寿。对于这些情况，历任驻藏大臣都是清楚的，清高宗也是清楚的。

‘金瓶掣签’的政治意义在于，它把指定由谁继任达赖和班禅的大权，由拉穆吹忠‘降神’决定转移到清高宗制定的‘金瓶掣签’决定，实质上讲，就是把决定达赖、班禅继任人选的大权，由西藏地方集中到清朝中央。这是清朝对西藏行使主权，使西藏的宗教和政治上的最高领袖——达赖和班禅的任免大权，完全集中到清朝中央政权，从而更加明确了西藏地方与清朝中央的从属关系。”①

由于金瓶掣签制度得到八世达赖喇嘛等西藏广大僧俗的拥护和支持，很快就开始在西藏和其他藏族地区及蒙古地区实行。但是，从灵童转世方向的确认，到观看圣湖显影等方面，护法神仍然起着重要的作用，这是执行金瓶掣签制度过程中还存在的一个重要问题。但是，不管怎么说，金瓶掣签制度毕竟成了藏传佛教活佛转世制度中的一个至关重要的环节，尽管西藏历史上，也有一些达赖或者班禅“转世灵童”的认定，是免予掣签的。但免与不免的决定权，仍在清朝中央，仍在清朝皇帝，到了民国时期，也依然如此，决定权仍在中央政府。

西藏历史上，第一个被免予金瓶掣签的是九世达赖喇嘛；第一个经金瓶掣签认定的是十世达赖喇嘛。

1804 年 8 月 18 日，曾亲自在大昭寺迎接金奔巴瓶的八世达赖喇嘛在布达拉宫圆寂，而他的转世灵童也将首次用金瓶来决定。但是，七世班禅、摄政济隆呼图克图、三大寺代表、全体噶伦等领衔，请驻藏大臣玉宁写了一道奏折转呈嘉庆皇帝。内容是邓柯灵童，确系第八世达赖喇嘛的转世，请求免予“金瓶掣签”。驻藏大臣也向嘉庆帝奏称，经过种种核验，实系第八世达

---

① 牙含章：《班禅额尔德尼传》，华文出版社，1999 年。

赖喇嘛复出无疑，请求“俯允所请，免其入瓶掣定”。嘉庆帝批准了这一请求。但是，为了不让西藏和其他藏族地区以此为例，事后，他又下了一道谕旨说：

“从前指称呼毕勒罕出世，率多牵强附会，或仅小有灵验，不足凭信。仰蒙高宗纯皇帝特赏金奔巴瓶，饬令书名封贮，诵经签掣，以防弊混。今达赖喇嘛甫逾二岁，异常聪慧，早悟前生，似此信而有证，洵为从来所未有。设当高宗纯皇帝时，亦必立沛恩施，无须复令贮瓶签掣。但此系仅见之事，且征验确凿，毫无疑义，嗣后自应仍照旧章，不得援以为例。”①

嘉庆帝的意思很清楚，金瓶掣签是先帝所立，这个规章是不能违背的，否则各地都如法炮制，请求免予掣签，这项重大的活佛制度改革就会遇到困难。果然，九世达赖喇嘛圆寂后，类似的情况又发生了。

1815 年 2 月 11 日，年仅 11 岁的九世达赖喇嘛隆朵嘉措突然在布达拉宫暴亡。嘉庆帝下令一面寻访转世灵童，一面由掌办商上事务的第穆呼图克图任摄政。对九世达赖喇嘛的去世，嘉庆感到非常意外和懊悔。当时因为驻藏大臣奏称九世达赖喇嘛经过种种“徵验”，确为第八世达赖“转世”，嘉庆帝才免予掣签的，可是“如果所称徵验，俱属确实，自应长久住世，宣扬黄教，何以不能永年？可见前次玉宁所奏，多有不实，朕一时轻信，至今犹以为悔”。由于西藏在十世达赖喇嘛转世的问题上又请“免予掣签”，嘉庆帝立刻谕示驻藏大臣玉宁、珂实克二人“不先加驳回，实属错误，均著传旨申饬”。指示十世达赖喇嘛灵童的认定必须经过“金瓶掣签”的手续，才能认定。

据藏文史料记载，噶厦和三大寺的代表在今天的四川藏族地区找到了三个“灵童”。这时嘉庆皇帝已经去世，道光皇帝继位。这位皇帝比起嘉庆帝来，更加坚定地执行了乾隆皇帝制定的

---

① 牙含章：《班禅额尔德尼传》，华文出版社，1999 年。

金瓶掣签制度，他于1821年，谕示军机大臣说：

“……前据玉宁等奏里塘幼孩有灵异之迹。今察木多所属复出有幼孩二人，均有吉祥佳兆。前后共得三名，令其亲丁师傅等携至前藏，文干等会同噶勒丹锡呼图萨玛第巴克什等确加试验。如均有灵异之性，即照例写签入瓶，对众讽经掣定，核实奏闻。若试验未确，仍令另行访查，俟灵异幼孩数足三人再行照例办理可也。将此谕令知之。”

1822年1月15日，根据道光皇帝的命令，七世班禅专程从扎什伦布寺赶到拉萨主持十世达赖喇嘛灵童的金瓶掣签仪式。掣签仪式在布达拉宫的皇帝牌位前举行。此前，三名“灵童”都住在聂塘寺，驻藏大臣文干和帮办大臣保昌与七世班禅共同决定，由摄政、七世班禅、驻藏大臣等亲赴聂塘寺，将三名“灵童”带到布达拉宫。掣签仪式由驻藏大臣文干和帮办大臣保昌亲自主持。结果抽出西康理塘生的小孩为十世达赖喇嘛，他就是西藏第一位通过金瓶掣签认定的达赖喇嘛楚臣嘉措。此外，经金瓶掣签认定的还有十一世和十二世达赖喇嘛。

金瓶掣签仪式是如何进行的呢？

一般情况下，驻藏大臣、帮办大臣、达赖喇嘛或班禅、摄政等进门后，先要按职位或者是传统的习惯依次入座，随后是近侍献清茶和酥油茶。当这项传统的礼节结束后，开始当众核对入掣象牙签上用满文、蒙古文和藏文写的灵童的名字、生年，然后送给达赖喇嘛或班禅复看后，又让每位灵童的家人跪看牙签的名字、年岁有无错误。当一切都准确无误后，用黄纸包好，供在瓶前。这时，喇嘛们开始念经，等诵经仪式结束后，帮办大臣来到金瓶前，跪下叩首三次，然后，用双手将象牙签举过头顶放入金瓶内，再用手旋转两圈，盖好金瓶盖，起立重新回到自己的位置。这时，喇嘛们又开始念经。念经仪式结束后，驻藏大臣走到金瓶前，也跪下叩首三次，然后跪着打开金瓶盖，用手旋转多次，掣出象牙签一支。此时在左边侍立的帮办大臣，打开黄纸，当众宣看。被认定为转世灵童的家庭人员在跪听掣签结果后，一般还要观看象牙签，然后再送给达赖喇嘛或班禅审看，再将签供在金瓶前。剩下的没有掣中的象牙签此时也要从瓶中抽出，给在座的官员和高僧观看，最后这些灵童的家庭成员也要被召进观看，除去疑义，并用纸擦去。金瓶掣签仪式就此全部结束。

最后认定权

是否对十三世达赖喇嘛灵童实行金瓶掣签，西藏僧俗的意见是比较一致的，那就是朗敦的灵童已经各方复查筛选，确实是十二世达赖喇嘛的转世灵童，希望清廷免予金瓶掣签。为了实现这些意愿，当时的摄政功德林活佛给八世班禅去了一封信，希望他出面，请求清帝免予金瓶掣签。信中说道：从各方面再三考虑，朗敦之子确比上报的其他灵童更为灵异。从一世达赖喇嘛根敦珠巴至八世达赖喇嘛强白嘉措，均未入金瓶掣签，其中除四世达赖喇嘛云丹嘉措和六世达赖喇嘛仓央嘉措之外，其他几位达赖喇嘛寿命都较长。乾隆帝赐金瓶掣签，是为确认活佛之意，而浊世众生福浅，近代几位达赖喇嘛均年幼夭折，极为不幸。此次灵童若不能符合众意，僧俗人等将更加痛心。况且达赖喇嘛素为蒙藏所崇敬，皇帝也极重视，达赖喇嘛系佛教之根本，黄教之教主，其转世灵童，更应极其优异，为众望所归者。朗敦之灵童年龄虽最小，但相貌举止等各方面都完全是胜王金刚持之化身。倘若金瓶掣签掣不出众所公认的朗敦灵童，则悔恨莫及，贻误大事。特请班禅大师祈求皇帝谅解，务使汉藏臣民均能满意，绝不能草率从事。

与此同时，摄政功德林活佛又给驻藏大臣松溎递交了一份呈文，再次详述了转世方向、父母名称、打卦问卜、观湖显影、上报查验等重要情况，指出，有关灵童出生前后之梦兆、征兆等均极祥瑞。朗敦之子，异常聪慧，容貌端庄，举止大方，经反复查验，全藏僧俗皆倾心悦服，一致认为朗敦之子为十二世达赖喇嘛之转世灵童，请免予金瓶掣签予以认定并准予坐床。

为慎重起见，功德林活佛在向驻藏大臣递交了呈文后，又下令再次查验。各大活佛再次卜卦，结果僧俗仍然一致认为朗敦之子为十二世达赖喇嘛之转世灵童，并请驻藏大臣将西藏全体僧俗官员的公禀转奏皇帝予以认定并批准坐床。

1877 年 6 月，光绪皇帝接到驻藏大臣松溎的奏折后，批准了西藏僧俗的一致要求，十三世达赖喇嘛成了又一名免予金瓶掣签的大活佛。

十四世达赖喇嘛出生的时间是 20 世纪 30 年代的事情，此时，清朝封建统治早已不复存在。尽管如此，在十四世达赖喇嘛的最后认定权上，当时的国民政府依然还是沿袭乾隆皇帝的旧制。

据藏汉文史料记载，十三世达赖喇嘛圆寂后，国民政府就特派参谋本部次长黄慕松为致祭专使前往拉萨，追赠十三世达赖喇嘛为“护国弘化普慈圆觉大师”，在达赖喇嘛座前颁发了中央所颁赐的玉册玉印；不久又在布达拉宫达赖喇嘛灵堂举行了致祭仪式。

1935 年，当热振活佛①就任西藏摄政后，国民政府册封他为“辅国普化禅师”，热振活佛愉快地接受了册封。

上述两件事，一方面说明国民政府在管理西藏问题上的积极态度，另一方面也说明中央政府对西藏的主权，同时也为国民政府主持达赖灵童掣签坐床创造了有利的条件。

据中国第二历史档案馆提供的档案看，十三世达赖喇嘛圆寂以前，国民政府就曾制定过有关活佛转世的规定。当民国中央政府得知西藏已在青海寻获三名灵童后，就开始着手积极准备有关

---

① 五世热振活佛（1912—1947），法名热振·图旦绛白益西丹巴坚赞，五世热振生于今西藏加查县，1931 年在拉萨传召法会上考取拉然巴格西。1934 年出任西藏摄政，南京国民政府授予其“辅国普化禅师”称号。

金瓶掣签的事宜。

1938年8月18日，蒙藏委员会委员长吴忠信在给行政院院长孔祥熙的信中说，活佛转世非同一般小事，处理时稍有不当就会引起争执，所以，蒙藏委员会成立以后，曾参考清代乾隆皇帝制定的达赖、班禅转世办法，结合当时的情况，制定了专门的《喇嘛转世办法》①。至今，在内蒙古、青海已有多名转世活佛照此办法办理了认定手续。现在，既然已在青海境内找到了三名灵异神童，就应该依照乾隆定制，举行掣签手续，最终确定谁是十三世达赖喇嘛的转世灵童。

吴忠信所说的《喇嘛转世办法》有十三条内容，其中第三条说，达赖喇嘛、班禅大师等活佛圆寂后，应向当地最高行政机关报告，转报蒙藏委员会备案，并由其高足负责寻访灵异同龄幼童二人以上，作为转世灵童候补人，报当地最高行政机关，转报蒙藏委员会查核后，进行掣签认定。第六条进一步强调指出，达赖喇嘛、班禅大师之转世灵童掣定以后，由当地最高行政机关呈请中央批准后派大员前往照料坐床。

从《喇嘛转世办法》的内容看，国民政府对蒙藏活佛转世制度的管理是有章可循的，它除了涉及达赖喇嘛、班禅大师转世灵童的认定制度外，其他活佛的转世认定办法也包括其中。是一份非常珍贵的历史文献。

吴忠信给孔祥熙去信后不久，蒙藏委员会就据指拟定了《十四世达赖喇嘛转世掣签征认办法》②，并呈报行政院院长孔祥熙。

蒙藏委员会在《十四世达赖喇嘛转世掣签征认办法》中首

① 民国时期，国民政府根据当时藏传佛教出现的突出问题，在总结历代中央王朝治理藏传佛教得失的基础上，蒙藏委员会制定了一系列法律法规来管理藏传佛教事务，其中的《喇嘛转世办法》就是以国民政府名义于1935年颁布的。并对达赖喇嘛、班禅等大活佛的转世做出了明确规定。

② 中国藏学研究中心、中国第二历史档案馆合编，中国藏学出版社，1991年。

先指出，自从清朝乾隆皇帝制定金瓶掣签制度后，从八世达赖喇嘛开始，除九世和十三世达赖喇嘛奉旨免于金瓶掣签外，其余各世均遵照定制掣签认定。这是中央对西藏的固有主权，也是统治西藏的重要方法，决不能放弃。最后，蒙藏委员会提出了三点具体的掣签认定办法：

1. 国民政府特派大员前往拉萨，会同热振活佛主持十四世达赖喇嘛转世灵童掣签事宜。

2. 国民政府特派大员会同热振活佛主持十四世达赖喇嘛转世灵童掣签仪式，并由该大员指派代表就近办理有关事项。

3. 国民政府特派蒙藏委员会委员长吴忠信会同热振活佛主持掣签仪式。

1938 年 10 月 20 日，行政院秘书长魏道明通知蒙藏委员会：行政院第 385 次会议认真讨论了《十四世达赖喇嘛转世掣签征认办法》，一致认为，事关重大，先由蒙藏委员会与西藏会商，再呈报行政院核定。

很快，蒙藏委员会通过国民政府驻藏长官张咨议与噶厦和热振活佛取得了联系。1938 年 12 月 12 日，热振活佛致电重庆，接受中央派员主持掣签仪式。

1938 年 12 月 31 日，行政院院长孔祥熙通知蒙藏委员会，国民政府同意特派蒙藏委员会委员长吴忠信会同热振呼图克图主持第十四世达赖喇嘛转世事宜。从事态的发展来看，一切都在顺利地进行，可是在护送青海灵童入藏的事情上又出现问题。西藏此时虽然接受中央派员会同热振活佛主持达赖喇嘛认定掣签仪式，但另一方面又只准中央和青海各派委员一人护送灵童至西藏边境。

在此紧要关头，班禅驻京办事处于 1939 年 2 月 11 日向蒙藏委员会递交了一份呈文，坚决支持中央派员入藏，主持金瓶掣签。

当蒋介石得知这一消息后，也知事态的严重性，亲自电示蒙藏委员会委员长吴忠信说：恩久活佛从青海来电报告说，西藏拟请中央及青海各派一人护送青海灵童至西藏地界，再由西藏自行与其他两名灵童一起举行掣签仪式。据查，达赖喇嘛转世，事关中央与西藏的前途，并且掣签仪式历来必须由中央驻藏大员监督主持，现在西藏只许中央派人护送灵童至西藏地界，公然藐视祖国，破坏教规，使达赖喇嘛与祖国断绝关系。查此转世灵童经九世班禅亲自认定，蒙藏僧俗，远近咸钦，若经中央册立，即使不入藏掣签，也为世人所公认。

由于中央政府的一再坚持，西藏地方政府于 1939 年 4 月 7 日在布达拉宫召开了由僧俗官员参加的紧急会议。第二天早晨，当国民党驻藏长官张威白前往热振活佛住处时，热振活佛告诉张威白：中央爱护西藏无微不至，吴委员长亲自来临，均表欢迎；务恳迅速飞青，与灵儿一同入藏……

至此事情才圆满解决。

1940 年 1 月 15 日，吴忠信委员长、秘书长罗良鉴、顾问曹经沅等一行十余人抵达拉萨，受到热烈欢迎。据随行秘书周昆田当日发给中央通讯社的电讯所载，热振活佛的代表噶伦丹巴嘉样、彭休、彭康以及西藏其他高级僧俗官员 70 余人，在拉萨西郊约 4 公里的哲蚌寺山脚下设帐欢迎，仪式隆重。旅藏的甘、青、川、滇、北平、新疆的商民以及尼泊尔的代表都分别前往哲蚌寺远迎。此外，驻拉萨的藏军 700 余人，也全体出城列队在路旁欢迎。下午 4 点左右，由藏军和各欢迎人员在前引路，吴委员长乘大轿相继入城。当浩浩荡荡的欢迎队伍来到城内时，开始鸣礼炮二十七响。周昆田在电讯中还说，当时队形整肃，衣冠济济，极一时之盛。沿途民众观者如潮，热烈景况为藏汉历史上所罕见。

吴忠信委员长当日下榻于预先布置好的行辕内，并先后接见丹巴嘉样、彭休、彭康三位噶伦及其他高级官员。

可是就在吴忠信到达拉萨以后，在灵童的问题上又发生了变化，原先的三个灵童现在只剩下一个灵童了。原来西藏僧俗认为青海灵童灵异显著，经民众大会决议，公认为十三世达赖喇嘛的转世真身，不再举行掣签仪式。吴忠信得知这一消息后，当即表示此事须呈报中央最后审定，本人只能负责转呈，不能马上作出决定。经双方一再磋商后决定：由吴忠信事先查看灵童是否灵异；由热振活佛正式呈请中央，办理免除掣签手续。

1940 年 1 月 26 日，热振摄政向国民政府提交了一份长达数页的文件，请求中央免除青海灵童的掣签手续。文件写道：

> ……木猪年，一女神在布达拉宫达赖喇嘛的卧室以神丸占卜明示：十四世达赖喇嘛灵童已经转世；转世情景、父母、房屋等明见于曲科吉神湖之中。为使僧俗深信不疑，身为摄政的热振活佛在布达拉宫的释迦牟尼像前亲自占卜，询问观看圣湖的时机到否，卦示已到。于是，在十三世达赖喇嘛灵塔完工后不久，热振活佛主仆一行不辞劳苦，前往曲科吉圣湖观看显影。寻访人员在康汪母女神像前供奉无数盏祭灯，虔诚祷告，随后热振活佛开始凝视神湖，果然看见“阿”“噶”“麻”三字（藏文的三个字母）；灵童诞生的房屋、山野的形状等都非常清晰。观完圣湖，热振活佛一行前往南部各寺祭神朝佛。在著名的桑耶寺，敬请紫玛护法神降神占卜，当神灵附体时，桑耶护法神将哈达抛向东方。此前，噶东神（噶东护法神）也先后占卜明示灵童将在东方转世，乃琼护法神在达赖喇嘛卧室初次降神占卜时，也将哈达抛向东方。
>
> ……十三世达赖喇嘛在卧室面向东北圆寂，当移灵柩去俄察白期宫殿时，在石路上，达扎活佛看见达赖面向东北天空微笑。另外，当达赖喇嘛灵体移放俄察白期宫和布达拉宫各宝座时，灵体都是向南，但无人移动竟

自动转向东方。这些异常现象，均被当时的办事人员普觉荣尊活佛和其他在场的念经活佛看见。

根据以上这些奇兆，十四世达赖喇嘛转世灵童必诞生于拉萨以东地区。于是乃琼护法神从西藏各大小寺院中挑选了三名有缘的活佛前往东部寻访。临行前，热振活佛经过占卜确定了三路寻访人员：北方及达布一带，由普觉活佛寻访；安多、阿里、安多下部、宗喀等地由纪仓活佛负责寻访；昌都、察雅、工布一带，由色拉吉巴康萨活佛负责寻访。

十三世达赖喇嘛非常喜欢纪仓活佛，水鸡年达赖喇嘛生病，让纪仓活佛用经水洗濯头顶。纪仓活佛不敢用手，以铜镜代替，达赖喇嘛准许他用手拂洗自己的头顶。去曲科吉观看神湖显影时，纪仓活佛与热振活佛同行。观湖时，纪仓活佛曾见一座山和山顶小石堆上所竖的经旗，还有旷野上漫漫的长路。噶厦为寻访达赖真身，请降仔乌马布神降神占卜时，降仔神手拿佩戴的护身盒和阿西哈达作投向东方之状，然后交给纪仓活佛，因此，人们断定纪仓活佛有寻访和迎请转世灵童的缘分……

果然纪仓活佛一行访得灵异孩童 14 名。根据噶厦之命，纪仓活佛让所有灵童辨认了十三世达赖喇嘛的遗物，都能认出真假，所有奇兆也证实无疑。但是事关重大，噶厦又再次把乃琼活佛迎至达赖喇嘛的经堂举行降神占卜仪式。乃琼活佛没有详看卜文，就将它插入帽中，然后明示称：要问本神上师转世何方，预示已得到验证，青海大泽祁家之灵儿为十三世达赖喇嘛真身。说完又向东投献哈达。[1]

热振活佛在文件的末尾进一步强调说，他在圣湖中所看见的显影以及乃琼活佛等诸多护法神的卦示等与实际寻访的青海祁家灵童十分吻合，因此，西藏僧俗大众都深信他为十三世达赖喇嘛之转世真身。不须掣签，照例剃度受戒。此事已呈报中央在案……

虽然热振活佛已正式呈请中央，免除青海灵童的掣签手续，但是在“察看”灵童的问题上，又节外生枝发生了波折。当吴忠信派人赴罗布林卡与古觉大堪布交涉时，古觉大堪布提出要吴忠信在达赖喇嘛灵童登座时，“上殿参拜”。并说：“灵童坐殿，系经西藏民众大会决议，殿见也系西藏之惯例。”又说：“经民众大会决定者，不能变动。”其含义在不承认吴忠信有“察看灵儿”之权。

随行人员向吴忠信报告此事后，吴忠信颇感不快，立即派人叫来贡觉仲尼，语气非常严厉地令他马上转告热振活佛，必须照旧议办理，否则中央人员不惜全体离藏。据《拉萨见闻记》[2] 一书载，热振活佛经此转折后，态度顿趋软化，翌日即派人来道歉，说明古觉大堪布不明情况造成误会，请吴忠信指定察看时间和地点。最后吴忠信决定2月1日在罗布林卡荷亭内查看。据史料记载，察看的时候，吴忠信给灵童送了四种礼品，表示了承认。

就在吴忠信去罗布林卡察看青海灵童的头一天，也即1940年1月31日，行政院第450次会议通过了特准青海灵童拉木登珠继任第十四世达赖喇嘛，并发给坐床大典经费40万元的决定。

---

① 中国藏学研究中心、中国第二历史档案馆合编：《十三世达赖圆寂致祭和十四世达赖转世坐床档案选编》，中国藏学出版社，1991年。详见该书第二部分。

② 朱少逸：《拉萨见闻记》，商务印书馆，1947年。详见该书“十四世达赖喇嘛坐床典礼”部分。

2月5日，国民政府颁布府字第898号令：

> 青海灵童拉木登珠，慧性湛深，灵异特著，查系第十三辈达赖喇嘛转世，应即免予抽签，特准继任为第十四辈达赖喇嘛。此令。
>
> 拉木登珠业经明令特准继任为第十四辈达赖喇嘛，其坐床大典所需经费，着由行政院转饬财政部拨发四十万元，以示优异。此令。

至此，青海灵童拉木登珠才真正成了十三世达赖喇嘛的转世灵童，完成了宗教和政治法律方面的认定手续。

12. 走向圣坛

不论是大活佛还是小活佛，当他们被正式认定为转世灵童后，迎接他们的将是最隆重的大典——坐床。对每一个转世灵童来说，这一天是来之不易的，尽管此时他们都还是孩子，尽管这突如其来的变化从此将改变他们一生的生活，但他们都是千千万万藏族儿童中的幸运儿，他们中有些甚至还是蒙古族的佼佼者，但他们都是从故乡的田野或者是草原上走来，然后在各自的法座上扎根，随后才沿着他们各自前辈开拓的路径走向他们自己的辉煌。这是一条漫长的路，他们必须像自己的每一位前世那样从零开始，由一位德高望重的高僧或者活佛剪去黑发，取一个吉祥如意的法名，受戒出家，然后才在僧俗们的簇拥下，像众星捧月般走向神坛，荣登法座。

剃　度

1877 年 10 月 20 日，一队人马匆匆离开拉萨，沿着奔腾的拉萨河逆水而上，很快就消失在东去的山谷中。10 天以后，他们来到了拉萨东南部达布地区的朗敦村。这些人是来迎请达赖喇嘛灵童前往拉萨供养的。他们的头领是布达拉宫的三名大堪布森本、苏本和却本，他们都是十二世达赖喇嘛的近侍，迎请灵童早已是他们盼望已久的事情。

这是一支阵容复杂的队伍，除了三名堪布外，布达拉宫还有堪穷、僧官等30余人加入了这支迎请灵童的队伍，噶厦也派了宇妥台吉、代本等20余人，余下的都是些马官、轿官、打伞的、搭帐篷的和仪仗队。这些人还带来了前世达赖喇嘛用过的日用器具，他们希望小灵童一开始就享受跟前世达赖喇嘛一样的生活。

11月1日，达赖喇嘛灵童穿上了法衣，坐进了轿子，迎请队伍在仪仗队和乐队的带领下，离开了朗敦村。噶厦早已在沿途各站口布置了欢迎的帐篷，基巧堪布、彭康，全体噶伦、大喇嘛、廓克札萨、丹吉林呼图克图、霍康札康、代本等人在途中欢迎，向灵童敬献哈达。

11月14日，这支越来越庞大的迎请队伍抵达了拉萨河南岸的公堂寺，森本堪布怀着无比崇敬的心情把小灵童抱在怀里，然后穿过潮涌般顶礼膜拜的人群，来到聂畏殿上，依照传统的做法，被认定为达赖喇嘛转世灵童的小孩要在这里接旨。

此时，达赖喇嘛灵童面向东方跪下，驻藏大臣松溎站在他面前，宣读了光绪皇帝批准灵童继任十三世达赖喇嘛免予掣签的圣旨。随后灵童向东方行了三跪九叩礼，两位驻藏大臣首先向他敬献哈达，达赖喇嘛灵童也向两位驻藏大臣还敬了哈达，并赠送了佛像、香和氆氇等礼品。

仪式结束后，噶厦和三大寺的代表以及活佛、贵族、僧侣百姓参加了盛大的噶卓庆祝活动。首先是由摄政通善呼图克图代表噶厦，向灵童献哈达、曼扎、七珍八宝、法轮、法螺、金子、元宝、绸缎、茶叶、酥油、干果、白青稞等。接着是扎什伦布寺代表卓尼向灵童献哈达和各种贵重礼品。然后才是各呼图克图、佛师普觉、噶伦、公、扎萨、台吉、三大寺的代表、上下密院的僧官依次一一向灵童献了哈达。庆祝活动结束后，达赖喇嘛灵童继续住在公堂寺，等候八世班禅从扎什伦布来为他剃度。

据藏文史料记载，1877年12月17日，噶厦特派噶觉布娃前往后藏扎什伦布寺，邀请八世班禅前往拉萨，给十三世达赖喇嘛的转世灵童剃度。八世班禅愉快地接受了邀请，并于正月初四抵达拉萨，住在罗布林卡的噶桑颇章内。正月十一日，八世班禅在摄政、驻藏大臣、全体噶伦、三大寺代表等的陪同下，到达公堂寺，在大经堂给十三世达赖喇嘛剪了发，换上了僧衣并取法名为阿旺罗桑土登嘉措鸠差旺觉却勒南巴甲娃巴桑布，简称土登嘉措。仪式结束后，按照惯例，噶厦又在公堂寺大经堂内举行了盛大的噶卓欢庆活动。

达赖喇嘛和班禅都是宗喀巴的高足，但由于两位活佛圆寂转世的时间不同，所以会有相互剃度、取法名、授戒的情况，当然，在特殊情况下也有例外。

六世达赖喇嘛灵童 1697 年被第巴桑结嘉措认定为五世达赖喇嘛的转世灵童后，于 9 月从藏南门隅迎往拉萨，途经浪卡子宗时，第巴事先约好五世班禅罗桑益喜在此会晤，并为六世达赖喇嘛剃度授戒，取法名为罗桑仁钦仓央嘉措。

五世班禅圆寂以后，在七世达赖喇嘛的关心下，六世班禅灵童很快得到了乾隆皇帝的批准，完成了认定手续。1740 年 9 月 9 日，七世达赖喇嘛给六世班禅巴丹益喜取法名为罗桑巴丹益喜，后人一般简称为巴丹益喜，并正式通知了扎什伦布寺。于是扎什伦布寺派仲科尔等前往南木林宗扎西则庄园，告诉唐拉夫妇，他们的孩子是五世班禅的转世灵童，是六世班禅额尔德尼，并在庄园里举行了隆重的噶卓欢庆仪式。当时的藏王颇罗鼐还从拉萨派来了一名医生，对灵童的身体进行了检查。同时还带来了颇罗鼐送给六世班禅的一封贺信，以及法衣、小佛像、法轮、角号、铃、杵等礼物。

举行噶卓仪式后，扎什伦布寺的僧众就用轿子将六世班禅灵童抬到扎西则庄园对面绿东豁卡的团柱明康宫内居住，由扎寺的许多喇嘛精心看护。

1741 年 5 月 9 日，因扎什伦布寺的大总管洛桑根敦在伦珠林寺圆寂，扎什伦布寺一致推举拉仁岗巴 · 吉仲罗桑才旺为大总管，即扎什伦布寺的札萨喇嘛。为迎请班禅灵童入寺，大总管札萨喇嘛、司膳师、侍卫官、香灯师等侍从，以及摄政王的代表、札雅班智达活佛等100余人，身着礼服，乘马赶到了绿东谿卡。6月1日，人们开始向灵童敬献吉祥哈达，请求摸顶赐福。班禅灵童头留小黑发，身着僧衣，更显得英俊无比。大总管同其他高僧显贵将灵童扶上五世班禅曾坐过的宝座，设宴庆祝。宴会后，灵童开始为摄政代表、札雅班智达等迎请人摸顶。第二天，这位班禅灵童就被抬回了扎什伦布寺，住进了五世班禅的噶桑颇章宫内。从六世班禅灵童的情况看，七世达赖喇嘛只是给他取了法名，并没有为他剃度，翻看《七世达赖喇嘛传》，也没有找到这方面的介绍。

七世达赖喇嘛噶桑嘉措圆寂后，后藏托布加一家贵族的小孩，由乾隆帝派来的三世章嘉呼图克图认定为八世达赖喇嘛灵童。经驻藏大臣奏请乾隆皇帝批准后，正式继任为八世达赖喇嘛。随后，驻藏大臣通知摄政第穆呼图克图，命令噶厦和三大寺派遣大批僧侣官员前往托布加庄园的拉日岗村，将灵童暂时迎请到扎什伦布寺，当达赖喇嘛灵童见到六世班禅时，向班禅磕了头。

1761年正月（乾隆二十六年），噶厦派前世达赖喇嘛的却本堪布第珠前往扎什伦布寺，代表噶厦向八世达赖喇嘛表示祝贺，同时还带来了摄政第穆呼图克图和四大噶伦给六世班禅的亲笔信，请六世班禅给八世达赖喇嘛剃度取法名。

正月十一日，在扎什伦布寺的益格穹曾殿上，六世班禅给八世达赖喇嘛剪了发，并取法名为吉总罗桑丹白旺觉强白嘉措巴桑布，简称为强白嘉措。并由噶厦出资，在大殿举行了隆重的噶卓欢庆仪式。

1761年3月5日，摄政第穆呼图克图、驻藏大臣集福、噶伦公班第达、噶伦札萨大喇嘛等200余人从拉萨赶到日喀则迎请八世达赖喇嘛灵童。第二天，在扎什伦布寺的大经堂举行了隆重的欢庆活动，六世班禅和八世达赖喇嘛两位格鲁派至尊同时登上了法座，接受摄政、驻藏大臣、噶伦等人敬献的哈达、贵重的礼品和朝拜。这是辉煌的一日，就是今后的历史长河中，像达赖喇嘛和班禅同登法座，接受朝拜的场面也是不多见的。

3 月 18 日，八世达赖喇嘛灵童启程前往拉萨，扎什伦布寺的全体僧俗官员和僧众，在扎寺大门外热烈欢送。扎什伦布寺专门搭了欢送帐篷，为达赖喇嘛灵童和摄政等人送行。六世班禅派卓尼二人，陪同前往拉萨。

据记载，六世班禅巴丹益喜在北京圆寂后，经过扎什伦布寺六世班禅的近侍苏本堪布前往四个灵童家明察暗访，并拿出六世班禅曾经使用过的茶杯、铃杵、念珠等让灵童挑选，结果只有后藏白朗宗吉雄谿卡的灵童挑选的东西都是六世班禅用过的，所以苏本堪布首先肯定这个灵童是六世班禅的转世化身。

1782 年 12 月 20 日，乾隆皇帝批准这位灵童为七世班禅，并赐哈达一条、宝石念珠一串，并命令驻藏大臣博清额亲自送去。博清额接旨后，从拉萨赶到扎什伦布寺宣读了圣旨，转交了乾隆皇帝赏赐的物品。这样，七世班禅就完成了政治上的认定手续。

1783 年 8 月 15 日，扎什伦布寺派 100 多名喇嘛向东来到了白朗宗的吉雄谿卡，把七世班禅灵童接到了离扎什伦布寺约 15 公里的甘丹勒谢曲林寺暂时居住，以便择定吉日，再迎请到扎什伦布寺举行坐床大典。灵童住下以后，噶厦和各地就开始派代表来扎什伦布寺参加坐床大典，八世达赖喇嘛也派达尔汗夏苏堪苏为代表赶到了后藏。

1784 年 8 月 11 日，扎什伦布寺和后藏的僧侣群众终于盼到了他们几年来苦苦等待的良辰吉日。8 月的后藏，正是风光最美的时候，蓝蓝的雅鲁藏布江就像无云的高原蓝天铺盖在宽阔的山谷里，年楚河依旧欢快地流过日喀则城。一队由扎什伦布寺的重要僧侣官员组成的迎请队伍来到甘丹勒谢曲林寺，将他们未来的寺主迎回了扎什伦布寺，居住在益格穹曾宫内。

8 月 20 日，扎什伦布寺在日光殿举行了七世班禅坐床大典，庆典由驻藏大臣博清额亲自主持，乾隆皇帝特派札萨喇嘛郭莽呼图克图、夷大兴阿里二人为钦差大臣，赶到扎什伦布寺看视班禅灵童坐床，并赏给哈达一条、宝石念珠一串，此外还有各种法器、法衣、玻璃用品、绸缎等许多礼品。八世达赖喇嘛的代表札萨噶伦公团色旺堆也向七世班禅献了哈达、曼扎、法衣、法物、法器一套。西藏摄政和噶伦等噶厦官员和扎什伦布寺的僧侣官员，均向七世班禅献了礼品，接着侍从喇嘛们开始在日光殿上献上酥油茶、人参果酥油饭、油炸“卡赛”点心等，举行隆重的噶卓庆贺活动。

8 月 21 日，八世达赖喇嘛处理好紧要政教事务后，专程亲临扎什伦布寺为七世班禅剃度，受到扎什伦布寺全体僧侣的隆重欢迎。两位格鲁派领袖在日光殿相见，按照传统的礼节七世班禅先向八世达赖喇嘛磕了头，拜为师尊，当晚，两位活佛同住在扎什伦布寺的大拉让殿。

9 月 7 日，在扎什伦布寺的益格穹曾宫殿内，举行了八世达赖喇嘛给七世班禅剃度的仪式。八世达赖喇嘛在诵经祈祷后，用剪刀剪去了七世班禅的头发，换上了僧衣，为其取法名为吉总罗桑巴丹丹白尼玛确来南加巴桑布，简称为丹白尼玛。接着八世达赖喇嘛又给七世班禅授近事戒。

达赖、班禅的关系虽然情同手足，但他们之间有时也会出现阴影，当他们失和时，其中的任何一个在转世后，就只能请别的活佛剃度授戒和取法名。而这种情况就发生在 21 世纪转世的十四世达赖喇嘛和十世班禅身上。

1902 年，九世班禅曲吉尼玛已年满 20，到了受比丘戒的时候，按照传统应该是由十三世达赖喇嘛来传授。

4 月 15 日，20 岁的九世班禅喇嘛来到拉萨，十三世达赖喇嘛举行了最高的宗教仪式，为其授比丘戒。可是就在这件事不久，却发生了一件意想不到的事情。据史料记载，1902 年春天，九世班禅去拜见达赖喇嘛，欢迎他的仪仗队击鼓经过布达拉宫，十三世达赖喇嘛非常生气，说班禅在师尊的门前击鼓是妄自尊大，就罚了班禅 1500 两银子，从此，两位活佛身边的人就开始谗言挑拨，致使他们之间的隔阂越来越深。

从历史上看，班禅系统在后藏地区拥有广大的土地、人民和寺院，自清朝雍正、乾隆以来，一直归驻藏大臣直接领导，和噶厦处于平行地位。可是一场新的历史变革以后，清王朝结束了它的封建统治，驻藏大臣也被赶走了，西藏地方政府开始强迫扎什伦布寺服从达赖喇嘛的统治，并向班禅管辖区派粮派款，征兵征税，而扎什伦布寺则坚持旧例，不愿有任何新负担，于是双方的矛盾开始激化。

从 1915 年开始，十三世达赖喇嘛在后藏日喀则设立了基宗（相当于内地行政公署），任命僧官罗桑团柱、俗官木霞二人为基宗。基宗的职权很大，他们除了管辖达赖喇嘛在后藏的所有的宗和豁卡之外，也管辖班禅所属的四个宗和所有的豁卡。这就侵犯了班禅固有的权利。这是班禅不能接受的。更为严重的是，随着基宗的建立，噶厦开始向当地摊派各种杂税，致使两位活佛的关系更加紧张。

1916 年，九世班禅给十三世达赖喇嘛去了一封信，除了申述扎什伦布寺的困难外，要求到拉萨与其见面。十三世达赖喇嘛在信中同意他来拉萨面谈，但又说政教事务很忙，提议推迟到第二年会晤。班禅只好服从。可是一年过去了，十三世达赖喇嘛又突然宣布：要“闭关静坐”3 年，在此期间，谢绝一切来访的客人，班禅也不例外。

班禅只好又等了 3 年，才经十三世达赖喇嘛的同意，到拉萨会晤。但这位格鲁派领袖的拉萨之行却遭到了前所未有的冷遇，达赖喇嘛只派了一个代表去欢迎他，噶厦也只派了一些次要的官员去参加欢迎仪式，而噶伦等重要官员却只在罗布林卡的门口欢迎他。九世班禅与十三世达赖喇嘛会晤后，很快离开了这个不欢迎他的城市。

1923 年 11 月，十三世达赖喇嘛命令扎什伦布寺的几个负责官员前往拉萨，没想到这些人刚到拉萨，就被投进了监狱。他们的侍从好不容易才逃回扎什伦布寺，向九世班禅作了汇报。九世班禅异常恐惧，他预感到这是大祸临头的恶兆，如不出走，势必危及他的生命，于是当即决定向青海方向出走。为了不走漏风声，他和自己的重要侍从作了周密的安排。

1923 年 11 月 15 日夜，九世班禅先在 15 名近侍亲信的保护下，秘密向北出走，无人知晓。三天之后，另一批由九世班禅的苏本堪布罗桑坚赞等率领的 100 多人的队伍，也乘着月色离开扎什伦布寺，去追赶他们的主人。疾行五天五夜，两支队伍才会合。随后，他们开始穿越藏北草原，并从那里翻过唐古拉山脉，进入青海藏族地区。

班禅一行出走数日后，噶厦才通过英国人办的邮电局，电悉了班禅出走的情报。十三世达赖喇嘛立即命令孜本龙厦和代本崔科率一千骑兵直奔藏北，可是他们与班禅所走的路完全不同，这些追兵一直追到唐古拉山也没有见到逃难者的踪影。这时正遇到大雪封山，只好空手而归。

九世班禅一行进入青海后，很快就陷入了绝境。他们带有足够的金银，但四野遇不到一个牧民，与他们为伴的只有野牛、野马和野羊。可是他们都是些受了戒的喇嘛，谁敢去杀生呢！走过这条道的喇嘛心里都清楚，要走出这片无人区，大约还要一个月的时间，粮食显然不够。他们中的一些人想到了杀马充饥，可是没有马，又怎么能穿越眼前茫茫的大草原呢？看来他们的路已走到了尽头。

就在他们完全绝望的时候，终于看见一支骆驼队朝他们走来，这是一支从西藏返回外蒙古的蒙古喇嘛队伍，他们带有充足的食物。两支队伍合在了一起。

1924 年 3 月 20 日，班禅一行到达甘肃最西部的安西县，至此，他们已走了 4 个月零 5 天的路。安西县县长热情地接待了这些远道而来的客人，并电告兰州督军陆洪涛。很快北京北洋政府大总统曹锟就得到了陆洪涛的报告。

从此，九世班禅开始了他在祖国内地 13 年不平凡的生活。

1933 年 10 月 30 日 6 点 30 分，十三世达赖喇嘛在布达拉宫圆寂，1940 年青海灵童拉木登珠被认定为十三世达赖喇嘛的转世灵童，尽管班禅大师曾经为这位灵童的寻找作过卜示，但至死也没有缘分像他的前辈那样，为十四世达赖喇嘛剃度和授戒。而当他回藏受阻，身心不适，过早圆寂后，他自己的转世灵童也同样无缘拜十四世达赖喇嘛为师，请他剃度和授戒。这是藏传佛教史上，达赖和班禅之间过去的一段历史，还好，这一切已经过去，当 1952 年 4 月 28 日下午，十世班禅和十四世达赖喇嘛在布达拉宫的日光殿会见，双方互相交换哈达、行磕头礼后，两位大活佛的关系又和好如初，恢复了正常。

坐床盛典

每一位转世灵童，都有他们各自的坐床大典，但不同的活佛，其坐床大典的规格也有所不同。在整个藏族地区莫过于达赖喇嘛和班禅的坐床大典最为隆重和复杂。

十三世达赖喇嘛剃度以后，从公堂寺移到了日加三丹林寺居住，要等到举行完坐床典礼后，他才能住进布达拉宫。

按照惯例，坐床大典前，摄政王功德林向驻藏大臣报告说：拟于藏历土兔年（1879）举行达赖喇嘛坐床大典，请转奏皇上，照过去旧例予以照准，并准许新达赖喇嘛在坐床时乘坐黄轿，使用黄色马鞍。

1879 年 5 月，钦差送来了光绪皇帝的圣旨：“达赖喇嘛转世已经确定，今年六月十三良辰吉时举行坐床，甚佳，朕深喜之！

现赐达赖喇嘛黄哈达一条，佛像一尊，念珠一串，铃杵一套。达赖喇嘛坐床之后，可启用前世达赖之金印，并将用印时日上奏。前请乘用黄轿及黄色鞍辔均予使用。佛父贡噶仁青封为公爵，赏戴宝石顶子，着孔雀翎，依旨遵行，钦此。”

至此，噶厦等筹备达赖喇嘛灵童坐床事宜就绪。

6月9日，驻藏大臣衙门派人将皇帝赐给十三世达赖喇嘛的金印金册送交摄政功德林。

6月10日，摄政功德林和噶伦等从布达拉宫出发，前往日加三丹林寺。两天后，十三世达赖喇嘛在摄政等的陪同下前往拉萨。这天早晨，噶厦早已派人在拉萨东部的岗堆堆谷塘搭好了有各种吉祥图案的大帐篷。小灵童在大小官员、贵族、活佛及僧俗百姓的夹道迎接下，来到大帐篷内就座，在此等候的驻藏大臣同达赖喇嘛彼此交换哈达。在这里迎接灵童的还有班禅的代表、第穆等各大呼图克图、公、噶伦、代本、孜本及贵族世袭子弟，还有以甘丹寺夏、绛二法王为首的三大寺和上下密院的执事等。

6月13日良辰吉时，按照旧例开始举行盛大的出行仪式。为了使这一天更加具有喜庆日子的气氛，拉萨的市民和城市附近的村民事先得到了命令：拉萨各街道一律打扫干净，路边撒白色石灰两条，从大昭寺一直撒到布达拉宫门口。拉萨全市的房顶上要插挂伞、盖、幢、五彩旗帜。当达赖喇嘛进入市区时，各房顶上要吹唢呐、大号、敲鼓、击铜钹。家家户户门口要焚烧加有香料的松柏树枝。

这天早晨，达赖喇嘛灵童换上黄色法衣，乘坐黄色大轿前往拉萨。迎请队伍的前面有高执经幡宝盖和香炉的仪仗队、音乐队，紧跟着是摄政、普觉佛师、甘丹赤巴（法座）、各大呼图克图、公、噶伦、札萨喇嘛、贵族、大小僧俗官员、伊斯兰教徒、尼泊尔信徒等。整个迎请队伍长达数里。

从岗堆堆谷塘到城中心的布达拉宫红山脚下，长约10里的道路上，站满了僧俗群众。有意思的是，在路的左右两边分别由不同身份的人流组成。左边，是市民和近郊的农民，他们身穿传统节日礼服载歌载舞，还有的村民打着腰鼓，跳起各种喜庆的舞蹈，他们代表了拉萨典型的民间文化。在他们的对面，却是另一支完全不同的欢庆队伍，他们是来自拉萨三大寺、上下密院、拉萨木鹿寺、喜德寺、药王山的喇嘛，手上高举着象征吉祥如意的伞、盖、幢和鲜花，也有的端着供品和礼物，还有的吹着大号，击着皮鼓，这是另一种风格的文化，它们交织着，形成了这条10 里大道上最赋有高原色彩的交响乐章，而十三世达赖喇嘛灵童就是这样在他未来的下属们的簇拥下，从这种交响乐中来到了八廓街中心的大昭寺。

当他在“当今皇帝万岁万万岁”的牌位上敬献了哈达后，走进大昭寺的大殿，向释迦牟尼佛像敬献哈达。这时，小灵童才注意到四周佛光四射的景象：一千盏酥油灯交相辉映着一千个糌粑做成的精美的供品和一尊尊他还叫不出名字的佛像。

小灵童惊奇地看着眼前的盛况，在高僧们的引导下登上了大昭寺的二楼，在那里，他把人们递给他的一条条洁白而名贵的哈达献给了赞普松赞干布、文成公主、莲花生大师以及白郎木女神等塑像，然后念《成就四业经》。

随后，灵童离开大昭寺，重新回到人声鼎沸的人流中，很快，人们又众星捧月似的把他抬进了布达拉宫。在日光殿，小灵童登上了无畏大自在天宝座。驻藏大臣与他互献哈达，按照礼节，他送给驻藏大臣一条长哈达和一尊佛像。

6 月 14 日，噶厦在有寂圆满大殿隆重举行十三世达赖喇嘛坐床大典。为庆祝达赖喇嘛坐床，在布达拉宫前的广场上，由西藏各地特地赶来参加庆典的民间热巴舞队和藏戏班子，演出了许多精彩的节目。无数的青年男女穿着节日盛装，在 6 月阳光明媚的蓝天下，唱着民歌，跳起各种舞蹈。在哲蚌寺至布达拉宫约 4 公里的大道上，75 名来自西藏各地的最好骑手还举行了长途赛马。

从6月15日开始，扎什伦布寺、功德林拉章、噶厦、基巧堪布、达赖喇嘛处及摄政处、噶厦所属官员及三大寺、四大林①、卫藏各大寺、各世达赖喇嘛家族、各部落首领等开始陆续前去庆贺。与此同时各种欢庆活动（噶卓）也连续不断。首先是扎什伦布寺举办欢庆大会，十三世达赖喇嘛、摄政、驻藏大臣都参加了这次盛会。规模宏大的盛会上，扎什伦布寺的札萨喇嘛努巴娃代表班禅大师和扎什伦布寺向达赖喇嘛献礼，并念诵赞辞。其后，丹吉林、乃琼札仓（学院）、阿里头人、三十九族头人、前后藏各地头人等都举行了规模不同的欢庆会。

十三世达赖喇嘛坐床后，正式启用前世达赖喇嘛的金印，并向清朝皇帝“上表谢恩”。据藏文史料记载，这种“谢恩”奏折的文字是按照五世达赖喇嘛罗桑嘉措遗留下来的规格写的，里面还有一首七言带韵的诗歌：

我们生在贫苦地，
您赐我们得安宁，
今后只有托靠您，
不靠皇上靠何人?!

坐床大典后不久，一名喇嘛背着奏折，离开拉萨，直奔北京。

十四世达赖喇嘛的坐床大典已是20世纪40年代的事情，无论从内容还是形式上看，除具有与十三世达赖喇嘛相同的仪式

---

① 拉萨四大林是历史上藏传佛教格鲁派四大活佛驻锡地丹吉林、功德林、策默林、锡德林的总称。16世纪中叶，西藏开始建造四大活佛驻锡地。丹吉林是第穆活佛驻锡地，又称广法寺。功德林是济咙呼图克图驻锡地，又名永安寺，为乾隆所赐名。策默林是策默林活佛驻锡地，属哲蚌寺罗色林扎仓，又称崇寿寺。锡德林是热振呼图克图驻锡地，又名锡德寺、凝禧寺。

外，还具有一定的现代气息，同时国民政府在十四世达赖喇嘛坐床前后也做过一些鲜为人知的事情。

还在1940年2月5日，国民政府批准拉木登珠为十四世达赖喇嘛，并拨给40万元坐床大典经费的政府令颁布前，国民政府和蒙藏委员会就开始着手筹备有关达赖喇嘛坐床大典的事宜。

据载，马步芳部下护送十四世达赖喇嘛灵童从青海启程前往拉萨后，蒙藏委员会就派藏事处处长孔庆宗先行离开重庆，取道西康，在灵童之前赶到了拉萨，开始部署有关坐床事宜。而蒙藏委员会委员长则同时在贵州、香港等地筹办礼品，并就此次入藏的任务、组织、经费等重大问题拟文呈报国民政府。蒙藏委员会在呈文中说：

> 这次入藏，主要任务是主持十四世达赖喇嘛坐床仪式，同时册封热振，为司伦、噶厦授勋。……民国十年，中央派贡觉仲尼入藏慰问，西藏逐渐明了中央的用意。民国二十三年，第十三世达赖喇嘛圆寂，第二年中央特派黄慕松为致祭专使，前往拉萨致祭，视察民情，联络感情，西藏与中央关系日益亲密。此次，达赖喇嘛刚刚圆寂，西藏失去重心，一心倾向中央，意至殷切，是解决西藏问题的最好时机……这次十四世达赖喇嘛坐床仪式，证明西藏与中央的关系已出现转机，因此，中央应借此良机，重新调整中央与西藏地方的关系，从而增进中华民族的大团结……①

呈文很清楚，这次进藏就是要通过十四世达赖喇嘛坐床典礼，来行使中央的主权，增进民族团结，维护祖国统一。

① 中国藏学研究中心、中国第二历史档案馆合编：《十三世达赖圆寂致祭和十四世达赖转世坐床档案选编》，中国藏学出版社，1991年。

为了确保吴忠信一行到藏后，能更好地掌握谈话的分寸，行政院院长孔祥熙还密令随行人员遵守有关谈话要旨，如：中央在保持中华民国之完整的唯一条件之下，只求增进西藏地方人民之福利。西藏为中国领土之一部分，但中央不将西藏划分为省区，可按照特种地方自治，允许西藏维持其政教制度。中央应在拉萨设驻藏办事大员，代表中央宣达意旨。西藏应拥护国民政府等。

国民政府在政治和舆论上做了充分准备后，又拟定了详细的授勋名单，其中对热振呼图克图、博敦贡噶汪却（西藏司伦）授以二等采玉勋章；四大噶伦郎琼白玛敦珠、彭休泽登夺吉、彭康扎西多吉、锵清土登霞嘉授以三等玉勋章。

一切准备基本就绪。1939 年 3 月，蒙藏委员会委员长吴忠信随身携带国民政府特派热振呼图克图主持典礼的特派状、蒋介石致热振呼图克图的手函、中央册封热振呼图克图的册文和金印、中央颁发热振呼图克图等采玉勋章等四份重要文件，与随行人员离开重庆，经印度到达拉萨。

可是等吴忠信实地了解情况后，才知这里的情况发生了一些变化。首先是灵童只有一个，并且在他到达拉萨的前几天（11 月 25 日）举行了出家典礼，摄政热振呼图克图成了十四世达赖喇嘛的剃度师，并给他授了沙弥戒。

从清朝的情况看，达赖喇嘛或班禅在剃度时，一般都是由驻藏大臣主持或在场时才能进行。所以当蒙藏委员会得到先行抵达拉萨的藏事处处长孔庆宗传来的这一消息后，当即指示他说：现剃发既成过去，自可不提，惟坐床登位大典，至关重要，必须俟委员长到后举行。

由于局势发生了这些微妙变化，国民政府、行政院、蒙藏委员会都在焦急地等待吴忠信到达拉萨的电文，而此时，这位委员长还在去加尔各答的路上。

12 月 8 日，噶厦向蒋介石呈报了十四世达赖喇嘛已剃度取法名的电报，孔庆宗的消息得到了证实，蒋介石也不免有些着急。从中国第二历史档案馆的档案看，自从十四世达赖喇嘛灵童在青海被发现以后，蒋介石就一直亲自过问其认定、掣签、坐床等方面的事情。吴忠信离开重庆后，他们之间始终保持着密切的联系。12 月 23 日，当吴忠信抵达西藏边境城镇亚东的第二天，就向蒋介石报告了这一消息。1940 年 1 月 15 日，吴忠信一到拉萨，又给蒋介石发了一封电报，目的当然是想让委员长放心。电报说：

“信于本日安抵拉萨。沿途经过喜马拉雅山，平均每日高度均在一万四五千英尺左右，空气稀薄，气候严寒，贱躯虽感不适，尚能力疾遄征。刻已托庇痊愈，堪慰廑怀。此间地方宁谧，民众欢欣。大典举行，正事筹洽。余俟续陈……”

蒋介石这才放下心来，于 1 月 30 日给吴忠信去了一封慰问电，并与他称兄道弟：

“册电诵悉……隆冬跋涉，辛劳至念。各情希续报……”

到达拉萨后，从大局考虑，吴忠信并没有把遇到的一件件不顺心事情，全部告诉蒋介石，而是尽可能把一些令人激动的消息电告国民政府和新闻媒介。

2 月 17 日，吴忠信的随行秘书周昆田电告重庆说：

委员长到藏，瞬已匝月，所有困难均已圆满解决，各方感情也极为融洽。另外，此次在上海所办礼品之精美，数量之丰富，以及到藏后赠送之普遍，均为首次。对三大寺的喇嘛布施两次。每人得藏银十多两。如此厚赐，打破了过去布施之纪录，故僧俗舆论莫不深表感戴。以目前情形观察，委员长在重庆时所订树立信用、收拾人心两目标，似已如愿完成。

第二天，周昆田又发给中央通讯社和各报社一份电讯说：

中央政府批准青海灵童拉木登珠继任第十四世达赖，同时拨发给四十万元坐床费，并册封热振，授给勋章，全藏闻之，感激万分。昨日热振活佛已电谢林主席及蒋委员长，并祝国泰民安，政躬康健，可见西藏与中央之关系已更加亲切。①

从这些电文中我们可以看到，吴忠信一行尽管到达拉萨才一月有余，但因为出发前作好了种种准备，所以经过他们的努力，中央政府和西藏地方的关系有了明显改善。

1940 年 2 月 19 日，离十四世达赖喇嘛坐床大典的日子仅剩三天了，此时拉萨已经开始有了浓烈的大庆气氛。当日，吴忠信的随行秘书周昆田向中央通讯社发回一份电讯稿：

西藏得到中央政府准以拉木登珠继任达赖之明令后，消息传开，僧俗欢腾。现距坐床日期已近，各项准备工作已经完成，布达拉宫内外修饰一新。坐床之日，还将举行赛马、摔跤等游艺活动，以示庆祝。新达赖拉木登珠订于二十一日午由罗布林卡移至布达拉宫，于次日早晨六时举行坐床典礼，吴忠信委员长将亲莅主持，届时必有一番盛况……

就在 19 日这一天，蒙藏委员会为十四世达赖喇嘛坐床致电热振活佛：

本月 22 日为第十四辈达赖坐床大典之庆，继承法统，阐扬宗风，慰藏胞喁望之殷，舒中央西顾之念。神师寅恭居摄，卓著勋勤，翘企灵山，无任驰贺……

与此同时，云南、四川两省政府也致电蒙藏委员会，宣布本省届时将开会庆祝、悬旗庆贺。

2 月 22 日早晨 4 时左右，十四世达赖喇嘛坐在他那用金缎包裹的轿子里，从罗布林卡启程去布达拉宫。当时，倾城出动，万民沸腾，扶老携幼纷纷出来迎接这位小活佛，在西藏人的心目中，自从十三世达赖喇嘛圆寂以后，他们整整熬过了六个年头的孤儿般的岁月。现在，达赖喇嘛终于重返布达拉宫，他们的愁眉苦脸一扫而尽。早晨 6 时，十四世达赖喇嘛坐床大典在布达拉宫

---

① 中国藏学研究中心、中国第二历史档案馆合编：《十三世达赖圆寂致祭和十四世达赖转世坐床档案选编》，中国藏学出版社，1991 年。

正殿举行。可是在坐床仪式之前却发生了“座位”的争执。据史料记载，此时，在吴忠信的座位问题上，出现了不同的意见，噶厦原打算把吴忠信的座位放在摄政热振活佛的对面，高低则与司伦座位相同。这时，吴忠信提出，自己代表国民政府，负责主持达赖喇嘛坐床事宜，再加之又是主管蒙藏事务的长官，这与中央政府的权力有关，不能迁就，至少应该照清代驻藏大臣的惯例设立座位，那就是在与十四世达赖喇嘛平行的左方面南设座。经噶厦会同有关方面的详细磋商，噶厦最后同意了吴忠信的意见。

无论从政治还是从国家主权来看，吴忠信的做法都是正确的，这已不是一个简单的座位问题，它涉及中央政府对西藏的主权问题，代表了国家的利益，是沿袭清以来中央政府在达赖喇嘛或班禅认定坐床时的旧制，是中央政府对西藏拥有主权的具体表现之一，这一点必须坚持，这是符合整个中华民族的利益的，同样也是全国人民最关心的事情。

坐床大典结束后，吴忠信立刻将当时的盛况电告国民政府主席和行政院院长：

“……第十四辈达赖喇嘛坐床典礼今晨六时在布达拉宫举行，忠信亲往主持，仪式极为整肃……”

随行工作人员奚伦和周昆田也在同日向中央通讯社社长发出电讯专稿，报道典礼过程：

十四世达赖喇嘛坐床大典，在吴忠信委员长的主持下，于本日晨六时在布达拉宫正殿举行，中央及西藏官员共五百余人参加庆典。吴委员长座位在达赖之左，面南平坐，其余的中央官员坐东面西，热振活佛率各僧官坐西面东，三噶伦及俗官则坐南面北。典礼于九时许完成，极为隆重严肃。同时，拉萨市内表演赛马、跳神及摔跤各项游艺，空气异常热烈……①

---

① 中国藏学研究中心、中国第二历史档案馆合编：《十三世达赖圆寂致祭和十四世达赖转世坐床档案选编》，中国藏学出版社，1991 年。

就在西藏和各藏族地区隆重举行庆祝十四世达赖喇嘛坐床活动的同时，祖国内地也与之紧密配合，举行了种种庆祝活动和仪式。早在坐床大典之前，蒙藏委员会就奉国民政府之令开始筹备重庆市各界庆祝十四世达赖喇嘛坐床典礼大会，并于2月14日在蒙藏委员会会议室举行了筹备会议，决定2月22日下午3时，在重庆举行典礼大会，推举考试院院长为大会主席，各报出版特刊，广为宣传。

2月20日，蒙藏委员会将此决定通知国民党中央所属五院院长，并拟请十四世达赖喇嘛坐床大典时，致电拉萨表示祝贺，以表示尊重佛教的盛意。行政院院长蒋介石也在这天通知国民政府，希望国民党党政军各机关在2月22日达赖喇嘛坐床典礼时，一律升旗表示庆祝。他在通知中说：

本月二十二日为西藏第十四世达赖喇嘛举行坐床典礼之期，全国应悬旗庆祝。除电令本院所属各部会及各省市政府执行外，党政军各机关也应遵照执行……①

2月21日达赖喇嘛坐床的前夜，全国各地都接到了这道命令。

2月22日下午3时，重庆各界庆祝十四世达赖喇嘛坐床典礼大会在长安寺举行，大会向辅国普化禅师热振活佛致电说：

“本日为第十四辈达赖喇嘛坐床庆典，本市各界在长安寺举行庆祝大会，日丽风和，人天辑睦。值兹抗战将近三年，捷音频传之际，令典观成，群情欢畅，特电申贺……”

2月23日，蒋介石也致电摄政热振活佛说，十四世达赖喇嘛22日举行坐床大典，喜教宗之有托，实全藏之福星，吉音所播，举国欢腾……

蒋介石在致电中希望热振活佛忠心辅佐达赖，使西藏政教稳

---

① 中国藏学研究中心、中国第二历史档案馆合编：《十三世达赖圆寂致祭和十四世达赖转世坐床档案选编》，中国藏学出版社，1991年。

固发展。

由于中央政府的精心准备和组织，从 2 月 22 日开始，全国掀起了举国同庆达赖喇嘛坐床的热潮。可以说正是中央政府和全国上下的一片至诚，感动了以摄政热振活佛为首的噶厦政府和西藏僧俗，达到了维护民族团结、祖国统一的目的。

1940 年 3 月 7 日，热振活佛致电国民政府主席林森说，2 月 22 日遵令举行十四世达赖喇嘛坐床典礼，地址在布这拉宫大殿。蒙藏委员会吴忠信委员长亲临主持，堪称吉庆，藏中僧俗官民一致欢腾。电文的末尾，热振活佛还对吴忠信代表中央赠送达赖喇嘛多件珍贵礼品一事表示感谢。

3 月 8 日，西藏地方政府也致电林森和蒋介石，感谢中央特派吴忠信主持十四世达赖喇嘛坐床大典和赠赐礼品。

1940 年 4 月 14 日，吴忠信一行圆满结束在西藏的各种特殊任务，由拉萨启程，经印度回国。

受 戒

根据藏文史料和汉文史料的记载，达赖喇嘛和班禅转世灵童在坐床大典后，就要举行受戒仪式，当然有的达赖喇嘛或班禅在坐床大典以前就受了戒。

1881 年，十三世达赖喇嘛已经 6 岁，按照藏传佛教的规矩，第二年就应该受沙弥戒了。从传统看，十三世达赖喇嘛的授戒仪式必须由八世班禅亲自主持，但当时八世班禅有病在身，难以经受长途跋涉的磨难，不能去拉萨担此重任。在这种情况下，噶厦建议由十三世达赖喇嘛的经师通善呼图克图主持授戒仪式。经驻藏大臣转奏清朝皇帝，光绪皇帝于 1881 年 9 月批准了给十三世达赖喇嘛授沙弥戒的人选，并派蒙古喀尔喀益喜苏巴前去拉萨，看视达赖喇嘛受沙弥戒的仪式。噶厦派人占卜后，选定了藏历水马年正月十三日（1882），在拉萨大昭寺释迦牟尼佛像前，由通善呼图克图给十三世达赖喇嘛授沙弥戒。

正月初六，十三世达赖喇嘛离开布达拉宫住进大昭寺。正月十三日，大昭寺开始繁忙起来，在寺院四周的转经道上，无数僧侣信徒手摇转经筒，口诵六字真言，虔诚地为自己、为达赖喇嘛祈祷；大昭寺门前著名的唐柳四周，信徒一大早就点燃了香艾，股股神秘的香烟弥漫着拥挤的过道；大昭寺门前的石板上，磕长头顶礼膜拜的信徒走了一批，又来一批，只听见信徒着地时藏袍“噗噗”的沉闷声。

授戒仪式在大昭寺大殿举行，摄政通善呼图克图令人把在大昭寺内的《显宗龙喜立邦经》请出来，放在殿上，十三世达赖喇嘛向经书磕头，并献挂一条五彩哈达。随后，通善呼图克图翻开经文，将不偷盗、不杀生、不说谎、不奸淫等36条沙弥戒律，一一向达赖喇嘛作讲解。听完经文，十三世达赖喇嘛面对《显宗龙喜立邦经》宣誓：

“遵守经上规定的一切律条，为众生之事，身体力行。”

宣誓结束后，十三世达赖喇嘛将经文包好，然后退到自己的座位上。最后，十三世达赖喇嘛又把几包一钱重的金子以及一个右旋法螺和法轮放在纯金盘上，送给通善呼图克图，作为他授沙弥戒的酬礼。至此，受戒仪式结束。

按照传统，达赖喇嘛或班禅转世灵童受过沙弥戒后，在20岁还要受比丘戒。比丘戒有253条，主要内容是不杀生、不偷盗、不奸淫、不说谎以及对其他言语、行为、起居、穿戴、饮食、念经、礼佛等方面的详细规定。作为一个喇嘛，这些戒律均应严格遵守。

1895年，十三世达赖喇嘛已年满20岁，按过去的旧例，应由班禅给十三世达赖喇嘛授比丘戒。但九世班禅曲吉尼玛此时才12岁，刚受过沙弥戒，尚未受比丘戒，不具备授戒资格。于是噶厦决定由十三世达赖喇嘛的经师普觉罗桑楚臣强巴嘉措来传授。从授戒仪式看，授比丘戒的仪式与授沙弥戒的仪式大致相同。

十三世达赖喇嘛受比丘戒的仪式定在藏历木羊年（1895，清光绪二十一年）正月十一日，在大昭寺释迦牟尼佛像前举行。从正月初五开始，十三世达赖喇嘛又照例从布达拉宫搬到大昭寺居住，并在释迦牟尼佛像及其他显宗四大部佛经前上了酥油灯和供品。初六起，来自布达拉宫的念经喇嘛开始举行念预备经的仪式。

十一日，授戒仪式开始举行，十三世达赖喇嘛和普觉活佛来到释迦牟尼像前，由普觉活佛担任授戒堪布；由十三世达赖喇嘛的副经师多吉强·林佛罗桑隆多丹增巴桑布担任“勒罗”，负责给达赖喇嘛补充讲解戒文；活佛罗桑阿旺丹增嘉措担任“桑敦”，负责询问达赖喇嘛是否明白了戒义；由甘丹寺的夏孜曲结、强孜曲结两位高僧担任“巴保”，负责端捧食具，需要时献给达赖喇嘛；担任“堆敦娃”的是甘丹赤巴罗桑楚臣，他的职责是负责主持授戒仪式的程序。此外，参加仪式的还有 11 名念经喇嘛，负责授戒时念经。当授戒堪布普觉佛师给达赖喇嘛一一讲解完 253 条比丘戒后，授戒仪式暂告一段落，随后，十三世达赖喇嘛土登嘉措、普觉活佛，甘丹赤巴等人一同前往日钦昌殿，在这里，十三世达赖喇嘛将接受人们的庆贺。

授戒仪式后，达赖喇嘛依旧按惯例返回布达拉宫，并派一名堪布背着奏折前往北京向清朝皇帝报告授戒的经过。

轮到九世班禅曲吉尼玛受比丘戒的时候，十三世达赖喇嘛已 26 岁，具备了给班禅授比丘戒的资格。1902 年，扎什伦布寺向十三达赖喇嘛、摄政第穆呼图克图和驻藏大臣请示，经同意，九世班禅在扎什伦布寺僧官的护送下，来到拉萨，于 4 月 15 日在大昭寺释迦牟尼佛像前，由十三世达赖喇嘛担任授戒堪布，给九世班禅授了比丘戒。

13. 佛学状元

无论是哪一位活佛，也不管他是大活佛还是小活佛，当他被认定为转世灵童，登上自己的宝座后，他的生活就相对稳定下来，一直到他执政或主持寺院教权之前，他都是跟随特定的经师学习藏传佛教知识。达赖喇嘛和班禅的特殊地位使他们在漫长的学习年月里，可以有别于其他活佛而受到最好的教育。他们的经师是西藏甚至整个藏族地区最著名的学者，而其他活佛却没有这么好的条件，他们的经师尽管也是由当地或者西藏著名的高僧担任，但寺院仍然要想方设法把他们送到拉萨，在三大寺中任何一座寺院里深造数年，并获得佛学格西学位，这就是培养教育活佛的传统方法。

活佛　智者　格西

自从坐床受戒以后，十三世达赖喇嘛土登嘉措的生活就发生了变化，这时他才是 6 岁的孩童，除了他的兄弟们外，他再没有别的小伙伴。为了让他的生活多一些乐趣，他的侍从们也常常跟他一起玩玩具，做藏族幼童喜爱的传统游戏，尽量让他开心和高兴。据十三世达赖喇嘛的传记记载，他的玩具大多是木头的，有骡、马等。他也拥有其他藏族小孩从来不曾见过的进口玩具，像小火车和其他各种各样的机械玩具。

他生活的天地很小，偶尔有外出游玩的机会，也有众多仆人陪同，这些近侍出于种种考虑，不是限制他这样，就是限制他那样。他是藏族人的偶像，虽然仅仅是一个小孩，但仆人们总是把他当成成人来对待，他看到的都是一张张成人的脸。他一年的大部时间是在八廓街西南的布达拉宫里度过的，只有到了夏季春光明媚的时候，他才可能在仆人们簇拥下，到布达拉宫西边的夏宫罗布林卡小住一阵子。这里的环境在他的眼里完全是另外一个世界。他的童心在罗布林卡茂密的树丛中驰骋，可是当他刚刚把布达拉宫的经堂淡忘时，近侍们又把他抬回了布宫。

他的生活除了早已熟悉的寝宫外，每天见到的就是他的近侍们：一名森本堪布负责管理他的卧室；另一位森本堪布是他的膳食总管，他负责每天把食品摆在达赖喇嘛的面前，并亲口尝尝，以便保证达赖喇嘛的安全；第三个堪布是却本堪布，他的职位相当于宫廷祭师，负责代表十三世达赖喇嘛向神灵和佛像进献供品。这些喇嘛并不是普通的仆人，他们都是地位和名望极高的僧官。此外，十三世达赖喇嘛还有自己的医生和“基巧堪布”，这位“基巧堪布”实质上就是十三世达赖喇嘛身边所有僧官的头目。这些人员负责达赖喇嘛的教育，照料他的日常生活。

当他住进布达拉宫以后，噶厦和摄政就给他指定了两位佛学知识极为渊博的经师指导他的学习。按照藏传佛教的观点，他虽然是活佛，但具有人的形体，所以必须像凡人一样学习。

他从藏文的 30 个字母学起，然后才是阅读、抄写、背诵经书和学习书法。除此以外，他的课程还有打坐参禅、呈献祭品，他必须经常在文殊菩萨像前完成这一课程，因为以后他还要学习密宗经典和其中的一些瑜伽精要。藏文史料记载，他在两位经师的指导下，第一次打坐参禅时，还只是一个小孩，据说这次打坐的时间是 85 天，在此期间，他隐居静室，除了他的经师外，任何人都不准见。

十三世达赖喇嘛的课程表中还有算术，教师是他的基巧堪布。他还时常同这位算术老师一起阅读《西藏王臣史》。此外，他的学习计划中还有最重要的一课，那就是要尽可能地学习有关政教事务方面的知识，因为数年以后他就要掌管前世留给他的宗教和世俗方面的权力，据藏文史料记载，在达赖喇嘛的身边有专职的经师负责这方面的培养和训练。

再加之随时都有名师教授指导，所以他所获得的知识是非常宽泛的，掌握的程度与一般的孩童也迥然不同。

当他具备一定的阅读和理解能力后，他开始集中学习佛学，没过几年，他那幼小的心灵中就已铭刻了藏传佛教丰富的学问。他除了要学习种种密宗著作深奥玄秘的教义外，许多早已公之于世的西藏佛教著作也是他必学的课程，据记载他还学完了 108 卷《甘珠尔》和 225 卷《丹珠尔》大藏经。

在西藏和其他藏族地区，检验一个喇嘛或者活佛学习成绩的好坏，往往不采用人所共知的考试办法，而是通过辩经。一般情况下，十三世达赖喇嘛的身边经常有 8 名著名的格西（佛学博士）同他一道进行辩经训练，当他 13 岁左右的时候，他先后去过哲蚌寺、甘丹寺和色拉寺，同一些颇有名望的高僧进行辩经，结果人们发现他们的领袖年纪虽轻，但知道的学问和能说会道的口才都是一流的。

辩经，用最通俗的话说就是辩论，但内容只是围绕藏传佛教经典来进行。辩经是藏传佛教寺院最为普遍的一种学习方式，不论在拉萨的三大寺，还是在后藏的扎什伦布寺，以及甘、青藏族地区的拉卜楞寺和塔尔寺，每年都要举办各种各样的辩经大法会。

甘肃的拉卜楞寺建于清初，距今仅有 200 多年的历史，但由于寺主历代嘉木样活佛的努力，该寺后来成为藏传佛教六大寺院中的一座，它拥有 6 个学院，而其中的闻思学院就有 13 个年级 2000 多名学经僧人。每年的冬季和夏季，闻思学院都要举行盛大的辩经大会。辩论者以年级为单位，高年级与低年级相互问答，辩经内容是低年级的课程，地点在该寺夏季辩经院，时间是每天12点开始，下午5点结束。

一般上午10点左右，低年级的僧人首先来到辩经院，解下外氅和袈裟，开始拍手吼叫，这时高年级的僧人也随着他们的掌声和吼叫声，陆续进入辩经院。当各年级僧人大致到齐后，主持辩经仪轨的领经喇嘛翁则和维持秩序的喇嘛格贵也先后到场，此时，不同年级的僧人纷纷站起，拍手吼叫，声大如雷。

辩经大会开始前半小时，寺主嘉木样活佛入场，各年级僧人起立脱帽致敬。这时会场一下变得庄严肃穆，只有和谐的管乐和打击乐。①

辩经开始后，高年级和低年级各出一名优秀者一问一答。一般来说，他们提的问题在一个月以前已准备好，因此，每个问题又长又难，如果看的经书不多，自然难以回答。至于辩论的方式，相当于形式逻辑中的归纳和演绎。问答双方谁好谁坏，不懂藏语的人是分不清楚的，而懂藏语却不懂经典的人，也会不知所云，当然只要注意他们的动作和表情，也可知道一二。如果是问者占了上风，答的人就不能马上回答，而问方的拉拉队就会做出各种表情或发出感叹声，如“咦”（长呼），每长呼一声拍一次掌，一连三次；“哦”（短呼），每呼一声拍掌三次；连呼“差”“差”；手转念珠，口呼“嘉唐巴”，表示答方错误之多已达100，等等。如果问的一方问题简单，不值一辩，答方的拉拉队也会有种种反应，而答辩者也会立起反驳，并卸去袈裟，将念珠套在颈上，双手平伸，右手竖起大拇指表示自己获胜，左手竖起小拇指表示对方落败，这些动作，对辩经者是很难堪的。由此可知，十三世达赖喇嘛在13岁时就敢在西藏最高学府三大寺参加辩经大会，没有平时的勤学苦练是难以做到的。

① 拉卜楞寺法会上的音乐一般叫“道得尔”，已有200多年的历史，是藏汉文化的混合体，深受安多地区群众的喜欢。“道得尔”一般由管乐和打击乐构成。

十三世达赖喇嘛之前的四位达赖喇嘛都是夭折的，因此人们希望十三世达赖喇嘛能像五世达赖喇嘛一样长寿，并成为伟大的人物，而十三世达赖喇嘛与五世达赖喇嘛确实有不少相同的地方。

十三世达赖喇嘛 11 岁时，开始学习因明学。1890 年，十三世达赖喇嘛已满 15 岁，这时他的佛学知识已经大有长进，就在这一年的 1 月 15 日，他在松觉热讲经场为僧俗百姓讲授了《释迦牟尼传》。此时，他的佛学知识已经使他可以与 7 位侍读经师共同研究教理。

17 岁，十三世达赖喇嘛开始聆听普觉经师讲授《现观庄严论》《中论》《释量论》和《律经根本律》等典籍，为了学习五世达赖喇嘛的著作，他下令重新刻印了五世达赖喇嘛的《现观庄严论善慧思饰》《中论大乘船》《俱舍伦释运宝库》等著作，并补充刻印了尚未出版的一世达赖喇嘛有关法相方面的著作。

1893 年，十三世达赖喇嘛 18 岁，开始跟随普觉活佛学习《菩提道次第广论》。这一年的 8 月 15 日，普觉经师为他授密乘灌顶，从此以后，十三世达赖喇嘛开始学习密宗知识。同年 10 月，上密院卸任堪布林仓活佛罗桑龙多、旦增赤列·白桑布等开始担任他的经师，主要讲授《菩提道次第略论》[①] 及因明学辩论法等课程。

1894 年后，十三世达赖喇嘛的密宗课程越来越多，这也是藏传佛教培养高僧大德的途径，先学习显宗著作，等具备一定基础后，再转入密宗的学习，因为像达赖喇嘛这样的特殊人物，必须是显密双通。这一年的春天，他聆听了普觉经师传授密乘灌顶，并接受了其他两位经师所授的长寿灌顶和相关知识。1896 年，当十三世达赖喇嘛 21 岁时，他又跟随经师林仓活佛学习了

① 宗喀巴：《菩提道次第略论》，西北大学出版社，2004 年，该书是《菩提道次第论》之略本。

金刚橛灌顶的传承。

1898年，是十三世达赖喇嘛的学业走向金秋收获的季节。这一年他将参加拉萨三大寺举行的游学誓愿辩经大法会，届时，他将经受各寺高僧和著名学者的考试。

4月11日，达赖喇嘛为参加游学誓愿辩经大法会，从布达拉宫移往哲蚌寺著名的甘丹颇章大殿。6天以后，他在大殿宝座上接受僧俗官员的祝贺，随后，第一场辩经开始。首先是著名的智者哲蚌寺洛色林扎仓卸任轨范师钦热丹增伦珠与达赖喇嘛辩论佛法。接着是在场的轨范师、经师、活佛以及学识渊博的格西们先后轮番引用《五部大论》的正文和释文提出一些极其尖锐、疑难的问题，达赖喇嘛胸有成竹，依据各教派的典籍和教义，一一回答。之后，三大寺的学者们开始上场，如同打擂似的轮番与达赖喇嘛进行辩论。年仅23岁的达赖喇嘛极为沉着冷静，引用的经典原文和讲述的道理都十分精确，学者们口服心服，多次称颂他是陈那和法称的再现，再没有提别的问题。第一场辩经就这样在诸位大师的祝福和赞美声中结束。

1898年4月30日，十三世达赖喇嘛提前住进色拉寺准备参加第二场游学辩经。5月3日，辩经仪式开始，达赖喇嘛在色拉寺色拉基大殿前的广场首端升座，首先接受噶厦政府和经师的敬礼，然后开始辩经。色拉寺杰扎仓的轨范师庆热塔堆等堪布、活佛、格西根据《五部大论》要义，逐一向达赖喇嘛提出问题，达赖喇嘛舌战群雄，对答如流。随后开始由达赖喇嘛向各位学者提问，结果问题疑难深奥，许多学者难以对答。辩经结束后，达赖喇嘛返回布达拉宫。很快达赖喇嘛在哲蚌寺、色拉寺舌战群雄、大获全胜的消息不胫而走，人们看到了十三世达赖喇嘛的才华。

十三世达赖喇嘛辩经的最后一站是拉萨东边的甘丹寺。4月16日，他离开布达拉宫，在密宗德庆寺小住一夜后，于第二天到达甘丹寺。4月20日，甘丹寺在强孜扎仓举行了庆祝达赖喇嘛初入佛门的仪式，然后达赖喇嘛来到辩经场，接受甘丹寺法台代表扎仓的献礼。礼毕，达赖喇嘛开始领诵《菩提道次第祷祝经》，然后讲《缘起赞经》。最后与强孜扎仓的轨范师以及因明学者辩论《五部大论》中的疑难问题。经过对教理经义长时间的辩论，达赖喇嘛以其尖锐的言辞回答了对方的提问。4 月 24 日，十三世达赖喇嘛在甘丹寺第二次辩经，由强孜扎仓卸任堪布巴苏洛桑旦白坚赞活佛作为评判，与轨范师、活佛、格西等广通经义的学者们进行了辩论。对方不断从《五部大论》中提出问题，达赖喇嘛均对答如流。

至此，十三世达赖喇嘛在三大寺的游学誓愿辩经全部结束，大获全胜。看到这样的好成绩，达赖喇嘛的经师们都感到无比欣慰。1899 年，普觉经师和拉萨功德林寺请求十三世达赖喇嘛参加拉萨祈祷大法会。该法会由宗喀巴大师创立，法会上有一重要内容，这就是通过辩经，考取藏传佛教最高佛学学位格西。正是出于这种考虑，普觉活佛曾多次对达赖喇嘛说："五世达赖喇嘛曾参加三大寺的岭色格西答辩，七世达赖喇嘛也参加过哲蚌寺的多让巴格西答辩，均获得了学位。达赖喇嘛您具备了各方面的才能，为给后辈做出榜样，恳请参加拉让巴格西答辩。"达赖喇嘛接受了请求，于 1899 年 1 月 7 日住进了大昭寺，准备参加拉萨祈愿大法会上的格西学位答辩。

1 月 11 日，在僧众诵经法会上，十三世达赖喇嘛接受了功德林寺敬献的祈祷文。两天以后，达赖喇嘛开始在大昭寺释迦牟尼佛像前顶礼上供，给参加法会的僧众发放布施，并供养了一天的茶饭。拉让巴格西学位答辩仪式上，达赖喇嘛首先接受了噶厦政府、团体以及个人奉献的礼物，然后由普觉经师担任主考官，开始答辩。十三世达赖喇嘛答辩时，针对学者们提出的疑问，引经据典，口若悬河，对答如流。在答辩的间隙，他还与三大寺、热堆等寺的普通僧众就《中论》和《现观庄严论》等经典进行辩论；此外还与各活佛和格西们就《律经》和《俱舍论》中的数百条要义进行辩论，对提出的难度很大的问题，都逐一解答。在一边观看答辩持中立态度的学者们无不心服口服，一些德高望重、出类拔萃的格西一致赞叹说：“至尊全知佛祖如此通晓五部大论，尤其精通于《现观庄严论》《中论》，在目前三大寺的活佛和格西当中也是屈指可数的。”

毫无疑问，十三世达赖喇嘛当知无愧地考取了一等拉让巴格西学位，成为西藏的佛学“状元”。

智慧之门

对于每一世班禅的转世灵童，扎什伦布寺都会按照传统的方法来培养，以使他们都能像四世班禅罗桑曲杰那样成为一名闻名全藏的思想家和佛教学者。通往这条智者之门的道路是非常漫长而又艰辛的，正像十三世达赖喇嘛最终成为一等拉让巴格西一样，每一世班禅都将通过他们的努力，进入智者的殿堂，而六世班禅洛桑巴丹益喜正是他们当中的佼佼者。

才3岁的时候，这位来自后藏南木林扎西则庄园的班禅灵童就开始跟着他的经师学习经典。毫无疑问，这位灵童像所有的达赖喇嘛和班禅转世灵童一样天赋极高，只要一经教授，他就能毫不困难地读诵《皈依颂》《智慧虚空母颂》《东方雪山母颂》等菩萨和护法颂，并能根据学到的知识作天女施食和土地神施食仪式。

六世班禅的学习课程并没有按照传统的先显宗后密宗的教学方法来安排，而是兼而修之。5岁以后，六世班禅在仓巴顿托建的劝说下，开始跟随阿旺强巴学习《菩提道炬论》《摧破金刚陀罗尼经》《马头明王秘密念诵仪轨》《白度母陀罗尼经》《六臂护法仪轨》等显密经典。传记上记载，每次聆听教法时，阿旺强巴高居宝座，而六世班禅大师则坐在阿旺强巴座前的坐垫上，身居平地，学习时态度谦恭，念诵流利，使导师折服。

从历史记载来看，清朝皇帝历来对达赖喇嘛和班禅转世灵童的学习很关心。1747 年 10 月 3 日，扎什伦布寺派往北京向清高宗乾隆帝报告六世班禅坐床经过的特使郭聂、然将巴等返回扎什伦布寺，并带来乾隆帝的一道敕书，嘱咐六世班禅要用心学习佛经，博问佛理，发扬光大黄教。7 天以后，六世班禅就正式拜扎什伦布寺的普觉阿旺强巴为师，受了格年戒。一年以后，班禅大师又拜精通一切显密经论的密宗大师安钦·洛桑索巴为经师，每日定时学习四世班禅洛桑确吉坚赞著的《宗喀巴大师之上师瑜伽》《妙音天女赞》①《妙音天女修行法》（宗喀巴著）等论著。这时，六世班禅还不到 7 岁。

1744 年，六世班禅由经师授沙弥戒后，密宗方面的课程不断增加，一下多了 22 门密法课。如《集密不动金刚火坛祭祀法》《曼荼罗仪轨念诵法》《大佛顶陀罗尼禳解法实施心要》《寿命自在仪轨长寿如意宝》等。小小的六世班禅就这样学习，学习，再学习。在学习勤奋方面，十三世达赖喇嘛同他是很相像的。从传记上看，我们几乎见不到有关描写这位班禅小灵童游戏和玩耍的文字，可以说除了学习外，他的其他生活就是没完没了的宗教仪式和接见拜访他的僧俗官员和群众。他的成长之路完完全全就是一条学习之路。

8 岁以后，班禅的经师更多的是教他学习前世班禅大师们留下来的著作，他用了 3 个月的时间学完了《四世班禅全集》和《五世班禅洛桑益喜全集》，在这期间，他的课程表上还有《宗喀巴全集》和《集量论》。这一年，六世班禅又得到了乾隆帝的圣谕："班禅额尔德尼为众生上师，须勤奋上进，不可懈怠。"在他 9 岁那年，经师洛桑苏巴教授他近 23 部密宗法要，这位经师不知道他的学生掌握得如何，就让他自己重新讲解了一次，经

① 妙音天女是印度教与佛教共通的本尊，在印度、西藏但凡学习梵文者，大多会修此法门以求学习顺利。

师听后，大加赞扬，并献哈达鼓励他多诵经典。六世班禅的传记上有这样一首诗赞扬他说：

年少聪慧如意树，
大智香气充满鼻。
绝世宝树智慧树，
运用良法创奇迹。

1749年，六世班禅11岁了。此时的他在普觉阿旺强巴和洛桑索巴两位经师的教导下，已是满腹经纶，兼通显密二宗，但是小班禅还是像许多的活佛和喇嘛要去拉萨学经一样，应七世达赖喇嘛的邀请启程前往拉萨。金秋10月的一天，六世班禅和七世达赖喇嘛相会于布达拉宫的旧经堂。因为七世达赖喇嘛年长，六世班禅年幼，班禅向达赖喇嘛磕头，两位活佛交换哈达后，又行碰头礼。然后达赖喇嘛和班禅各就各位，座位的高低完全平等。

六世班禅传中记载，这一日，达赖喇嘛举行了盛大筵宴招待六世班禅。宴会后七世达赖喇嘛非常高兴，出于前世达赖喇嘛与班禅之间的特殊关系，他对班禅说，这次我们能够相聚真是万幸，你要多住几日，我要把从各位高僧贤德和智者经师那里学到的一切教理都奉献给你。会谈时在座的大强佐觉得七世达赖喇嘛的想法实属恩泽深重，但拉穆护法神却认为班禅还年幼，不可学习更多的密宗灌顶和经典。由此看来，六世班禅勤奋学经的传闻连拉穆护法神也有所耳闻。这次会谈后，七世达赖喇嘛和六世班禅建立了师徒关系。

六世班禅首先在七世达赖喇嘛膝前学习了《文殊阿拉巴杂随许法》《菩提道次第略论》《兜率上师瑜伽论》等著述，以后，七世达赖喇嘛又传授了《白度母如意轮随许法》。据六世班禅的传记说，六世班禅这次在布达拉宫共住半年时间，每日由七世达赖喇嘛给他教授经典。

从12岁开始，班禅开始学习《甘珠尔》大藏经。这一年达赖喇嘛和驻藏大臣同意任命杰康洛桑群佩为六世班禅的大经师，这时他的身边已有三位经师和其他一些老师。从这些材料我们都可以看出，有关班禅的培养问题，并不是完全由扎什伦布寺来决定，在什么时候选任经师，选任什么样的经师都需驻藏大臣和达赖喇嘛同意，就像我们在前面所说，班禅的学习就连皇上也要亲自过问，由此可见各方面对他的学习是非常关心和重视的。对六世班禅而言，他比七世达赖喇嘛要年少，又拜七世达赖喇嘛为师，所以他的学习安排自然应该得到七世达赖喇嘛的同意，同样，如果达赖喇嘛是班禅的学生，那么达赖喇嘛在学习上也会尽可能地征求班禅的意见。

早在六世班禅11岁的时候，就派人到拉萨呈书七世达赖喇嘛，请求授教灌顶，达赖喇嘛同意了他的请求。并定于第二年的5月会晤。因为六世班禅此次是第二次去拉萨从师达赖喇嘛学习经典，为此，乾隆皇帝还专门下谕旨，要班禅在具体事情上多与达赖喇嘛和西藏地方政府联系。

六世班禅传记载当时的情况说："当六世班禅于1752年6月6日到布达拉宫时，仪仗队和身着礼服的群众在路旁载歌载舞，布达拉宫宫顶彩旗飘扬，海螺鸣奏。班禅大师莅临日光寝宫时，达赖喇嘛恭礼献上哈达一对，然后师徒升座，叙述往事。等一连数日的盛大宴会仪式结束后，七世达赖喇嘛开始在尊胜三界寝殿为六世班禅、第穆活佛等30余人传授《金刚鬘灌顶预备仪轨》。以后，又专门为六世班禅传授了《文殊金刚坛城十七神灌顶》《十七尊文殊金刚圆满灌顶》《金刚鬘四十二坛城及外事善行三坛城》等共45坛城灌顶法。"

由于上述这些灌顶均属于密宗灌顶，所以灌顶仪式是十分神秘的，有时其装束还给人一种恐怖的感觉。六世班禅传中有一段这样的记载，六世班禅在受鬘乐轮六转变时轮灌顶时，灌顶师七世达赖喇嘛高坐在狮子宝座上，一身骨饰法衣，那是一件用骨头串制而成的衣服，每一块骨饰都雕刻怪异，形象骇人，一个普通的俗人只要看上一眼，定会胆战心寒。然而这却是时轮灌顶必不可少的法器，在袅袅的香烟和酥油供灯朦胧光线的衬托下，它神秘而又有神的力量。果然，当七世达赖喇嘛为六世班禅灌顶时，空中开始飘下吉祥花雨，大地呈现殊胜的威严。

从时间上看，六世班禅此次在拉萨前后共住了半年，跟随七世达赖喇嘛学习各种密法和显宗经典，著名的《达赖喇嘛全集》就是这次在拉萨学完的。虽然这次是来向达赖喇嘛学习，但七世达赖喇嘛并不是一直以师长自居，而是经常与六世班禅共同研讨佛学。七世达赖喇嘛曾对六世班禅说："班禅肩负佛法重任，应如先世，通观显密教法。"也许正是出于这种想法，七世达赖喇嘛才在短短的半年时间之内，不辞劳苦，为报前世班禅教授之恩，将无数灌顶、诵传、随许法、秘诀授予班禅。难怪六世班禅传中感叹道："在此具乐之上，无量光佛与观世音菩萨作为师徒，在此不净之土喇嘛赤木迈尔巴与王子贡却、阿底峡尊者与仲敦巴嘉哇窘乃亦为师徒，一切的一切皆为缘起……一切置身局外的贤者亦看见师徒二人的所作，信仰之月光使手中莲花合闭开放，宣扬赞颂……"

六世班禅就是这样经过自己的不断努力和众多经师的精心教授，最后在导师七世达赖喇嘛的培养和指导下，成为一名学贯显密、全藏智者仰慕的佛教大师。从藏文史料上看，经六世班禅教授、灌顶过的高僧几乎遍布蒙藏，而最著名的学生就有第穆活佛、三世章嘉活佛和八世达赖喇嘛等。在六世班禅传中，有一首诗歌专门赞誉了他学成以后，大转法轮，弘扬佛教的情景：

十方诸佛会聚在一起，
怙主功德如白银流水。
一切孽运的劣铁触之，
即成昂贵利乐的宝物。

您的名声之珍宝项链，
装饰着四方天女脖颈；
再三赞美声响遍大地，
岂有谈论他事的时辰？
在您所到之处的足迹，
一切尘土也被人恭奉，
您的三密（智慧之见）所建之业迹，
世间众生永不可思议。

《六世班禅传》的作者是闻名遐迩的拉卜楞寺寺主一世嘉木样活佛嘉本样·久麦旺波，他把六世班禅学成之后弘扬佛法的事迹与释迦牟尼在鹿野苑（佛教圣地，指仙人住处。位于中印度波罗奈国，在今印度瓦腊纳西城北约 10 公里处。传说是释迦牟尼成佛后最初说法的地方）传法的事情相提并论，可以看出嘉木样活佛对六世班禅的推崇。传记中有一个很形象的比喻，他认为全藏的贤者大德无处不有，而六世班禅给予他们的知识和教诲仿佛是如意主瓶中流出的甘露，使那些学者犹如万物茁壮成长。

最高学府

在蒙藏人民的心目中，拉萨的哲蚌寺、甘丹寺、色拉寺无疑是藏传佛教的最高学府，它们的地位就相当于今天的北京大学和清华大学等。这些寺院除了培养普通的喇嘛外，各地的活佛也是其培养的主要对象。

在一般人的认识当中，往往只是简单地把西藏的寺院看成是喇嘛念经、信徒朝拜的宗教场所。但是，人们忽略了一点，那就是寺院本身还是培养佛教人才的重要场所。自从宗喀巴改革藏传佛教创立格鲁派后，相继在拉萨建立了三大寺，目的之一就是要以此来培养佛教人才，通过广收僧徒来扩大格鲁派（黄教）的社会影响和宗教影响。为此三大寺建立了一套不同于其他教派的寺院教育制度，经过200余年的探索、补充和修改，到五世达赖喇嘛建立甘丹颇章政权以后，基本形成了一套完整的教育制度。

三大寺培养出来的最高佛教人才，当推继承宗喀巴法座的甘丹赤巴①。甘丹赤巴所走过的学经道路也就是高级佛教人才培养的全过程。宗喀巴在生前就曾规定，要成为一名甘丹赤巴，首先必须在大寺院里按顺序学完显教五部大论，取得拉让巴格西学位（头等格西学位），然后进入上密院或下密院修习密宗，取得密宗学位，而后才次第升为密院格贵、喇嘛翁则、堪布、堪苏，而后才可成为甘丹赤巴的候选人。甘丹赤巴虽然在政治地位上不及达赖喇嘛和班禅，但在宗教地位上却比他们都高，因达赖喇嘛只是考取了拉让巴格西学位，并没有到上下密院继续学习获得密宗学位。

甘丹赤巴的产生，与三大寺和上密院、下密院有着直接的关系。因为三大寺的学经制度最完备，学经时间最长，所学的内容最多，最有权威性，故规定唯有三大寺的僧人才有资格登上甘丹赤巴这一佛学智者首座。若有志出任甘丹赤巴者，必须入三大寺中的任何一寺学习。甘丹赤巴是佛学的最高法座，登此法座者不分家庭贵贱，身份高低，必是得道高僧，因此西藏有句俗语说："孩子若有才，甘丹赤巴宝座没有主。"

正是出于这些方面的考虑，蒙藏各地的有志喇嘛都想方设法千里迢迢来到拉萨，进入三大寺学习；而作为一名活佛，当他被认定为某个寺院的活佛转世灵童后，在他的成长道路上，往往也少不了去拉萨三大寺学习深造这一课。从宗教地位和学习条件来看，任何一个活佛都无法与达赖喇嘛和班禅相比，就是格鲁派六大寺院中的拉卜楞寺寺主嘉木样活佛和塔尔塔寺寺主章嘉活佛，

---

① 甘丹赤巴意为甘丹寺法座的持有者，或者甘丹寺的法座。拥有这个头衔者将成为格鲁派的领导者。这个职位不是经转世传承的，而是须达赖喇嘛和西藏噶厦政府决定的得道高僧，一般任期7年。

尽管他们身边也有不少著名的经师充任老师，但他们往往也不会就此满足，因为他们与其他的活佛转世灵童一样，不可能受到像达赖喇嘛和班禅那么好的教育，唯有这两位活佛的培养才是由专人负责的，并且往往不需要进三大寺学习就能获得同样高或者更高的学问，因为他们的经师都是当时最有名望的佛学大家。也许正是这个原因，多数寺院都设法把本寺的转世灵童送到三大寺去学习或继续深造，以使他们成为一名受过三大寺系统教育的活佛，更好地执掌教务，提高寺院的声望。

当然，每一位去三大寺受教育的活佛并不都是为了当甘丹赤巴，这只是藏族寺院教育培养活佛或喇嘛的途径，人们更多的是为了接受三大寺的系统教育，而部分活佛则把学习的目标瞄准在格西学位上，因为这是他们成才的标志之一，就像今天的学者攻读硕士或博士学位一样，格西学位体现了一名喇嘛或者是一个活佛的学历，而在三大寺中，经过不断努力，获得这一殊荣的活佛的确非常之多。

从藏文史料上看，在三大寺接受过系统教育的活佛是举不胜举的，像《六世班禅传》的作者一世嘉木样活佛就曾在三大寺学习了 8 年，然后才返回拉卜楞寺主持教务。而另一位藏族高僧土观·洛桑却吉尼玛被认定为三世土观活佛后，经过数年的学习，也来到了哲蚌寺著名的果芒扎仓学习，前后拜二世嘉木样活佛学习因明长达 7 年之久。后来终于成为著名的大学者，并深得乾隆皇帝的赏识，受职掌印喇嘛、御前常侍禅师等，著作有闻名全藏的《土观宗派源流》和《章嘉国师若必多吉传》等。在现当代，著名的高僧格达活佛、措康活佛、东噶·洛桑赤列等活佛都曾在三大寺接受教育，并成为当代藏族最著名的学者。

措康活佛（1913—1984），又称坚白赤烈，是当代藏传佛教中一位博学多闻，精通经、律、论三藏，以辩经著称，在各教派中享有很高威望的格鲁派高僧。措康活佛 3 岁时被西藏昌都芒康丝乌寺认定为东仓活佛的转世灵童，接入寺庙抚养，8 岁坐床后拜阿西阿乃为经师学习佛经。他从小聪慧过人，读经过目不忘，13 岁时已能熟读《五部大论》，以后得到邦达家族的资助，于 1926 年到拉萨哲蚌寺学习经论，并被追认为罗色林扎仓的措康活佛。他先后跟随以辩论著称，显、密、学、修精湛的德嘛和东培格西学习。学习的内容主要是《释量论》《集量论》及宗喀巴大师的两大弟子贾曹杰和克珠杰对《集量论》的注释。在此基础上，他开始系统地学习《现观庄严论》等经论，最后又学习了《俱舍论》及一世达赖喇嘛对该论的注释。由于学习刻苦勤奋，措康喇嘛在青年时代对显教的各种经典及注疏，都能口诵心悟，得其精要，每次立宗辩经，无往而不胜。27 岁时，他在全藏的格西学位答辩考试中智压群贤，获得了一等拉让巴格西学位。28 岁时（1941 年），在藏传佛教各教派学者云集的拉萨祈愿大法会上立宗答辩，再次大获全胜，誉满全藏。

当措康活佛获得格西学位后，便进入上密院（居堆扎仓学院）修习密宗。拜宗喀巴密部第二十八代康萨喇嘛为主要老师，研习《密宗道次第》，从事密、行密入手，学习瑜伽、无上瑜伽第四部密法及各种仪轨、灌顶、坛城等密宗要法。同时还学修了《大威德怖畏金刚》《集密金刚》《大乐金刚》等密法。31 岁时，他在上密院考取了密宗学位昂仁巴，第二年被推任为哲蚌寺的结巴堪布。

据《青史》和《黄琉璃》等藏文佛教典籍记载，从宗喀巴就任第一任甘丹赤巴法座开始，到 1958 年，共有 96 任甘丹赤巴，特别令人感兴趣的是，除了一世班禅出任过甘丹赤巴外，西藏大活佛世系的第一世大多出任过甘丹赤巴，如一世热振活佛、一世第穆活佛、一世阿里活佛、一世济隆活佛、一世策墨林活佛等。据记载，在活佛转世制度最盛行的年代，大多数并非活佛的甘丹赤巴圆寂后都可转世，所以从甘丹赤巴衍生出来的活佛世系就多达几十支，这些世系如开枝散叶，伸展到卫藏、青、甘，甚至北京。

14. 争 权

亲 政

五世达赖喇嘛以前，格鲁派还没有取得至尊的地位。但是当年轻的五世达赖喇嘛和四世班禅与势力十分强大的和硕特部落的固始汗联合，并由他率领一支强大的军队，击败了西藏东部所有的头人，又杀了当时统治西藏的噶玛派首领后，五世达赖喇嘛阿旺·罗桑嘉措才成了西藏至高无上的宗教领袖和政治领袖，这时他年仅 25 岁。

五世达赖喇嘛凭借自己的巨大影响力，在建立甘丹颇章政权并取得了西藏地方政权后，成功地在政府机构方面进行了重大改革。五世达赖喇嘛不仅在佛教方面的建树是无与伦比的，而且他还具备从政天才，使他赢得了“伟大的五世”达赖喇嘛的称号。实际上，一直到十三世达赖喇嘛统治时期，都没有任何一位达赖喇嘛享有过他那样的僧俗权威。

从五世达赖喇嘛以后，西藏就逐步形成了这样一个传统，当一个灵童被认定为达赖喇嘛转世灵童后，经过坐床、剃度、受戒和十多年的佛门教育后，到 18 岁时，他就可以亲政独揽政教大权了。可是在西藏历史上，能够登上政治舞台的达赖喇嘛在五世达赖喇嘛以后只有 6 位，而其他三位达赖喇嘛中的六世达赖喇嘛早早就被废立，九世达赖喇嘛云丹嘉措和十世达赖喇嘛楚臣嘉措也过早地夭亡。

根据记载，七世达赖喇嘛是1720年坐床的，但等到他亲政时已经44岁了。在他执政的10年间，他更多的是让噶伦去管理西藏地方的政务，而他自己则把更多的时间用于经书的学习和研究上。尽管如此，七世达赖喇嘛本人还是作出了一大杰出的贡献：兴建了罗布林卡夏宫。从七世达赖喇嘛以后，历代达赖喇嘛每年夏天都要从布达拉宫迁居罗布林卡，其迁居仪式盛况空前。这时，来自西藏各地的成千上万的信徒云集拉萨，都想看看他们的活佛。这一喜庆日子逐渐成为拉萨人生活中最重要的日子。每到夏季人们都要尽情享受野餐，在郊外的树林中开怀畅饮青稞酒，纵情歌唱跳舞。

八世达赖喇嘛亲政时，已经21岁了，他执政的时间仅比十三世达赖喇嘛短一些，这是后来的几位达赖喇嘛不能相比的。十一世达赖喇嘛仅仅活到18岁就在执政的当年暴亡了，而十二世达赖喇嘛成烈嘉措在他亲政后的第二年也在布达拉宫夭亡。

从政治的角度看，尽管说达赖喇嘛是统治西藏的政治领袖，但实际的情况是在他之外还有另外一个人物在分享着他的权力，这就是摄政王。一般情况下，当执政的达赖喇嘛圆寂后，西藏一时失去了他们的政治领袖，在这种群龙无首的特殊背景下，中央政权都要选派在西藏有很大影响的高僧担任摄政，统领西藏的大权。这些摄政一方面要代行达赖喇嘛的权力，另一方面又要负责达赖喇嘛灵童的寻访事宜，只有当下世达赖喇嘛在18岁亲政时，他们才会退出西藏的政治舞台，如果中途不出意外另换摄政的话，他们少则几年，多则十多年一直身居这一显赫位置。

据史料记载，七世达赖喇嘛圆寂后，西藏的政教事务一时无人主持，乾隆皇帝才命令第穆诺门汗为摄政，在达赖新灵童未找寻到之前，及灵童坐床后尚未到法定的执政年龄（18岁）以前，代理达赖喇嘛的职权，从此便形成了西藏特有的摄政制度。

由于摄政王具有很大的特权，所以有一些摄政从内心来说是不情愿把大权交给亲政的达赖喇嘛的，因为一旦达赖喇嘛亲政，摄政的大权就会失去，因此，一些摄政总是要千方百计地阻止达赖喇嘛亲政或者是在亲政后加害于达赖喇嘛，而九至十二世达赖喇嘛的夭折在一些藏族人看来就是如此。

十三世达赖喇嘛的近侍们也很清楚，他们必须提防灵童身边的种种威胁，尤其是在达赖喇嘛 18 岁快要接管全部大权的时候。他们必须严防发生任何意外。

按照传统，每一世达赖喇嘛在亲政前都必须去朝拜拉萨东南的圣湖拉姆拉错。他将在那里看到他未来的祸福和临终时的情景。他还必须参见该湖的女神兼西藏地方政府的护法神班丹拉姆，与女神面对面地讲话。

从圣湖返回拉萨途中，人们给年轻的达赖喇嘛吃了一粒神丸，以使他恢复精力，容光焕发。关于前面四位达赖喇嘛，很多西藏人认为他们之所以丧命，是因为缺乏经验，不知如何说话而触怒了女神。而另一些人则认为神丸有毒是主要原因。十三世达赖喇嘛却没有遇到这些麻烦。但将来会怎么样呢？

在十三世达赖喇嘛坐床后的第八年，摄政通善济隆呼图克图逝世。按照惯例，驻藏大臣色楞额查看了摄政王的遗体，然后封存了他的印章，又照旧例来到布达拉宫吊唁。

摄政逝世后，噶厦的四位噶伦召集三大寺、上下密宗学院的代表，以及其他重要的僧俗官员商讨了摄政的继任人选，会上一致推选第穆呼图克图继任摄政。会后，四大噶伦等向驻藏大臣和达赖喇嘛作了汇报，并请求驻藏大臣向清朝皇帝转奏。光绪帝批准了所请。

第穆呼图克图来自拉萨著名的四大林（功德林寺、丹吉林寺、策默林寺、罗色林寺）的丹吉林寺，宗教职务是堪布。四大林并不大，但却神圣不可侵犯，因为它们的堪布都是有名的活佛。按照传统，在达赖喇嘛未成年前（未执政以前），通常是从这些寺院的堪布中选出一名担任摄政，因此这些寺具有极高的政治地位，甚至连哲蚌寺、甘丹寺、色拉寺也未被赋予过这样的殊荣。

按照旧例，十三世达赖喇嘛 18 岁时就应该亲政接管政务，光绪帝也曾下令要他亲政，但十三世达赖喇嘛考虑到自己年龄还小，同时正在学经，恐怕亲政以后政教两误，就只把历代达赖喇嘛的三颗印玺接了过来。

1895 年（清光绪二十一年）十三世达赖喇嘛受比丘戒后，他的功课差不多已经结束。这时，西藏正处在动荡的时代，英国的刺刀开始指向拉萨，西藏的统治集团都急切地希望十三世达赖喇嘛亲政。当他受过比丘戒后，三大寺和噶厦的僧俗官员们借口“神意”逼迫摄政第穆呼图克图辞职。摄政王尽管很不情愿，还是向十三世达赖喇嘛提出了辞呈。

达赖喇嘛将辞呈提交了三大寺和全体僧俗官员会议讨论，结果多数与会者都认为：

至尊达赖喇嘛现已精通浩如烟海的显密二宗教义，习修完毕全部经文，按例，时到十八寿年，应开始亲政。现寿年已超过双十，政教的明鉴力等各方面均已具备他人所无法比拟的能力，已获得所有僧俗众生的共同赞颂，故应祈请至尊达赖喇嘛执掌西藏政教大业。①

十三世达赖喇嘛回复说：“西藏涉外条约的事宜关系重大，至今尚未了解。政务繁重，我辨析智能低微，如掌管政教事务，尚难知晓对众生是否有益？故不宜亲政，如定要亲政，需询问乃琼护法神。”而乃琼护法神问卜的结果是：“执掌政教宏业时机已成熟。”1895 年 8 月，光绪皇帝就达赖喇嘛亲政一事下谕说：

“金刚持达赖喇嘛，尔已成年，深谙显密二宗诸法，为利乐之大根。尔深明释迦牟尼佛祖所创教义，对一切众生一视同仁；

---

① ［英］查尔斯·贝尔：《十三世达赖喇嘛传》，西藏社会科学院西藏学汉文文献编辑室编印，1985 年。

为社稷平安，对恶者治罪，尔与历世达赖喇嘛一样，以副朕为天下君主，众生父母之愿，仰体朕为天下君主，注定尔将为西天众生谋利乐，朕特遣人员与尔授权为赞化政教之主，并与尔丰厚赏赐。愿尔留心经卷，为佛教的兴隆和众生造福。”①

十三世达赖喇嘛接旨后，接受了西藏政教大业的重任，西藏所有僧俗庶民都异常高兴。据藏文《十三世达赖喇嘛传》记载，许多僧俗官员为表示他们的虔诚信仰和崇敬拥戴之情，还立了一份保证书，上写：今后任何佛法、世俗事务，均按照达赖喇嘛的旨意办理。十三世达赖喇嘛在阅读了盖有很多红黑印记的保证书后，于9月8日在布达拉宫司西彭措大殿举行了盛大隆重的亲政大典。这天，布达拉宫和拉萨全市僧舍民房的屋顶上，都插上了五彩旗帜，各处的香炉熏燃着松枝，表示庆贺。身穿节日礼服的青年男女，在大昭寺周围的八廓街和布达拉宫前的广场上，从早到晚唱歌跳舞狂欢。十三世达赖喇嘛在参加完噶厦举办的噶卓欢庆会后，也登上布达拉宫的大丹巴侧殿上，俯瞰拉萨和布达拉宫前的欢乐景象。

达赖喇嘛亲政后，噶厦为卸任摄政第穆呼图克图举行了欢送宴会，随后第穆到布达拉宫向十三世达赖喇嘛辞行，表示要回寺参禅，达赖喇嘛派卓尼一人，陪送第穆回丹吉林寺。

根据藏文史料记载，凡达赖喇嘛执政后的第一个藏历新年，都要举行“措派”欢庆大典。从正月初八，达赖喇嘛就要离开布达拉宫住到大昭寺，并举行噶卓庆祝仪式，接受僧俗高官所献的哈达。十三世达赖喇嘛也不例外。正月十五日，十三世达赖喇嘛依照传统来到大昭寺西边的松曲热噶讲经场，第一次给参加拉萨祈愿大法会的三大寺两万多僧人讲经，内容是“显宗教律”和“释迦牟尼传”。这天夜里，十三世达赖喇嘛也照例在八廓街

① 牙含章：《达赖喇嘛传》，华文出版社，2007年。

观灯，由东向西绕一周。据记载，这一年的酥油花灯①制作非常精巧，所塑的人物及龙蛇鸟兽等都非常生动。十三世达赖喇嘛走到每一座酥油灯前时，都要停留一下，用少许青稞撒向油灯，藏语叫青勒，意为加持。当达赖喇嘛观灯时，除少数侍从、堪布及重要官员之外，其他人都不准在街上走动，也不准在屋顶探头张望，等达赖喇嘛赏毕，百姓才能上街观灯。

靴子底下的阴谋

十三世达赖喇嘛到了法定的亲政年龄后，他的近侍们发现他经常生病，弄不清是什么原因，只好请来乃琼护法神降神问卜，看十三世达赖喇嘛是否为魔鬼所缠，要真是这样则要举行驱鬼仪式。在藏族人的心目中，乃琼寺的乃琼护法神毫无疑问是这方面的绝对权威，对他来说驱邪逐鬼易如以指掐虱。结果乃琼活佛在降神后宣布说这是恶魔所致。十三世达赖喇嘛和他的近侍都清楚这恶魔并非那些凶恶的神祇，而是指那些能够接近他的活生生的人。人们不知道这可怕的恶魔来自何方，更不清楚那双罪恶的毒手什么时候在布达拉宫出现。近侍们紧张地度过一天又一天，最后终于在十三世达赖喇嘛穿的皮靴中发现了阴谋加害于主人的秘密，这件事就发生在十三世达赖喇嘛亲政后不久。一天，首席噶伦送给十三世达赖喇嘛一双皮靴，达赖喇嘛穿了皮靴后，感到心神不安，不思饮食，就请乃琼活佛降神看是什么原因，结果乃琼活佛发现达赖喇嘛脚上的靴底有可疑之处，拆开一看，发现一张纸条，绘有带咒文的妖法图，形如转经筒，该图属于西藏一种最可怕的黑咒，它求助于恶魔加害于穿皮靴的人。

① 酥油花灯，历史上西藏有酥油花灯节，在藏历正月十五日传大召大法会的最后一天举行。这天，藏族居民（八廓街沿街的居民）多会摆出用五彩酥油雕塑成的花鸟人物等，并在前面摆上酥油灯。

伸向达赖喇嘛的毒手被抓住了，因为这双皮靴是原摄政第穆呼图克图的弟弟洛布次仁送给达赖喇嘛的。根据这一线索，噶厦逮捕噶伦洛布次仁，这位平时依仗家兄势力，施行暴政，甚至处死无辜，四处树敌的噶伦在铁证面前，无可诡辩，只好全部供认。

据藏文十三世达赖喇嘛传记载，卸任的摄政第穆呼图克图向来很受清朝皇帝器重，被认为是有贡献的摄政。但是摄政卸任后不久，执掌丹吉林寺扎仓事务的正直的长者们都相继去世，大权落在了第穆之弟洛布次仁和顿珠等人的手中。这两个人对十三世达赖喇嘛亲政十分不满，根本不承认达赖喇嘛执掌西藏政教大权的显赫伟绩，企图将十三世达赖喇嘛谋害杀死，然后拥立第穆呼图克图再为摄政。出于这种动机，他们买通了琼结地方的白热活佛和雅隆活佛，把达赖喇嘛的生辰八字和名字等写在纸条上放入“糌粑人”中，使十三世达赖喇嘛的神魂、寿命、生命进入“糌粑人”像，然后加以诅咒。为了使西藏众生背离和诋毁十三世达赖喇嘛，他们还把祈愿魔鬼给西藏降来水患、火灾、瘟疫等不吉利的咒经筒和印有咒文的图案埋在布达拉宫四周、桑耶地方的赫布山和供有凶神的地方，当然他们也没有忘记在为十三世达赖喇嘛新做的皮靴底中放一张这样的诅咒图。

卸任摄政第穆及其亲眷用咒术加害十三世达赖喇嘛的阴谋被揭穿后，噶厦当即进行了追查，主犯和同伙以及知情人都写了供文，承认了全部犯罪事实。

事件发生后，西藏群情激愤。噶厦很快召集了三大寺及全体僧俗官员大会，会议经过讨论决定严厉惩处所有的同谋者，其中包括前摄政本人，他们认为他施展这样的阴谋，是为了保持自己的权力。会议还向十三世达赖喇嘛呈送了一份没收罪犯和丹吉林寺一切财产的意见书。

十三世达赖喇嘛从一开始就反对死刑，他没有对卸任摄政采取危及生命的任何措施，只罚他在丹吉林寺经堂闭门修行。但其他同谋者及其家属却受到了惩处，其中就有洛布次仁的妻子，她是贵族多仁之女，但是尽管她出身高门，仍然受到鞭笞，她戴上手铐和沉重的枷板，接连一个星期，每天坐在拉萨的主要街道上示众，最后被发配流放。

根据目前的材料，有关对第穆处置的说法是不相同的，牙含章先生的《达赖喇嘛传》中说，噶厦在审讯主犯洛布次仁时，第穆呼图克图正在丹吉林寺静坐，听到破案的消息后，于当晚暴病而死。而刘家驹的《西藏政教史略》则说：藏政府假护法神口，诬摄政第穆呼图克图阴谋不轨，诅咒达赖，旋将第穆佛禁毙狱中，查抄没收丹吉林寺财产。同时加罪于丹吉林之巨僚罗布顿珠等，先后抄杀，达赖喇嘛于是威服全藏，莫敢有违。

第穆活佛是否被杀？真实的内幕究竟怎样？现在已很难弄清，但有关查抄一事确有记载：事件发生后，十三世达赖喇嘛下令将第穆所属乃东、江孜、墨竹工卡等地的庄田、寺院的名号予以革除，禁止以后转世。

十三世达赖喇嘛在第穆事件后，既取得了神权，也取得了世俗权力，成了实实在在的西藏政教领袖，执政时间长达 40 年之久。十三世达赖喇嘛在世俗方面的事务是非常繁杂的，所以他必须有以自己为中心的权力机构，然后才是主要的噶伦。当时他的手下有四位噶伦。噶伦以下是噶厦和译仓，而主掌噶厦的实质上就是几位噶伦。

西藏地方政府由一僧三俗组成，噶厦成员一般被称为“夏丕”，有时也用两个藏文字“萨旺”，含义是掌握西藏大权的人。西藏的事务不管是政治还是司法，噶厦都有权控制。噶厦还负责审理有关法官及地方长官判决的上诉案件。当然，在牵涉到贵族或高级僧俗官员时，地方官员往往无权判决，须由噶厦亲自过问处理。在西藏，贵族和世家有很大的特权，有些大贵族本身就是达赖喇嘛或班禅家族，不少的贵族家庭成员中还产生过噶伦或其他高级僧俗官员；另一方面，长期以来贵族间的相互通婚，已使贵族与贵族连成一个繁杂的贵族网，在这样一个复杂的社会环境中，只要涉及贵族案，噶厦和译仓都必须将事关重要的报告，通过首席噶伦呈送给达赖喇嘛，由他裁决。

噶厦的工作方式很特别，四位噶伦一般不会轻易发号施令，如有分歧，谁也不相让，遇到大事，总是通过一种会商的办法来解决。其方法就是由噶厦出面，召集有噶伦、三大寺代表及其他高级僧俗官员参加的会议讨论决定，再呈报达赖喇嘛、驻藏大臣转奏清朝皇帝批准，当然属于这种情况的一般都是极为重要的大事，诸如达赖喇嘛或班禅的灵童认定、坐床、执政等重大问题，或者说凡按惯例应上报达赖喇嘛或驻藏大臣转奏皇上的事都必须照例行事。

西藏人把噶厦的种种小黑方印称之为“黄灰官印”，因为格鲁派僧人戴黄帽，而灰色代表俗人，因为他们习惯穿灰色的藏袍。噶厦官员使用的印章其颜色是有严格规定的，一般来说，达赖喇嘛、班禅和首席噶伦使用红印，其他官员，则根据等级使用其他颜色的官印。

一切重要的报告由噶伦直送或通过他们送交首席噶伦，必要时再由首席噶伦转呈达赖喇嘛和驻藏大臣。噶厦议事厅里设有一个神龛，神龛上有宗喀巴大师的一尊塑像，神龛的左面据说就是达赖喇嘛的宝座。噶厦请他来给噶伦或在拉萨任职的下属官员摸顶祈福时，他就坐在这个位置上。

独特的政教领袖

在十三世达赖喇嘛以前，噶厦的官员并没有一个相对固定的工作时间。多少年来，西藏地方政府就这样工作，谁也没有想到过要改变这种做法。但是，当十三世达赖喇嘛看了印度是怎么工作的情况之后，便在拉萨的官员中采用了定时工作制，这在西藏历史上是从来没有过的。尽管如此，十三世达赖喇嘛并没有让他的噶厦官员们工作很长的时间，只是从早上 9 点到中午 2 点，然后吃一顿由噶厦提供的免费午饭，一天的工作就算结束了。也许是这种定时的工作制给西藏地方政府的官员们带来了一种新奇的东西，有些人在午后也不愿离去，而是一直待到下午 4 点。

正像今天的人都留恋都市生活而不愿去边远地区一样，几乎所有的西藏官员都把拉萨看做人间的天堂，因为这里有丰富多彩的社交活动，而上流社会的生活也同样具有很大的吸引力，所以一般的乡村牧区则被当成令人沮丧的荒野。那些被任命去边远地区任职的官员，总是派他们的亲戚，甚至仆人，代他们去那里工作，然后再把各种收益送交给他们。这种习惯已经由来已久，谁都可以这么干。但是十三世达赖喇嘛亲政后，他坚决禁止这种做法。从此以后，那些被任命为地方官的官员们，都得亲自到他们的辖区去工作，谁也不敢公然违抗。

十三世达赖喇嘛无疑领导着噶厦政府，可他却从来不在大昭寺的噶厦中办公，而是在他那郊区的宫殿里办公。尽管如此，他除了要处理噶伦或者是首席噶伦送来的重要呈文外，许多无足轻重的琐事也会从拉萨送到他的手上，而他在处理完重要的政教大事后，也很乐于过问这些小事。当年轻人要结婚的时候，他们的父母便可能去请教十三世达赖喇嘛、班禅或其他大活佛，看提亲的姑娘是否适合做新娘。任何一个大喇嘛所给予的启示都要给新娘的父母看，以证明万事俱备。而拉萨周边的庄稼（主要是青稞）每年在收获之前，都要把样穗三次献给达赖喇嘛看，得到他的许可，方能开镰收割。

对于达赖喇嘛来说，他除了要领导噶厦处理许多世俗事务外，又要管理更为繁杂的宗教事务，而且因为他身为格鲁派领袖，在他一年的宗教生活中，各种不可缺席的宗教仪式更使他应接不暇。因为这一切早已成为传统，包括他在内，历代达赖喇嘛都是沿袭这种制度进行活动的。

每年的藏历正月，是西藏的新年，同时又是拉萨举行数万僧人参加的祈愿大法会（传大召法会）的日子。在这一个月之内，十三世达赖喇嘛恐怕要算最忙的人了。正月初一，他照例要在布达拉宫举行盛大的庆祝大会，会上，驻藏大臣要向达赖喇嘛献哈达贺新年，达赖喇嘛也要向驻藏大臣还赠哈达致谢。然后才是噶伦、三大寺僧官等各方代表一一向达赖喇嘛献哈达，并送年礼。达赖喇嘛给每一个人摸顶祝福。礼毕，依次有钺斧舞、辩经表演，其间还要散发油炸糕点。

正月初三夜间，达赖喇嘛照例要在布达拉宫的吉祥天母①神像前打卦问卜，卜问来年的吉凶祸福，主要包括四个方面：大皇帝来年是否一切平安？达赖喇嘛和班禅来年是否一切平安？噶厦的一切工作是否顺利？全藏僧俗人在来年是否平安？

正月初四传大召法会开始。达赖喇嘛在未亲政以前，不能参加法会，亲政后则可以，并在正月十五白天，要亲自在松曲会上向与会僧人讲经说法。正月二十三日，传大召法会结束，照例要举行送尸神仪式，僧俗抬着尸神到郊外去焚烧，据说这样做可以免除一年的灾难。

三月初七，达赖喇嘛要召集布达拉宫南木加扎仓的全体喇嘛念经，装聚宝瓶（瓶内装有各种谷物、缎布条、珊瑚等），念经仪式后，再派人把小瓶带到全藏各宗、各谿卡去埋在田里，藏族人相信这样做会保养地气，使来年的庄稼收成好。

八月初一，达赖喇嘛要在罗布林卡举行沐浴仪式，一共7天，三大寺及噶厦官员要向达赖喇嘛献哈达致贺。班禅和后藏萨迦寺的法王也要专门派人来送沐浴礼品。沐浴仪式后，驻藏大臣要亲自去看望达赖喇嘛。现在沐浴节已成了藏族的传统节日。

从每年藏历十一月二十九日开始到十二月二十八日止，是历

---

① 吉祥天母，又称吉祥天女。藏传佛教认为，吉祥天母每年的正月初一会骑着阳光周游世界，这一天太阳光在她的肚子里，这天又是藏历新年第一天，为所求吉祥如意，藏族人在这一天都会供奉吉祥天母。

代达赖喇嘛每年闭关静修的日子。在此期间，他不会见任何人，所有噶厦呈请批阅的公文和请示的报告，都由大卓尼传达。

达赖喇嘛除了必须参加上面所说的一些传统仪式外，还有许多的事情要做，他像历代的达赖喇嘛和班禅一样，要收不少的弟子，不管他们的出身如何，也不管他们是班禅还是来自拉卜楞和塔尔寺的转世大活佛，他都得给他们灌顶，或者是授戒，而一些特殊的弟子他还必须抽出宝贵的时间为他们传授显宗和密宗方面的知识。

对于十三世达赖喇嘛来说，为每一位请求他摸顶的人祝福，可能要算他生活中最多也是最辛劳的宗教仪式了。

十三世达赖喇嘛是藏族人至高无上的精神领袖，是藏族人心目中最大的活佛之一，他们认为谁的一生中若能得到达赖喇嘛的摸顶祝福，那可是一件了不起的事情，它可以使你的心灵净化，使你不再担心未来生活中将要遇到的任何麻烦，因为达赖喇嘛每时每刻都在保佑着你，可是，当那些得到了满足的信徒、僧人和拉萨的显贵们带着无限的慰藉离开他们的宗教领袖时，他们可能从来没有想过十三世达赖喇嘛将为此付出多大的体力。比如在传大召法会或者是更多的宗教仪式、宗教节日上，光从三大寺集中到拉萨的僧人就达二三万人，再加上其他远道而来的信徒和喇嘛，人数则会更多，所以往往请求摸顶的人群会排得很长很长，而十三世达赖喇嘛要给他们每一个人摸顶，有时还要给信徒抱来的小孩取名。假如说他可以为一个寺院或一个群体集体祝福，那他将会省去很大的体力，但西藏从来没有这样的先例。

接受达赖喇嘛的摸顶并不是随随便便的，必须按照一定的规矩来办。十三世达赖喇嘛传在记述有关他摸顶的情况时说：在举行这些仪式的时候，达赖喇嘛盘腿坐在高台上的宝座里，就像一尊菩萨。如果这种仪式是公开的，宝座就高一些；如果是私下举行，室座就低一些。但在一些特殊的时候，他便站在室外的地上，与在他面前排成行的接受摸顶的人一样高。摸顶时，每个人都必须脱帽低头上前，向达赖喇嘛的侍从献上一条白绸哈达，并至少磕三个响头，然后把头低得更低，上前两步，接受他的摸顶。

对总数不到200的达官贵人，十三世达赖喇嘛是以双手来摸顶的。除了僧俗官员中的显贵外，达赖喇嘛都用一只手来为每个僧俗官员、每个喇嘛（哪怕年龄最小，地位最低）摸顶。至于俗民百姓，他只是用一根短棍头上的缨穗来碰一下他们的头。所有的妇女也享受这种待遇，但只有西藏仅有的两个女活佛当中的多吉帕姆（驻锡羊卓雍湖的桑顶寺）可以例外。此外首席噶伦和噶伦们的夫人，也只能受缨穗摸顶。

在宗教事务中，认定转世活佛也是十三世达赖喇嘛必不可少的工作。20世纪50年代以前，在西藏就有几千座寺院，而各种转世活佛也非常之多。一般情况下，每个有活佛转世世系存在的寺院都会按我们前面已经介绍过的程序认定活佛，但是如果要寻找认定地位很高的活佛，有时就要请十三世达赖喇嘛来占卜，他还可能用掷骰子、数念珠，或者是用显圣的办法来确定灵童的转世方向、出生地方等。在十三世达赖喇嘛传中，就提到他在1915年指点热振寺寻找新的转世活佛的事情。当热振寺请求他给予指示时，他说："热振活佛的转世真身，你们最好是到热振寺以南和拉萨大昭寺正南方向的乡间去找，那是一个富饶的地方，又有圣贤智者赐福。那里有三片森林，一块青青的草场，河水围绕着草场缓缓流过。在那附近，你们可以去寻找一个水鼠年（1912年）出生的孩子，他父亲是兔年生的，这孩子可能相当好。如果你们照这话去细心查访，便会找到真活佛，他将为佛教和人民做很多好事。"事实上十三世达赖喇嘛指点认定的这位热振转世活佛后来果真成了西藏一名著名的大活佛，而且在十三世达赖喇嘛圆寂后，成了代行十三世达赖喇嘛职权的摄政，他就是西藏近代史上很有影响的热振活佛，而且更为有趣的是在 20 年后，这位活佛也亲自主持了十三世达赖喇嘛转世灵童的寻访认定事宜，用藏族人的话来说，这就是他们两人之间的缘分。

十三世达赖喇嘛在他的晚年所做的大事莫过于整顿格鲁派。这一点除了当年的宗喀巴大师外，有如此胆略的格鲁派领袖还不是很多。据藏文十三世达赖喇嘛传中记载，1928 年冬天，十三世达赖喇嘛听说在各大寺院的堪布中，有些人贪污受贿，而在经典的修习上却不求上进，就让拉萨上密院堪布罗桑云丹来布达拉宫，然后由十三世达赖喇嘛亲自出题考问，结果罗桑云丹堪布不能对答，达赖喇嘛一怒之下，立即革除了他的堪布职务。随后，十三世达赖喇嘛又派了三位僧官前往三大寺，了解寺院僧众是否遵守教规、堪布等人是否称职及寺内经济收支有无贪污等情况，由此，各寺的不正之风才有所收敛。

可是一年以后，在拉萨传大召法会以前，有人向达赖喇嘛揭发说，三大寺提交的拉让巴头等格西候选人名单中，有人向三大寺堪布行贿。为此，十三世达赖喇嘛亲自参加了传大召法会，并主持拉让巴格西学位的考试，果然又发现一些才疏学浅、完全不够考拉让巴格西学位资格的僧人，就不留情面地将那些候选人斥逐出考场，并重重处罚了各大寺的受贿堪布。

在这件事发生的前后，十三世达赖喇嘛就已注意到自己眼皮底下的三大寺内，竟有一些僧众不守戒律，胡作非为，于是颁布命令禁止三大寺僧众喝酒、吸烟、下棋等违反寺规的行为，可是情况并没有好转，相反是更加恶化。1931 年，十三世达赖喇嘛又向全藏格鲁派寺院下了一道整顿戒律的命令，再次强调僧人不能有喝酒、赌博、跳舞等恶习，不准僧人参加一切世俗活动，只准在寺院内静坐参禅、诵经学法，如有违犯，即以破坏教律教义治罪。

15. 十世班禅寻访秘史

十世班禅额尔德尼·确吉坚赞的认定和坐床大典都不是在历代班禅的驻锡地扎什伦布寺，而是在格鲁派六大寺院之一的青海塔尔寺举行的，这是为什么呢？说来其中还有一段曲折、传奇般的故事。

密访灵童

九世班禅圆寂后，蒋介石命令财政部拨款5000元，作为班禅行辕堪布会议厅罗桑坚赞主持寻访班禅转世灵童的经费。罗桑坚赞一行到达青海后，立刻分派人员赴各地寻访。但是西藏噶厦政府也命令扎什伦布寺在西藏境内寻访九世班禅的转世灵童，这种局面必然造成下面的结果：西藏寻访到的灵童是不是将作为最后定夺的班禅真身？将来若是班禅行辕堪布会议厅寻访到的灵童西藏不予承认，只能供养在塔尔寺不能入藏，那又将怎么办？第三条也是唯一的选择就是将两地寻访到的灵童汇聚拉萨，按照乾隆皇帝制定的金瓶掣签制度进行掣签决定。

1941年9月7日，蒙藏委员会接到罗桑坚赞发来的第一封有关灵童寻访方面的密电。电文称：各路寻访人员在青海各地找到了一些灵童，如在西宁、贵德等地就有三四名幼童，慧性湛深。随后罗桑坚赞亲自前去一一详访，果然这些幼童举止神态都与一般小孩迥然不同。据他们的父母讲，这些小孩在出生前，都出现了奇异的征兆，邻里知道后都觉灵异。其中一位最灵异的小孩，还会念经。当罗桑坚赞把九世班禅的法器与其他同样的法器混在一起让他认时，他能准确地拿出九世班禅的法器。在西康一带，虽然寻访人员找到了一些聪明小孩，但都不合班禅大师的各种体像。

1941 年 10 月 12 日，班禅行辕堪布会议厅派出的另一名寻访人员丁杰给蒙藏委员会发来了第二封寻访信函。内称：

寻访人员来到康区以后，经过 9 个多月的寻访，找到了一些小孩，但最灵异的是理化县（循化）的一个孩童。这位灵童出生时，一道白虹降临在他家，并有两只乌鸦飞临房屋鸣叫，宛若在庆祝灵童诞生。以前九世班禅大师的灵柩停放甘孜时，堪布会议厅的执事在灵前祈祷请求显示转世地的远近时，说是在近不在远。当时这位灵童的父母就住在甘孜。四月十五日夜十二时诞生时，一道白虹从九世班禅的殡宫腾起，一直飞跨到他父母家的屋顶。在灵童的两目之间有时会出现藏文“阿热”等字。据说灵童刚会说话时，用手指着远处说：“我在前方远处有大寺和群马。”喜欢嬉游，神态奇异玄妙。当班禅行辕的秘书巴登去访看他时，灵童说：“将我的马僧格卓玛牵来。”僧格卓玛是九世班禅大师经常坐骑的马。当我（丁杰）来察访他时，灵童马上认出我是丁杰，非常高兴。我问他：“你是谁？”回答说：“我是班禅。”我故意说：“你是昌都的帕巴拉活佛。”他听后立即不高兴起来。平时，这位灵童还时常一人自诵《无缘悲藏颂》等经文。经常拿着净瓶和铃杵，做开光的样子，神情异常真切。我还将九世班禅大师佩戴过的木制佛匣和我的银质佛匣给他挑选，他不要银的只要木匣，还说：“这是我的。”另外灵童前牙的尖上，色如碧绿，不像他的父母，很像九世班禅大师①。

丁杰在信函中还说，九世班禅圆寂之时，理化一带，忽然天降花雨。据说还有很多的瑞兆。

当罗桑坚赞和丁杰两人寻访到这些灵异孩童后，罗桑坚赞和班禅行辕堪布会议厅给国民政府驻西藏办事处处长孔庆宗去了一份电报，说寻访工作就要结束，在青海寻访到二三名孩童，灵异昭著，班禅转世活佛肯定出自里面。现在准备派员携带灵童名册去西藏报告。

得到这份情报后，西藏办事处处长孔庆宗立刻意识到，班禅灵童的寻访工作似乎已经结束，班禅行辕看来要派人赴藏，报请占卜作最后的认定。孔庆宗感到事关重大，就将此事以及理化（循化）找到灵童的消息电告了蒙藏委员会。

蒙藏委员会在一连得到几份重要电文和信函的情况下，感到班禅灵童转世关系重大，就致电通知负责主持寻访工作的罗桑坚赞迅速呈报有关灵童的年庚、姓名和家世的情况，并电复丁杰迅速将理化灵童的情况告诉罗桑坚赞。

尽管罗桑坚赞和丁杰寻访到了多名灵童，但他们都认为只有理化（循环）灵童最为灵异，所以倾向于把这位灵童作为最后的认定对象。为了使他们的做法更符合藏传佛教活佛转世制度的认定程序，以确保理化灵童被认定为转世真身，1941 年 11 月 15 日，罗桑坚赞将一份各大喇嘛预先卜算及护法神降神卜示班禅大师转世的方向、地域和孩童之姓名的《证明书》② 呈交蒙藏委员会。

《证明书》写道：

“窃查办理班佛转世事宜，关系甚大，所有关于各方推算及

① 中国第二历史档案馆、中国藏学研究中心合编：《九世班禅圆寂致祭和十世班禅转世坐床档案汇编》，中国藏学出版社，1990 年，第 208 页。

② 中国第二历史档案馆、中国藏学研究中心合编：《九世班禅圆寂致祭和十世班禅转世坐床档案汇编》，中国藏学出版社，1990 年，第 182 页。

降神等所示之预兆……依藏例宗教成规，在灵童未决定以前，诚恐发生魔力阻碍，允宜保守秘密，不敢轻示于人。惟钧座（指吴忠信）督导灵童转世事宜，具有权衡，且系蒙藏最高长官，不得不将上项等情形预为陈述，以冀大师正身早日决定……”

从罗桑坚赞呈递的这份证明文件看，在九世班禅圆寂后，转世灵童的寻访工作就开始在各藏族地区悄无声息地秘密进行着。

《证明书》中说：

达赖喇嘛曾在卜卦时说，班禅已转生在朵康一带（包括甘、康、青、滇等藏族地区）。热振活佛也占卜说，班禅大师已转生于西藏东部的朵康地区。拉穆护法神也曾三次降神卜卦。第一次和第二次只是虔诚祈祷诵经，希望大师早日转世。第三次降神时，他只说道：“次林美稞力”（长寿女神手下的一位女神祇），后经一些大活佛和高僧解释，说是九世班禅将转生在长寿女神手下的一位女神所在的地区内。而在青海的果密却滇克地方，有一位女神祇，名叫阿玛索古，是管辖全果密地方的神祇，并且归属于次林女神。

《证明书》还提到，28 年前，曾有一位大喇嘛名叫色嘉，在宝镜内推看（藏族占卜的一种）班禅转世的预兆，当时镜中现出一个小卍字，在此字上面，有一个蓝宝贝，下面写有班禅转世之地方的数字。卍字是确定、稳固之意思，宝贝是佛之意思，藏语称蓝色为“恩布”，称青海为“措恩布”，推算以上意思和预兆，九世班禅确有在青海转世的意思。

据罗桑坚赞所说，在青海玉树的拉卜寺，隆主活佛在一块岩石内取出一卷经书，上面说，十世班禅将出生在西藏东北，有“阿”字之地方。按语音看，青海也称为阿多（安多），而地理位置正好在西藏的东北部。

西藏的另一位护法神多吉常丹降神占卜后说，上边大雪山以东方向，宗喀嘉热以上地方，生长出五色艳花等。按传统的解释，上边大雪山指的就是青海的玛沁雪山，而塔尔寺的原名也叫宗喀。如此理解护法神的意思，十世班禅必然诞生在塔尔寺与玛沁雪山之间。

《证明书》接着说，一位叫策觉林的活佛在青海共和县寻访九世班禅转世灵童时，不知从何方来了一位孩童，把一藏函呈奉给他，他打开看是一段藏文，上面写到：一个如意宝贝，在有幸福的海里藏着。要获得一只雄壮的虎，可以向却滇克地方去访问。策觉林活佛不明其意，后经高明的大喇嘛解释才知：如意宝贝指的是九世班禅的转世灵童，转世灵童母亲的名字必然有“洋措”两字（幸福之海的意思），灵童的属相必然是虎相，而且还要比其他虎相的孩子更奇特。要想知道原因，可到却滇克探询。果然寻访人员在尕夏却滇克找到了一位叫隆热嘉措的灵童，其母名就叫“洋措”，并且这个灵童身材魁梧，体格健壮，与其他同龄儿童相比迥然不同。

据说在藏族地区有一本书叫《格旦珠拜来盘》，是专门用来卜算历代班禅大师未来情形及降生、姓名等情况的。此书有关九世班禅未来一条中有“却端日拜巅美曾”几个字，而另一本叫《沙尕奔》的书中也有“却端日拜巅美曾”七个字，从字面上解释，“却端”即法师，“日拜”为智慧之意，而寻访到的灵童隆热嘉措，其名与上述文字的意义大致相同，按高僧们的解释，“隆”字就是“法”字的意思，“热”字则是智慧的意思。

罗桑坚赞在《证明书》中还提到了一些吉祥征兆方面的事情。例如九世班禅生前于民国二十五年从塔尔寺返藏时，塔尔寺的德扎等喇嘛，为祈求大师遍施法雨，普度众生起见，殷勤挽留，词意恳挚，九世班禅大师也依依难别，此时他安慰喇嘛们说：“三年后我会再来此地，那时我们再相聚。”从大师离开青海算起，至虎年，时间正好是3年，由此可见九世班禅3年后与青海僧众相见的话已预示他圆寂后将转世青海。

“蘑菇”藏语称为“尕夏”（安多方言），第八世班禅圆寂后，佛寺内长出蘑菇，最后九世班禅果然在西康的达布尕夏地方转世。据扎什伦布寺来青海的人称，当修建班禅大师灵塔时，在塔柱之上，忽然长出一朵大如帽子的蘑菇。现在寻到的灵童隆热嘉措就生于贵德县尕让地方，“尕让”藏语就称为“日尕夏”。可见此兆是对隆热嘉措的反映。

在《证明书》的最后，罗桑嘉措还报告了请拉卜楞的拉古活佛根据上面的卜示和征兆核查寻获灵童的情况。

拉古活佛德高望重，在藏族僧俗中有很大影响，九世班禅在世时，他曾跟随大师学习经要。为此，罗桑坚赞派人将青康寻获的灵童名单送给拉古活佛审核。拉古活佛说，各大活佛占卜所说的情形，大多是对灵童隆热嘉措而言的。但拉古活佛亲自卜算后认为，隆热嘉措与索南旺堆两孩童，均属不凡之童。对其他孩童拉古活佛并没有多说。

1941 年 9 月，班禅行辕堪布会议厅的札萨喇嘛罗桑坚赞派人将寻访到的 11 名灵童接到塔尔寺，再次进行甄别试验，结果是其中的五名灵童甚为灵异，其中青海贵德、共和二县寻获的两名灵童更是慧性湛深、灵异昭著，除能认识先佛法器，举止、神态、言语等方面，也确有班禅再世的感觉，另外这两位孩子降生的地址及诞生前后的奇异征兆，也与高僧卜筮推算的结果相吻合。

至此，寻访工作结束。

按照传统，札萨喇嘛罗桑坚赞决定派人携带灵童名单去西藏，与扎什伦布寺札萨喇嘛会商后报达赖喇嘛等鉴核。

班禅真身

1941 年 11 月 25 日，札萨喇嘛将这些情况呈报蒙藏委员会，并附呈了一份《寻访灵童经过报告书》[1]。书中详细报告了青、甘 11 名灵童的寻访经过，其中用大量篇幅报告了最为灵异的贵德灵童隆热嘉措和共和灵童索南旺堆等的情况。

隆热嘉措出生在贵德县尕让（亦名尕夏）的却滇克，颇有慧性。当地人都传说他是班禅大师的转世灵童。1941 年 3 月，森吉堪布见到了这个小孩，并低头向这位传说中的灵童致敬。小灵童俨然以佛的姿态用双手摸着他的头顶。当堪布与孩子的父母寒暄时，小孩指着九世班禅的狗说：“尕呀尕呀！”这只狗的原名叫尕沙。另一位同行的堪布抓着狗问他要不要，小孩说要，同时用右手拍着左肩说：“放在这里。”而九世班禅就常把这只小狗放在肩上玩。随后这位堪布指着森吉堪布对小孩说：“这个人你认识吗？”小孩答道：“知道。”“是谁？”“阿格传巴。”而森吉堪布原名就是传巴堪布。堪布又把九世班禅和森吉堪布的念珠交给小孩，让他挑选，小孩就把两个念珠都拿到门口，把森吉的念珠给了母亲说：“这是阿格传巴的牟尼牟尼。”却把九世班禅的念珠紧抓在手上。堪布问道：“你拿的念珠是谁的？”小孩答道：“且吉嘉宝，且吉嘉宝。”（安多方言为法王之意）这时候大家想要回那串念珠，但小孩谁也不给。后来堪布命人从小孩手中夺取念珠，因用力太大，把小孩拉倒了，但他还是不松手。后来森吉堪布一行要离开时，经他父亲严厉强迫，小孩才很不情愿地把念珠搁在桌子上面。

灵童的父亲说：这孩子出生时，西方天上现出一道白色光芒，直射到他们家。就在那年的八月初，他们家园里的桃树，好像春天一般的忽然开出了美丽的桃花。出生前，他和孩子的母亲都梦见获得了许多的菩萨宝剑和法螺，孩子的母亲还拣出了三个螺贝，抱在怀里。

---

① 中国第二历史档案馆、中国藏学研究中心合编：《九世班禅圆寂致祭和十世班禅转世坐床档案汇编》，中国藏学出版社，1990 年，第 185 页。

后来，当寻访人员第二次到他家复查时，札萨喇嘛罗桑坚赞把历代班禅佩戴的护身佛像、念珠等法器同其他相同的法器摆在一起让他认，小灵童首先注视着护身佛像和念珠，随后，他从容地把历代班禅佩戴的佛像举在头上，表示敬意，并且在所有人的头上轮流举了一次后，供奉到佛龛上。然后又把九世班禅的其他东西找了出来。

共和县的灵童索南旺堆，出生在业隆恰果的一户百户长家。1941 年 3 月，根据民间传说，策觉林活佛一行首先赶到这里寻访。他们刚到这小孩住的幕帐前时，大家都看见一条白蛇，缠绕在幕帐天棚上边的脊梁上面，蛇头仰望塔尔寺方向。众人都非常惊奇。策觉林的管家问小孩道：“你家在哪里?”小孩说：“我的家很远，我要回家去。”灵童的父母亲说：这小孩虎年农历七月七日东方将明时生于狮龙多。当时恰逢阿柔活佛开始举行法会，在法螺和法号的悠扬声中，小孩出生了。法会结束后，他们请阿柔活佛到幕帐里去，刚进帐时，扑鼻的香味充满了帐房，同时天空射出五色祥云，映照在帐房上面，当时众人都看见了。

当札萨喇嘛罗桑坚赞等复查时，问道：“你从哪里来?”小孩答道：“从扎什伦布来。”又问：“扎什伦布寺大不大?”“很大。”“你去不去?”“去。”后来罗桑坚赞把历代班禅的法器和同样优美的法器混摆在他的面前，小灵童一面注意罗桑坚赞的护身佛像，一面望着罗桑坚赞的脸。罗桑坚赞的近侍在一旁对小孩说：“你的东西你拣出来，假如不是交给你的哥哥阿贵。”小孩听了这话后，把九世班禅佩戴的佛像和念珠都悬挂在自己的脖子上，其余不是九世班禅的东西就交给了他的哥哥。

罗桑坚赞问他：“你认识我吗?”小孩说：“认识。”又问：“我是谁?”他再没有答复。随行的另一位堪布又问：“你认识我吗?”小孩说：“不知道。”最后罗桑坚赞又问了一些人的名字，他一句话也不说，望着他母亲的脸，几乎要哭了。

从这份《寻访灵童经过报告书》中可以看出班禅行辕堪布

会议厅在心目中实际上已经有所倾向，那就是这两个灵童最佳，而尤以隆热嘉措为上。相反众所周知的十世班禅额尔德尼，在这份报告中只是轻描淡写地有一段文字：

循化县属完得千户的孩子名叫官保慈丹，生于虎年正月初三日。当生这个孩子的时候，五色霞光笼罩了他们的住房，但是恩候看见这孩子并没有任何奇异的情形。

照这种情况推断，最初十世班禅大师被认作灵童时，其灵性和佛性并没有马上显露出现，尽管他的名字也在罗桑坚赞呈报给蒙藏委员会的 11 名灵童名单中，但是其位置只是排在第七位，再加之札萨喇嘛罗桑坚赞及班禅行辕堪布会议厅在塔尔寺的复查试验，他的名字也没列入 5 名甚为灵异的灵童名单当中，所以根本不能与灵童隆热嘉措、索南旺堆相比。不得不承认，十世班禅额尔德尼，也就是后来的全国人大常委会副委员长在一开始并没有被寻访人员看中，此时，他被认定为班禅转世灵童的机会是很小的。但他毕竟是九世班禅的转世真身，而以后所发生的一连串事情最终也证明了这一点。

果然，1942 年 3 月 16 日，蒙藏委员会收到札萨喇嘛罗桑坚赞的密电，内称，11 名灵童当中最为灵异的青海贵德灵童隆热嘉措因病夭殇。原来所谓的最灵异者隆热嘉措并非九世班禅大师的真身，要不他怎么会在如此重要的关头离开人世呢？如此看来，灵童隆热嘉措的灵异只是给人造成了一种错觉：似乎只有他更具备十世班禅转世灵童的灵性，事实证明并非如此，而真正的转世实质上是另一个灵童。

1942 年 2 月 18 日，蒙藏委员会在获悉了 11 名灵童的名单后，初步拟定了一个“班禅转世办法”呈报行政院。3 月 24 日，行政院第 555 次会议通过了“认定班禅呼毕勒罕（转世灵童）

办法”[1]：

一、班禅转世灵童由班禅徒属寻访。

二、班禅转世灵童候选人，准许西藏宗教首领从班禅徒属所报灵童中认定三名。

三、三名转世灵童候选人决定后，由西藏政府呈报中央派员在拉萨大昭寺举行掣签，签定一名为转世灵童。

1942年4月29日，蒙藏委员会将此办法电告达赖喇嘛。

班禅行辕堪布会议厅根据“认定班禅呼毕勒罕办法”，于1943年8月对寻访到的灵童再次进行了详细的考察。结果认为，共和灵童索南旺堆、循化灵童官保慈丹以及共和阿左的噶桑等三人“器宇轩昂，慧性昭著，更有甚于前次之灵异。”

从这次复查的情况看，自从札萨喇嘛罗桑坚赞于1941年11月25日向蒙藏委员会呈报了第一份灵童名单后，一切都发生了很大的变化，先是最灵异的灵童隆热嘉措夭亡，接着又连续不断地多次复查，最终又确定了三名最为灵异的灵童名单，而后来的十世班禅大师就在这份候选灵童名单中。

1943年8月28日，札萨喇嘛罗桑坚赞将这一结果再次密报蒙藏委员会，并随电附了一份《灵童灵异益著情形报告》[2]，在报告中我们看到了有关十世班禅灵童官保慈丹的灵异材料：

“本厅的索得巴这一次到循化、贵德一带地方寻访灵童。去的时候，也到完德千户的家中去看前次已获之灵童官保慈丹。当索得巴见到这孩童时，他正在玩耍，他的态度和一切举动，好像是先佛之样子。最奇异的是，他们一见面，这孩子拿一个羊皮袋，将炒面和酥油装在里面，叫索得巴拌成粑（即炒面），并且

① 中国第二历史档案馆、中国藏学研究中心合编：《九世班禅圆寂致祭和十世班禅转世坐床档案汇编》，中国藏学出版社，1990年，第213—214页。

② 中国第二历史档案馆、中国藏学研究中心合编：《九世班禅圆寂致祭和十世班禅转世坐床档案汇编》，中国藏学出版社，1990年，第227页。

说：'你拌好后，我要吃啦！'因为先大师在生时，索得巴是管理饭食的人，拌炒面是他的任务，可见这情形的奇异了！

第二天，这孩子在楼上唤索得巴上去说：'你现在打算到哪里去？'他说：'我明天要到同仁去。'小孩说：'用不着去。'索得巴说：'我要到同仁访佛去，如你是班禅的转生，请你与我说明，我绝不与别人传说，我也不再到别处去。'小孩说：'我是佛爷的转生。'索得巴说：'那么，我们一同到塔尔寺去吧！'小孩沉思半晌说道：'现在还没有到去的时候，等到庄稼收获后，你们带上很多的骡马和东西来迎接我，那时我才去啦！'

这位灵童言语流利，情意缱绻，严如大师生前之状态，使索得巴不禁生依恋难舍之感。"

我们在前面已经说过，蒙藏委员会收到的第一份《寻访灵童经过报告书》中，对官保慈丹只有三言两语，而且寻访人员没有看到他有任何灵异表现，但是现在他已大不一样，充分表现了自己将作为十世班禅灵童真身的灵性，这就是他不同于其他灵童后来居上的原因。

1944年元月，班禅行辕堪布会议厅和札萨喇嘛罗桑坚赞考虑到西藏也在寻访班禅转世灵童，而且有很快决定灵童真身的趋势，所以他们认为这是"以宗教之掩护手段将藏内之孩童决定为正身。阴谋益著，定可断言。若不加紧办理，势必堕入前藏之诡计，将来伪佛捷足先登，噬脐局及。"于是请塔尔寺的阿嘉活佛、嘉木样活佛等出面问卜，结果他们都称青海的三名灵童中有班禅大师的真身。事后，罗桑坚赞又请卜筮夙负盛名的特雪多吉羌卜卦，卦称，索南旺堆、噶桑、官保慈丹三位灵童灵异不凡，而灵童官保慈丹必为真身无疑。在青海最受僧俗尊信的塔尔寺护法神唐木钦活佛也应邀降神卜卦，当神灵附于活佛体上后，罗桑坚赞对护法神说："灵童化身究竟降生何处？"护法答："生于青海。"又问："青海寻获之灵童内有无真身？"护法答曰："灵童官保慈丹、索南旺堆、噶桑等三名均属灵异。"又问："此三名中何童是真身护法?”护法神用手指着名单上官保慈丹的名字，很久不动。又问：“真确否?”护法曰：“真确。”

1944 年 1 月 12 日，班禅行辕堪布会议厅及札萨喇嘛特邀阿嘉活佛、拉古活佛、格西晋美等在塔尔寺大金塔举行法事，确定十世班禅灵童真身。众活佛和高僧诵经祈祷后，将三名灵童的名号分别放入糌粑面丸中，然后放入碟内摇动，这时有一面丸落在缎帕上，于是当众启封，果然就是众口一致的循化灵童官保慈丹，一时皆大欢喜，群情激荡。第二天，这一消息就以班禅行辕堪布会议厅札萨喇嘛罗桑坚赞的名义密电蒙藏委员会。几日后，罗桑坚赞又向国民政府行政院院长蒋介石写了一份报告[①]：

“窃查农历正月十五日在塔尔寺举行决定班佛正身庆典一案，前已东电呈请吴委员长鉴核转呈在案。兹于十五日上午十一时，依照宗教仪式，由僧众等执持仪仗奏乐整队，恭迎灵童官保慈丹到金瓦寺，叩拜宝贝佛后，即举行决定正身庆典，是日参加者有青海省政府代表及青海各大活佛，蒙藏王公千百户，并各方僧（俗）代表等约十万人。……此虽系蒙藏民族信仰宗教领袖之真诚，实亦系得获班佛真正化身，故有此圆满之结果也。兹谨将举行决定班佛正身日期及详情，理合来电呈报，伏乞电鉴核准为祷。”

蒋介石接到报告后，没有马上表态。因为当时西藏也正在找寻九世班禅转世灵童，按清朝制度规定，达赖、班禅转世灵童的决定，要经过“金瓶掣签”的手续，并由中央政府派员主持。

灵童之争

1947 年，噶厦通知扎什伦布寺，说他们也找到了两个班禅

---

① 中国第二历史档案馆、中国藏学研究中心合编：《九世班禅圆寂致祭和十世班禅转世坐床档案汇编》，中国藏学出版社，1990 年，第 244 页。

转世灵童。要扎寺派人去青海塔尔寺，将青海找到的灵童送来拉萨，以便举行“金瓶掣签”仪式，决定哪个灵童是真身。扎什伦布寺只好派九世班禅的秘书长王乐阶到塔尔寺，转达了噶厦的通知，班禅行辕堪布会议厅当即举行会议，一致决定：

一、在青海省循化县找到的灵童，经过多种宗教手续的审查，确系九世班禅转世的灵童，无庸举行“金瓶掣签”仪式，已呈报国民政府行政院。

二、在西藏地方与中央的从属关系未恢复前，堪布会议厅决定暂不护送班禅灵童回藏①。

一方坚持要认定官保慈丹为九世班禅的转世灵童，而另一方却又让把灵童送往拉萨，进行掣签，双方就这么相持不下，各执一端。

1948 年，王乐阶返回西藏，将堪布会议厅的两项决定转告噶厦政府。噶厦随之做出决议，如果官保慈丹仍留青海而不入藏的话，就要迎请昌都八宿的灵童布拉玛至拉萨，作为九世班禅转世的真身。与此同时，噶厦又作出拘捕班禅所属各官员并废除班禅职务的决议，但遭到三大寺的反对，才没有执行。

1948 年 11 月 23 日，扎什伦布寺九世班禅大师原秘书长王乐阶再次抵达南京，并与蒙藏委员会拟定了“完成班禅转世的三条办法”：

一、在西宁灵童未启行前，中央先行颁布特派蒙藏委员会委员许会同西藏摄政达扎主持第十世班禅额尔德尼转世事宜……

二、西宁灵童入藏，中央决不派遣军队，仅由青海省政府派员一人代表本会护送，以壮行色……

三、灵童抵藏征认时，如照前辈班禅旧例办理，则于大昭寺

---

① 中国第二历史档案馆、中国藏学研究中心合编：《九世班禅圆寂致祭和十世班禅转世坐床档案汇编》，中国藏学出版社，1990 年，第 306 页。

释迦佛前诵经后，由中央派人员掣签决定……①

遗憾的是，这三条办法也遭到了噶厦的反对。1948 年 12 月 25 日，噶厦致电蒙藏委员会提出另外三条班禅转世认定办法：

一、班禅转世，现在灵童官保慈丹及擦瓦巴许之布拉玛二位灵童，同迎到拉萨……

二、灵童官保慈丹入藏，中央决不派遣护送军队……

三、班禅转世征认时，由中央照旧例金瓶掣签决定办法，不合西藏人众之意，故难使其坚定信仰。照以上第一条，由摄政容尊呼图克图虔求桑打决定后，将其正身由藏政府在扎什伦布本寺依例吉庆，照料坐床……②

这三条办法实质上就是要否认中央政府对西藏的主权，所以当即遭到蒙藏委员会的拒绝。

1949 年 6 月 11 日，根据蒙藏各大活佛的强烈要求，行政院第 60 次会议通过决议：公布官保慈丹为十世班禅额德尼转世灵童，并准在青海塔尔寺先行坐床，由中央派员前往主持办理。

当日，国民政府代总统李宗仁颁发了承认青海灵童并免予金瓶掣签的命令：

"……青海灵童官保慈丹慧性澄圆，灵异夙著，查系第九世班禅额尔德尼转世，应即免予掣签，特准继任为第十世班禅额尔德尼……"

十世班禅大师就这样经过了曲曲折折的灵童认定过程后，在塔尔寺由甘肃拉卜楞寺最有声望的喇嘛拉科仓·吉美陈烈嘉措剪了发，换了僧衣，取法名为罗桑成烈伦珠确吉坚赞（简称为确吉坚赞），并受沙弥戒。

1949 年 8 月 10 日，国民政府特派蒙藏委员会委员长关吉玉

---

① 中国第二历史档案馆、中国藏学研究中心合编：《九世班禅圆寂致祭和十世班禅转世坐床档案汇编》，中国藏学出版社，1990 年，第 320 页。

② 中国第二历史档案馆、中国藏学研究中心合编：《九世班禅圆寂致祭和十世班禅转世坐床档案汇编》，中国藏学出版社，1990 年，第 341 页。

为专使，青海省政府主席马步芳为副专使，在塔尔寺举行十世班禅坐床典礼。马步芳因事未能参加，委派马继融为代表。

坐床典礼于上午 11 时在塔尔寺普观文殊殿前的大院隆重举行，大会由关吉玉、马继融主持。关吉玉代表国民政府代总统李宗仁宣读了承认青海灵童官保慈丹并免予金瓶掣签的“总统令”，自此九世班禅转世灵童完成了政治上的手续，正式继任为十世班禅额尔德尼。班禅灵童之争也就此结束。

16. 扬天掘地的黄风

噩　耗

1989 年 1 月 9 日清晨 7 时，北京西郊机场一架编号为 B－4003 的图－154 专机划破长空往西飞去，4 个小时后，这架专机降落在我国最西端的拉萨贡嘎机场上，专程从拉萨赶来的热地、多吉才让、帕巴拉·格列朗杰等西藏自治区领导人又见到了他们熟悉的班禅副委员长。

班禅大师只在拉萨他的雪林多吉颇章里小歇了 3 日，就于 1 月 13 日清晨，乘丰田越野车离开了拉萨，穿过曲水大桥，往西沿雅鲁藏布江赶往日喀则。班禅大师这次赴扎什伦布寺，是要亲自主持五世至九世班禅合葬灵塔“扎什南捷”的开光典礼。历史上，每世班禅大师都有自己的灵塔，但在 20 世纪 60 年代期间被毁。80 年代以后，西藏逐步落实民族和宗教政策，在中央政府和西藏自治区人民政府的资助下，十世班禅下决心修复灵塔，将僧俗群众保存的班禅大师的一些灵骨合葬一塔，经十世班禅亲自主办，班禅东陵终于重建完工。此时此刻，班禅大师的心情是难以用高兴或者是激动来形容的。据有关资料记载，当 3 个月前班禅大师刚从玻利维亚、乌拉圭和巴西三国访问归来后，就把整个身心投入到“扎什南捷”开光典礼的最后筹备工作上。班禅大师亲自设计了开光典礼使用的 16 开红色请柬，亲自提名邀请中央各部门的领导及西藏、青海、甘肃、四川、云南等省区的有关负责同志和藏地、内蒙古的著名活佛、格西等去西藏日喀则扎什伦布寺参加灵塔开光。12 月下旬，班禅大师亲自审定了物资采购清单，待客用的瓷器、酒具、筷子等样品都一一经他过目，连涮羊肉用的铜火锅的尺寸规格，也是经他比较后确定的，甚至韭菜花、酱豆腐等佐料他都有具体的要求。班禅大师的身体一向很好，这时他才 51 岁，浑身充满活力，但自从筹备开光典礼以来，他就太累太累，他哪里知道这会严重危害自己的身体呢！

班禅大师仍然像往常一样习惯坐在副驾驶位置，也许只有这样他才能更好地观赏映入他眼帘的每一片熟悉的土地。快到中午的时候，班禅大师和他身后长长的车队开始盘旋登上岗巴拉山，只要翻过山口，西面的土地就是我们常说的后藏了，而这一片土地在历史上曾是历代班禅管辖的范围。丰田越野车刚越过最后一道弯路，班禅大师就看见巨大的嘛呢石堆上挂在树枝和绳索上的各种颜色的经幡。在西藏，不同颜色的经幡，表示不同的意思，一般来讲，蓝色表示天，白色表示云，红色表示火，绿色表示水，黄色表示土，这是西藏祭神的特殊方式之一。

班禅大师的车在山顶前后藏的分界处停稳后，大师和他的经师冒着高原上凛冽的刺骨寒风登上了山口最高处，湛蓝湛蓝的羊卓雍湖就在山的下面，与四周灰黄色的山野形成了很大的反差，从湖面吹来的风舞动着经幡，“呼呼”地响个不停。班禅大师开始在那里进行煨桑仪式，祭祀山口神，这是一个庄严的宗教仪式，每次他路过这里时，都要亲自举行这种仪式，这是西藏古老的祭祀传统。

藏族群众生活的地域是地球的最高处，号称“世界屋脊”。在这块土地上，山峦起伏，峨岭叠嶂。每遇出行，少不了要翻山越岭。行人翻越的山头、山口藏语称“砬孜”，凡“砬孜”处都有石头堆起来的“砬载”，现在人们习惯把它称为嘛呢堆。这些石头都是过往行人一块一块堆放起来的。石堆上插有经幡，挂有经文纸带和羊毛等。过往的行人每到“砬载”处，不论其身份高低，都须整理衣帽，乘马者需下马，而现在乘车者也要下车，以示恭敬，并将五色经幡、哈达、经文纸带或羊毛等挂到经幡杆上或杆绳上。然后焚烧香枝、糌粑以及酥油等，并脱帽祈祷：“旅途平安，所愿皆偿；为我饯行，为我洗尘……”祈祷完后，在场的所有人用右手抓一把糌粑，面向“砬载”，先是三呼“嗦”，然后高喊“吉嗦，神灵必胜！”随后将手中的糌粑撒向空中。仪式完毕，众人先是倒退几步，然后才下山赶路。

过往行人在“砬孜”处祭祀“砬载”的目的是为了祈求“砬载”神截住跟随在行人后面的妖魔，祈求沿途的神灵迎接护送自己。

班禅大师作为藏族人民的精神领袖，非常熟悉民间的种种风俗和仪式，但他作为一位至尊活佛，其眼界和胸怀则更远更宽，他的祭祀几乎完全超越了自我而变为一种民族整体的追求。班禅大师站在山峦之巅，将一把糌粑撒向天际，然后又将一瓶泸州大曲酒倾倒在山口，开始高诵经文，祈祷西藏风调雨顺，五谷丰登，吉祥如意。最后大师高举双手，面对羊卓雍湖呼喊：

“一——切——顺——利！”

喊声伴随着经幡和寒风在山口回荡，这博大的气势恐怕就连高居山口的砬载神也会低首起敬，更何况那些跟随大师参加扎什南捷开光典礼的随行人员了。

1 月 14 日清晨，班禅大师终于看见了日喀则城西都布山麓的日照峰。3 万多名僧俗群众早已在城外等候大师的到来。中午时分，班禅大师乘敞篷车缓缓驶进日喀则市区，顷刻间，道路两旁的欢呼声、祈祷声、传统的“色玛卓”鼓声、喇嘛仪仗队的法号声响彻日喀则城。人们手提香炉，挥动花束向班禅大师致意，无数条哈达像飘带似的飞向大师乘坐的敞篷车。班禅大师就这样带着他那独有的活佛的永恒微笑来到扎什伦布寺，这里是西藏格鲁派四大寺院之一，也是历代班禅的驻锡地。扎寺位于日喀则城西都布山麓的日照峰（又称尼玛山）之南，依山而建，规模宏大。寺壁红白相间，寺顶金碧辉煌。班禅大师首先在大经堂向释迦牟尼顶礼膜拜，吟诵安神经。

1月15日晚上9时30分，班禅大师同经师以及几位德高望重的高僧，将五至九世班禅的灵骨装进五只特制的紫檀香木箱内。箱的正面，各自用黄色绸缎包裹，分别刻着每位班禅的坐像和名字。五位大师的灵骨放入箱内后，周围填放了香料和名贵的藏红花。

1月17日下午2时，扎什伦布寺开始举行迎请五世至九世班禅灵骨入灵塔仪式。这时，法号齐鸣，香烟缭绕，班禅大师手持藏香，为迎请队伍引路。在喇嘛的护卫下，五个檀香木箱从历代班禅居住的寝宫里迎请出来，在扎寺各大殿堂转了一圈后，迎向班禅东陵扎什南捷。这是一座集藏汉传统建筑工艺于一体的雄伟建筑，占地约2000平方米，高33.17米，内外装饰极为精致，尤其是镏金的屋顶，在高原强烈的日照下宛若一座光芒四射的金山，同扎什伦布寺的古建筑群交相辉映，融为一体，蔚为壮观。在长鸣的法号声中，班禅大师把五世至九世班禅的灵骨迎请到了灵塔二楼的回廊殿，并向五位前世敬献了金黄和白色两种哈达后，才庄重地将五个檀香木箱安放进灵塔。

1月22日是班禅大师亲自选定的班禅灵塔开光仪式。这一天，扎什伦布寺人头攒动，犹如节日盛会。在教神院的对面摆着6头整牦牛和十多只整羊以及各种各样的供品，四周挂满了丝织唐卡（卷轴画）和各藏地送来的锦旗，扎寺的四周都挂上了经幡，背后的尼玛山也被装饰一新。在一片欢乐的唢呐和鼓声中，班禅大师身穿黄缎长袍走上东陵前的平台，向参加开光典礼的所有代表和群众发表讲演，抒发自己热爱祖国、热爱佛教的肺腑之情。班禅大师说：

历代班禅额尔德尼都是热爱祖国、维护祖国统一和民族团结的，不幸的是，在“十年浩劫”中，这些名垂青史的爱国宗教领袖的遗体灵塔被毁，祭殿被拆，严重损坏了党和政府的声誉。我作为历世班禅的当然传承人，一个坚定的爱国者，主动承担起历史赋予我的重建历代班禅灵塔的使命。党中央对此事极为重视，拨出巨款予以重建。面对这座宏伟建筑，我心情激动，思绪万千。可以毫不夸张地说，这是中国共产党民族宗教政策的正确性和真实性的象征，是藏汉民族团结的象征。是藏民族宗教界和僧俗人民爱国主义的象征。凡是来到这里瞻仰参观的人，只要尊重事实，就必然会领悟到党的民族宗教政策的真谛，藏汉民族团结和爱国主义的重要意义。

下午 3 时，开光典礼进入高潮。班禅大师和来宾们一起前往班禅东陵扎什南捷灵塔祀殿。班禅大师首先高诵吉祥经后，亲自解穗开门。顿时，数万名信教群众和僧人一片欢呼，共同庆祝开光大典圆满成功。开光是藏传佛教的重要仪式，每当佛像或佛塔、寺院等建成后，都必须进行开光仪式，让智慧之神寄附其上；开光的目的，就是要将诸神和菩萨们的才智和功德汇集于佛像、佛塔或寺院之上，使它具有佛性，才能供人们祈祷、敬奉和朝拜。在僧众的簇拥之下，班禅大师来到灵堂内，亲自点燃灵塔前的金灯，向五位前世的塑像敬献哈达，祈愿五位大师的灵塔如日光生辉，永照人间。

班禅大师在来到西藏的近 20 天里，除了要筹办组织五至九世班禅合葬仪式和班禅东陵扎什南捷开光大典等繁忙事务外，更多的时间是召开各种座谈会，同干部僧俗群众探讨发展西藏经济、繁荣民族文化教育的大计，为全面振兴藏民族绘制蓝图。此外，来他住处谈工作的也接连不断，他在夜里 12 点以前从未休息过，一般在第二天凌晨 2 点左右才能休息，一大早又起床工作。这时，他已太累太累，他哪里知道自己的一生就剩下最后的两天！

1 月 26 日，班禅大师在他的住地德庆格桑颇章，为多日来等候在日喀则的群众摸顶。这天，人们排着数里长的队缓缓从大师面前走过，他慈祥地为每一个人摸顶，从上午直到傍晚持续不断，胳膊和手都肿了也不停歇一下，因为他不愿使赶来的信徒们失望。25、26 日两天，摸顶的人数多达 5 万。在排着长队等着摸顶的人流中，有一对藏族年轻夫妇，他们抱着自己的双胞胎儿女来到大师跟前，请大师取一个吉祥的名字。大师端详两个胎儿后，高兴地给男孩起名扎西顿珠（吉祥圆满），给女孩取名西绕卓玛（智慧仙女）。夫妇俩感动地流下了眼泪，连声感谢班禅大师，可是就在这天，大师已开始感到后背有寒意，就让工作人员用热水袋贴在背上坚持摸顶。

1 月 27 日，像往常一样，日喀则的天亮得很晚。12 时，日喀则刮起了扬天掘地的黄风，班禅大师看着窗外说："这么大的黄风，我还从来没有见过。"

黄风一直刮着。这是自然的巧合，还是有什么预兆?!

22 时 30 分，大师阅读报纸，收听广播。深夜零时 30 分，禅祥大师就寝。这是他这次进藏以来休息最早的一天。

1 月 28 日清晨 4 时 30 分，班禅突然后背疼痛波及两上臂。随身医生立即进行检查，心电图显示急性下壁及广泛前壁心肌梗死。消息从日喀则传到拉萨，又从拉萨传到北京。上午 10 点左右，消息传到中南海。

中央当即决定，派中共中央书记处候补书记温家宝和中央统战部副部长武连元，全国人大常委会副秘书长许孔正，率领首都几位著名的心脏病专家赶赴日喀则。专家小组的成员有中央保健局局长王敏清，北京医院副院长、心血管专家刘元恕，心血管专家沈瑾等。从接到大师病重的消息，到温家宝一行乘飞机离开北京，仅仅用了两个小时。当时温家宝连大衣都来不及穿，从警卫人员手里拿过一件棉大衣，就匆忙上路，许孔正在人民大会堂接到电话，仅用了 5 分钟，只提了一个提包就上了去机场的汽车。经过 5 个多小时的飞行，温家宝等于下午 3 点 30 分到达拉萨。在机场，他们没有休息片刻，没有喝一口水，又登上了飞往日喀则的直升机。经过两个多小时的颠簸，直升机终于抵达日喀则。温家宝带着专家们，直奔班禅大师的新宫。他们到达那里时是下午 18 点 30 分。对于病危的大师，专家们全力进行抢救。但因大师积劳成疾，引发急性下壁、广泛前壁心肌梗死，引起心脏骤停。20 时 16 分，班禅大师在他的新宫圆寂。

灵　体

1989 年 5 月 26 日，是藏历第十七饶迥土蛇年闰三月二十一日，这是由西藏高僧按藏历占卜择定的吉日。十世班禅灵体由新宫迎请至扎什伦布寺供奉的仪式就定在这一天。

高原 5 月的早晨，山野静静的，尼玛山上还有几丝晚间留下的低云，当阳光从明静的蓝天缓缓射在新宫德庆格桑颇章杏黄色的墙面对，低沉的法号和传统的民间噶尔乐队的鼓号交织着，不断地在新宫内回荡，此时，僧俗群众的心情也一下激动起来，念诵祷文的声调也随之提高。迎请仪式开始了，载有十世班禅大师灵体的黄缎大轿缓缓抬出。8 名头戴红穗盖盘帽，身着黄缎藏袍的藏族青年抬着灵轿，走出新宫德庆格桑颇章正门，慢步走下了台阶，在二楼的楼台，几位头戴黄帽的活佛和高僧舞动着哈达，为灵体送行。

走在最前面的是一位身穿白色藏袍的宁玛派僧人，据说由宁玛派僧人开路有御邪驱魔的用意。从藏传佛教史上看，宁玛派要算是最早的教派，它的密宗法典在全藏最为著名，而其中的一些密咒据说就是清除灾障的御邪术。据很多藏文宗教著作记载，著名的宁玛派祖师莲花生就是这方面的行家，当他受赞普赤松德赞的邀请来西藏传法时，一路降服了不少的凶神，并使他们成了藏传佛教的护法神。

在藏族人的观念里，白色象征吉祥如意，但它同时也能御邪，就是在今天的西藏民间，我们也能在一些节日的场合看到身穿白袍或头披白布假面的藏族人表演驱除恶魔邪障祝愿吉祥如意的仪式场面。宁玛派老僧人手举一根柳树枝，上面绿叶葱翠，在柳叶与枝杆中间用白色哈达挂着绘有轮回图案的唐卡图画。他步履成缓慢方步，长发灰白，脸上始终带着高深莫测的微笑，它的内涵普通人是无法知晓的，只有精修过宁玛派密法的喇嘛才能看出其中的御邪奥妙来。

在宁玛派老僧的后面，并排站着三位高举幡旗的格鲁派喇嘛，再后面是噶尔乐队。在法轿前，两名喇嘛不停地吹奏唢呐，引路的是两名高僧。其中一位是扎什伦布寺著名的边巴噶青，翻译成汉语就是大咒师，班禅大师圆寂七七四十九天的祭祀仪式，就是由他主持的。

在西藏历史上，像宁玛派老僧和边巴噶青这样身怀密宗绝技的喇嘛，在社会上的地位是比较高的，他们尽管不能像乃琼护法神那样可以谕示未来，但在人们的心目中却是御邪降灾的“英雄”。

在灵轿的后面，两名喇嘛手捧托盘，托盘里盛放着班禅大师生前常用的物品，另有两名彪形喇嘛身上斜披哈达，高擎象征班禅大师崇高宗教地位的黄缎华盖。从班禅新宫到扎什伦布寺仅有1300 多米，但越走越多的迎请队伍差不多走了 1 个小时。4 万多僧俗群众手持藏香、哈达夹道迎送，整个路程佛烟弥漫，充满了神秘的宗教气氛。灵轿所到之处，抽泣声诵经声响成一片，拥挤的人群挤不到路当中，只好争相向灵轿投掷哈达，还没到扎寺，灵轿就如同白雪覆盖。

班禅大师的灵轿就这样走走停停，终于来到了扎什伦布寺。早有数百位喇嘛等候在大门两侧的土道上，他们手持佛旗、伞幢和经幡，旁边是扎寺的喇嘛仪仗队，数只几米长的拖地长号，有节奏地发出低沉浑厚的法音。灵轿被抬进寺门，围在门外的信徒如急雨般高掷哈达，然后挤在前面的人又将落下的哈达拾起再往前扔，无数哈达就这样犹如雪白的海潮一波一波涌向寺门，那虔诚敬仰的情景是不多见的。

灵轿在“多加”大院绕了三圈，并在院内停放了片刻。在“多加”大院，可以看见四壁的数尊佛陀坐像，而大院的青石板却是500多年前从喜马拉雅山运来的。这里还是历代班禅讲经和寺僧辩经的场所。

最后灵轿被迎请至“多康钦波”大经堂。这里设有班禅的宝座，寺僧也常在这里聚众诵经。大师的法体面向正殿供奉的释迦牟尼像停放。这时整个殿堂一下安静下来，喇嘛们开始用低沉的声调缓慢地念经祈祷。安放灵体的宝座的四周镶了玻璃，上有镏金护顶。座前的香桌上摆满了净碗、法鼓、曼札、干果等，另一个方桌上堆满了哈达。

在安放灵体的大殿上，悬挂着很多幅唐卡，大殿的两侧，一边是国务院、西藏自治区人民政府等布施的缎匹、酥油、茶叶，另一侧是千盏供灯、酥油花和装有净水的铜碗。

透过灵体宝座的玻璃，可以十分清楚地看见十世班禅的灵体，大师头戴尖顶黄帽，身裹黄缎法衣，右手持金刚杵，左手持法铃做结印手势。

据说，十世班禅大师从1月28日圆寂后，灵体一直保存于新宫德庆格桑颇章，面容遮有锦缎。现在大师的灵体上遮饰的锦缎已被除去，法容涂了金粉并重新描画了五官。据操办十世班禅后事的负责人里苏·晋美旺久称，十世班禅的灵体完全按照传统方法处理和保存，先用藏红花、檀香料、盐巴等混合擦洗灵体，等涂抹一层后，再用绸缎严密裹紧，吸出灵体水分。据说头两个月，每天至少要换一次绸缎。在处理保存大师灵体时，按照传统的做法，有30个显密喇嘛每时每刻诵经。十世班禅的灵体供奉在殿堂后，信教群众和僧人都可以瞻仰灵体尊容。直到十世班禅灵塔修建完备，再移至塔中安葬。

国务院公告

十世班禅额尔德尼·确吉坚赞圆寂后，全藏僧俗陷入了极大的悲痛之中，但更让他们担心的是十世班禅大师的转世问题，因为十世班禅和十四世达赖喇嘛都是在20世纪的40年代转世认定的，现在一切都已发生了变化，在这种新的历史条件下，中央政府会不会批准班禅转世灵童的寻访和认定呢？因为直到班禅大师圆寂以前，由中央政府批准认定的转世活佛还没有一人，而班禅大师又是新中国成立以来圆寂的第一位藏传佛教领袖。正像一篇署名文章所说："第十世班禅额尔德尼·确吉坚赞大师不幸圆寂，中国各民族人民失去了一位伟大的爱国主义者和著名的国务活动家，中央失去了一位忠诚的朋友，藏传佛教和中国佛教界失去了一位杰出的宗教领袖。藏传佛教界人士和广大信徒无限悲痛，虔诚地祈祷、祝愿，希冀班禅大师的英灵早日幻化肉身，乘愿再来。不仅如此，作为藏传佛教两大活佛之一，班禅转世问题也为海内外人士所瞩目。人们关注着以唯物主义为其哲学基础的中国政府对此持何态度。"

但是西藏佛教界和广大僧俗群众都未曾预料到，就在十世班禅大师圆寂后仅两天，即1989年1月30日，中国政府就发布了由李鹏总理签署的一项决定：

中华人民共和国国务院关于第十世班禅额尔德尼·确吉坚赞逝世后治丧和转世问题的决定。

我国伟大的爱国主义者、著名的国务活动家、中国共产党的忠诚朋友、中国藏传佛教的杰出领袖、第七届全国人民代表大会常务委员会副委员长、中国佛教协会名誉会长第十世班禅额尔德尼·确吉坚赞因病不幸逝世。根据扎什伦布寺民主管理委员会和僧众的请求，并参照历史惯例，国务院特就治丧和转世问题决定如下：

一、在日喀则市扎什伦布寺修建第十世班禅额尔德尼·确吉坚赞遗体灵塔和祀殿，供后人瞻仰朝拜，缅怀他爱国爱教的业绩。修建灵塔和祀殿事宜，责成西藏自治区人民政府和扎什伦布寺民主管理委员会共同办理。经费由国家拨专款。

二、由扎什伦布寺民主管理委员会按照藏传佛教的仪轨，举行宗教悼念活动，办理遗体保存等事宜。经费由国家拨专款。

三、由扎什伦布寺民主管理委员会负责，并视必要请中国佛教协会、佛协西藏分会协助，办理第十世班禅额尔德尼·确吉坚赞转世灵童的寻访、认定等事宜，报国务院批准。

特此通告

中华人民共和国国务院总理

李　鹏

国务院的这一公告，受到了藏传佛教界人士和各教派僧众及广大信徒的好评，也得到了国际舆论的好评。自此，兴建十世班禅灵塔和寻访班禅转世灵童的工作开始紧张进行。关于转世灵童的寻访、认定等详细程序，本书已作了详细的介绍，这里不再多笔，但应该强调的是：一方面，按照传统，在班禅大师转世灵童的寻访问题上，不会出现什么新的程序，一切都尊重传统，这是西藏每一位僧众和信徒坚信的，因为只有这样才能寻访到十世班禅大师的转世真身；另一方面，同样也是根据传统的做法，在灵童未确定批准以前，有关占卜、确定灵童转世方向、圣湖显影、私访灵童、察验真身等重要宗教程序都是绝对保密的，正像1941年负责寻访九世班禅转世灵童事宜的原班禅堪布会议厅札萨喇嘛罗桑坚赞所说："办理班禅转世事宜，关系甚重，所有关于各方推算及降神等所示之预兆……依藏例宗教成规，在灵童未决定以前，诚恐发生魔力阻碍，允宜保守秘密，不敢轻示于人……"

1989年8月25日，扎什伦布寺民主管理委员会负责人、高僧、大德、活佛在拉萨雪林多吉颇章举行了新闻发布会，宣读了经国务院批准的扎什伦布寺关于寻访认定十世班禅大师转世灵童的公告。公告说："第十世班禅大师转世灵童的寻访认定由扎什伦布寺负责，扎什伦布寺主要活佛、堪布及高僧若干人参加办理转世灵童的寻访和认定等有关事宜。"

1990年7月，中共中央总书记江泽民在西藏视察工作时代表党中央、国务院庄重宣布：国家决定为第十世班禅大师修建金灵塔和奉祀殿，以纪念这位深受人民爱戴的爱国宗教领袖。1990年9月20日，扎什伦布寺为十世班禅大师灵塔祀殿举行了隆重的奠基典礼，1991年4月16日，扎什伦布寺又为灵塔祀殿主体工程举行了盛大的开工仪式。国家还为修建十世班禅大师灵塔祀殿拨出巨额专款和相当数量的黄金、白银和各类珍贵宝石。1993年8月15日，十世班禅灵塔祀殿释颂南捷竣工。9月4日，开光仪式在扎什伦布寺举行。灵塔总投资6400多万元，主殿高35.25米，灵塔高11.55米，使用黄金614公斤。近7000颗钻石、玛瑙、松耳石、珊瑚、翡翠、琥珀等熠熠闪光。塔内按照宗教仪轨，装藏有数不清的珍宝和数千卷经书。班禅大师的法体完好地安放在塔内众生福田的中央。

主要参考书目

1. 嘉木央久美旺波著，许得存、卓永强译：《六世班禅洛桑巴丹益希传》，西藏人民出版社，1990 年。
2. 洛桑·却吉尼玛著，陈庆英、马连龙译：《章嘉国师若必多吉传》，中国藏学出版社，2007 年。
3. 西藏自治区政协文史资料委员会编：《西藏文史资料选辑》（1—21 辑），西藏人民出版社，1985 年至今。
4. 陶长松等编：《藏事论文选·宗教集》上、下，西藏人民出版社，1985 年。
5.〔英〕查尔斯·贝尔著，冯其友、何盛秋、刘仁杰、尹建新、段稚荃、莫兆鹏合译，葛冠宇校：《十三世达赖喇嘛传》，西藏社会科学院西藏学汉文文献编辑室编印，1985 年。
6. 牙含章编著：《班禅额尔德尼传》,西藏人民出版社，1985 年。
7. 唐景福、朱丽霞编著：《中国藏传佛教名僧录》，甘肃民族出版社，2005 年。
8. 智观巴·贡却乎丹巴饶吉著，吴均等译：《安多政教史》，甘肃民族出版社，1989 年。
9. 牙含章编著：《达赖喇嘛传》，人民出版社，1984 年。
10. 仓央嘉措、阿旺伦珠达吉著，庄晶译：《仓央嘉措情歌及秘传》，民族出版社，1981 年。
11.〔德〕海因利希·哈雷著，袁士朴译：《西藏奇遇》，西藏人民出版社，1986 年。
12. 朱少逸：《拉萨闻见记》，商务印书馆，1947 年。
13. 章嘉・若必多吉著，蒲文成译：《七世达赖喇嘛传》，中国藏学出版社，2014 年。
14. 李鹏年、万仁元主编：《十三世达赖圆寂致祭和十四世达赖转世坐床档案选编》，中国藏学出版社，中国藏学研究中心，中国第二历史档案馆合编，1991 年。
15. 东噶・洛桑赤列著，陈庆英译：《论西藏的政教合一制度》，西藏人民出版社，2008 年。
16. 丹珠昂奔：《藏族神灵论》，中国社会科学出版社，1990 年。
17. 王森：《西藏佛教发展史略》，中国社会科学出版社，1987 年。
18. 〔意〕图齐、〔西德〕海西希著，耿昇译，王尧校订：《西藏和蒙古的宗教》，天津古籍出版社，1989 年。
19. 李冀诚：《佛教密宗仪礼窥密》，大连出版社，1991 年。
20. 《民族译丛》编辑部编印：《国外藏学研究论文资料选编》，中国社会科学院民族研究所，1991 年。
21. 查同结布：《玛尔巴译师传》，西藏人民出版社，1989 年。
22. 《国外藏学研究译文集》（1—20 辑），西藏人民出版社。
23. 廓诺・迅鲁伯著，郭和卿译：《青史》，西藏人民出版社，1985 年。
24. 〔法〕P・A・石泰安著，耿昇译，王尧校：《西藏的文明》，西藏社会科学院西藏学汉文文献编辑室编印，1985 年。
25. 周炜：《迷人的西藏》，上海百家出版社，1992 年。
26. 土观・罗桑却季尼玛著，刘立千译注：《土观宗派源流》，西藏人民出版社，1984 年。
27. 《贤者新宴》藏学研究丛刊第 1 集，北京人民出版社，1999 年。
28. 〔日〕山口瑞凤：《西藏》，东京大学出版社，1988 年。
29. 《西藏研究》，西藏社会科学院，1989 年合集、1990 年合集、

1991 年合集。
30.〔日〕佐藤长：《古代西藏史研究》，共 2 卷，东洋史研究会，1958—1959 年（再版，同明舍 1977 年）。
31. 堪布·阿旺土登嘉措：《第三世嘉木样传》（藏文），中国藏学出版社，1991 年。
32. 第司·桑结嘉措：《格鲁派教法史——黄琉璃宝鉴》（藏文），中国藏学出版社，1989 年。
33.《九世班禅圆寂致祭和十世班禅转世坐床档案汇编》，中国第二历史档案馆、中国藏学研究中心合编，中国藏学出版社，1991 年。
34. 索朗顿珠：《宁玛派简史》（藏文），北京民族出版社。
35.《五世达赖喇嘛传》（藏文），西藏人民出版社，1989 年。
36. 章嘉·若必多吉：《七世达赖喇嘛传》（藏文），西藏人民出版社，1990 年。
37. 罗桑益西：《第四世班禅传》(藏文)，西藏人民出版社，1990 年。
38. 阿莽班智达：《拉卜楞寺志》(藏文)，甘肃民族出版社，1991 年。
39. 贡唐·贡却丹白卓美：《第二世嘉木样传》（藏文），甘肃民族出版社，1990 年。
40. 土观·罗桑却季尼玛：《章嘉若白多杰传》（藏文），甘肃民族出版社，1991 年。
41.《十三世达赖嘛喇传》（藏文），中国藏学出版社，2010 年。

图书在版编目（CIP）数据

活佛转世揭秘/周炜著. —北京：中国藏学出版社，2022. 2

ISBN 978 -7 -5211 -0134 -8

Ⅰ. ①活…　Ⅱ. ①周…　Ⅲ. ①喇嘛宗 - 活佛 - 制度 - 研究 - 西藏　Ⅳ. ①B946. 6

中国版本图书馆 CIP 数据核字（2022）第 091501 号

活佛转世揭秘　　周炜 著

责任编辑　永　红
封面设计　翟跃飞
出版发行　中国藏学出版社
印　　刷　中国电影出版社印刷厂
印　　次　2022 年 6 月第 1 版第 1 次印刷
开　　本　640 × 965 毫米　1/16
印　　张　17. 75
字　　数　247 千字
印　　数　5000 册
书　　号　ISBN 978 -7 -5211 -0134 -8
定　　价　48. 00 元

图书若有印装质量问题，请与本社发行部联系

E-mail：dfhw64892902@126. com　　电话：010 -64892902